技工院校校园文化建设实务

《技工院校校园文化建设实务》编委会　组织编写

中国劳动社会保障出版社

图书在版编目（CIP）数据

技工院校校园文化建设实务 /《技工院校校园文化建设实务》编委会组织编写 . -- 北京：中国劳动社会保障出版社，2024. -- ISBN 978-7-5167-6482-4

Ⅰ. G718.1

中国国家版本馆 CIP 数据核字第 2024CF1381 号

中国劳动社会保障出版社出版发行

（北京市惠新东街 1 号　邮政编码：100029）

*

河北宝昌佳彩印刷有限公司印刷装订　　新华书店经销

787 毫米 ×1092 毫米　16 开本　24 印张　345 千字

2024 年 9 月第 1 版　　2024 年 9 月第 1 次印刷

定价：68.00 元

营销中心电话：400-606-6496

出版社网址：http://www.class.com.cn

http://jg.class.com.cn

《技工院校校园文化建设实务》编委会

主　　编：张海锋

副 主 编：李　军　黄惠红

编写人员：曾晓君　刘智慧　陈　静　王　津

前 言

技工院校作为职业教育的重要组成部分，作为培养高技能人才的摇篮，其校园文化不仅直接影响着人才培养的质量，而且作为一种强大的精神力量，能够润物细无声地影响学生世界观、人生观、价值观的形成和全面发展。

技工院校校园文化职业性、实践性和创新性的特点，使技工院校校园文化建设具有其独特的价值和意义。

本书围绕技工院校“育人为本”的核心目标，遵循职业教育的特质与规律，以锤炼应用技能的“硬实力”和学生综合素质的“软实力”为原点，通过校园精神文化、环境文化、制度文化、活动文化、网络文化和职场化校园文化六部分内容的建设，助力技工院校构建“以人为本”的校园文化建设体系，达到内铸品牌、外树形象、提高学校的文化力的目的，并最终转化为学校的核心竞争力。

本书的开发过程主要分为三个阶段。

第一阶段：进行校园文化建设任务的研究分析。

为了更全面地了解技工院校校园文化建设的现状，获取校园文化建设的需求和建议，我们在编写过程中以调研为基础，通过问卷调查、实地走访等方式了解技工院校校园文化建设的情况，分析目前技工院校校园文化建设优势与不足。再通过大量的文献学习分析，提炼学术研究观点，从而形成本书的基本框架和逻辑。

在研究过程中主要采取了以下几种研究方法。第一，文献分析法。通过查阅国内外相关书籍、期刊等文献资料，经过文献综述，分析归纳和总结国内外关于校园文化建设的研究现状，为后续研究做好理论准备。第二，调查研究法。包括问卷调查和访谈，问卷调查的对象主要为技工院校的学生和教师，利用统计软件对数据进行统计分析，获取第一手资料。选取技工院校的管理者、职工代表、企业代表进行访谈，通过面对面访谈、电话访谈、在线访谈等方式对校园文化建设进行深入研究。第三，个案研究法。选取了 10 所具有代表性的学校进行实地考察，研究其在校园精神文化、环境文化、制度文化、活动文化、网络文化和职场化校园文化等方面的建设情况，归纳总结其成效与不足，为完善校园文化建设提供理论和现实依据。

第二阶段：组织采集技工院校文化建设工作经验和编写素材。

通过研究分析，我们将把本书的整体框架定为：理解技工院校校园文化建设、强化技工院校校园精神文化、优化技工院校校园环境文化、完善技工院校校园制度文化、丰富技工院校校园活动文化、创新技工院校校园网络文化、建设技工院校职场化校园文化和案例篇八大篇章。前七个篇章中，每个篇章下有三个实施路径，每个实施路径包括背景描述、点评、实施路径、表单与素材、评价与反思五个部分。

我们邀请来自技工院校的领导、校园活动的策划组织者、网络信息中心管理者、就业创业中心负责人、一线教师等，按照上述框架，提供校园文化建设实践过程中总结出来的行之有效的经验、方法和工具，由河源技师学院、山东交通技师学院的编写小组进行归纳总结和完善。这些工作经验和素材为本书的编写提供了有益的参考。

第三阶段：组织编写小组认真细致编写。

素材整理和完善后，组织编写小组按照统一的体例格式，整合加工一线素材，在规定时间内完成全书的编写。编写完成后，组织统稿人员对本书进行统稿，并进行多次检查，确认无误后，再由主审人员审核、定稿。

本书的主要特色是聚焦技工院校校园文化建设的核心问题，坚持了理论与实践相结合，可操作性强。一是从技工院校的实际情况出发。紧紧围绕校园文化建设中的核心问题进行深入探讨，如校园文化建设的意义、目标、原则、内容、方法等，突出了实践性和可操作性，通过具体案例和实际操作方法的介绍，让读者能够了解如何将理论运用于实践，真正做到理论与实践相结合。二是强调校园文化建设的系统性和全面性。本书从校园文化建设的多方面入手，系统地介绍了许多新的理念和方法，如“互联网 +”、新媒体等，为技工院校校园文化建设提供了新的思路和方法，并鼓励读者在校园文化建设中积极创新。三是可操作性强。本书从背景描述入手，依次展开实施路径、评价与反思、表单与素材。“背景描述”是来自技工院校校园文化建设中的典型案例，并以案例为基础导入实施路径。“实施路径”是针对校园文化建设中存在问题进行针对性改善的措施和方法。“评价与反思”主要反映校园文化建设工作中应当达到的程度及需要注意的事项。“表单与素材”则是采集了技工院校校园文化建设中的成功案例、实施方案，以及部分可供借鉴参考的工具性表单。

在当前技工教育的改革创新中，校园文化建设被视为提高技工院校核心竞争力、实现可持续发展的重要一环。本书分析了技工院校校园文化建设的重要性、现状及存在的问题，提出了相应对策，辅以相关案例，并遵循案例分析—实施路径—评价与反思的逻辑结构。在编写过程中，注重突出技工院校的特色和优势，注重理论与实践相结合，注重培养学生的实际操作能力和创新能力，注重与时俱进，期望为技工院校校园文化建设的进一步推进提供参考。

由于编者水平有限，本书可能存在不足之处，恳请读者批评指正，以便我们今后加以改进。请将相关意见和建议反馈至邮箱：943426027@qq.com。

《技工院校校园文化建设实务》编委会

目　录

第一篇
理解技工院校校园文化建设

实施路径一　了解技工院校校园文化建设的概况

实施路径二　评估校园文化现状

实施路径三　规划校园文化建设的发展愿景

劳动者素质对一个国家、一个民族发展至关重要。技术工人队伍是支撑中国制造、中国创造的重要基础，对推动经济高质量发展具有重要作用。要健全技能人才培养、使用、评价、激励制度，大力发展技工教育，大规模开展职业技能培训，加快培养大批高素质劳动者和技术技能人才。要在全社会弘扬精益求精的工匠精神，激励广大青年走技能成才、技能报国之路。

——习近平

【背景描述】

A 技师学院坐落于国际商贸名城 A 市，是一所名牌技工院校。通过多年实践和经验积累，A 技师学院探索出了富有时代气息和深刻内涵的校园文化。A 技师学院秉承“知能兼进，德技双馨”的校训精神，基于职业素养培育理念，以环境文化建设内化职业素养培育目标，以精神文化建设凝聚职业素养培育资源，以行为文化建设拓宽职业素养培育课堂，以制度文化建设汇聚职业素养培育力量，以网络文化建设开拓职业素养培育途径，构建创新教育、创意教育和国际教育的三大特色，取得了显著的育人效果。在校园文化建设上，A 技师学院围绕统筹原则、特色原则、育人原则和务实原则，结合区域经济发展和 A 市办学特色，实施了“美丽校园、活力校园、德文校园、圆梦校园”的建设项目，实现了文化育人功能，学生职业素养和人文素养提升成效明显，校园文化品牌影响力、学院文化软实力和竞争力显著增强。

【点评】

A 技师学院校园文化建设实践的成功，主要是对校园文化建设的内涵理解深刻，育人目标定位准确，并基于职业素养培育开展了校园文化建设。在校园文化建设过程中，学院层面统筹规划，加深师生角色认知，发挥教师示范指引作用，激励学生积极主动参与到校园活动中来，紧密贴合区域特色，打造学院校园文化品牌项目，实现文化育人功能，提升学院文化软实力和竞争力。同时，注重实践过程和实践反思，不断创新校园文化建设内容和思路。在网络技术飞速发展的形势下，学院进一步完善校园网络文化和职场化校园文化，顺应时代发展，满足学生需求，不断创新校园文化建设思路。

实施路径一　了解技工院校校园文化建设的概况

实施路径一　了解技工院校校园文化建设的概况	技工院校校园文化的内涵
	技工院校校园文化的构成要素及功能
	技工院校校园文化建设的基本原则

【实施路径】

校园文化建设实施者在深刻解读职业教育内涵和社会主义核心价值体系的基础上，首先要正确理解技工院校校园文化的内涵，厘清技工院校校园文化的构成要素，特别是要着重理解其独特之处，厘清各要素之间的相互联系，掌握建设的基本原则。然后，再着手思考建设思路和发展愿景。

一、技工院校校园文化的内涵

校园文化内涵丰富，技工院校校园文化既要具备校园文化的一般共性和内涵，又要彰显出技工院校的特点。本书站在技工院校的角度，将技工院校校园文化的内涵定义为：在社会主义核心价值观的指引下，以“文化素质＋职业技能”为支点，以技工院校学生为主体，通过精神文化、环境文化、制度文化、活动文化、网络文化和职场化校园文化六部分内容的建设，对学生的基本素养、通用素养与专业素养相融合的能力进行培育，实现立德树人的根本目标，综合体现技工院校办学理念和校风教风学风。

二、技工院校校园文化的构成要素及功能

校园文化的一般要素由精神文化、环境文化、制度文化、活动文化构成。除此共性外，根据技工院校的独特性和时代发展特征，还提炼出网络文化、职场化校园文化。因此，本书将技工院校校园文化的构成要素分解为精神文化、环境文化、制度文化、活动文化、网络文化和职场化校园文化，如图 1–1–1 所示。

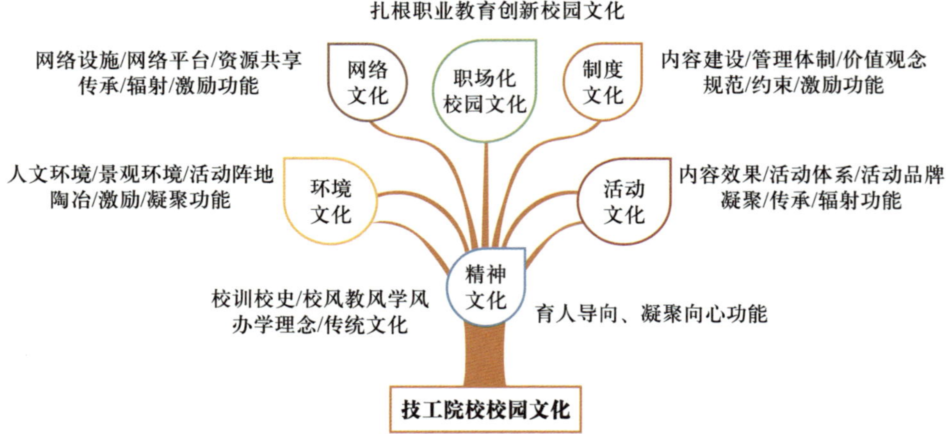

图 1-1-1　技工院校校园文化构成要素及功能

1. 精神文化

精神文化是校园文化的核心要素，是校园文化的精髓、灵魂，是院校在长期发展过程中积淀形成的特有的人文特征、价值取向和文化气场。优秀的校园精神文化能提升师生工作学习热情，推动学校价值体系的形成，促进学校教育培养目标的完成，激励师生共创活跃和谐、积极创新的精神校园，并不断传承、创新，与时俱进。诚如某学院校训，从“本其职志，学以成之”到“德能兼备，学以成之”，由表达对职业理想与使命的期许，转变为学校人才培养和师生成长的目标为德能兼备的高素质人才。在这样一种育人精神氛围的熏陶下，广大师生在学习和工作中能感受到共同的价值氛围和凝聚师生的发展向心力。

2. 环境文化

学校本身应当是一个愉快的场所，教室清洁明亮，饰以地图、图表和伟人照片，并有可供游戏、散步的空地，可供观赏的花园，使学生来到学校就觉得快乐。

——近代著名教育家 夸美纽斯（Comenius）

环境文化是校园文化的外部表现形态，依托学校为实现育人目标而创建的景观、人文和活动阵地等物质性载体，蕴含了校园独特的办学理念和文化内涵，对人才培养具有“蓬生麻中，不扶自直”“入芝兰之室，久而自芳”的陶冶激励功能。

3. 活动文化

校园活动文化是师生在组织参与学校各类团体活动、技能竞赛和教研教学等过程中所体现出来的精神状态和价值理念，是校园文化中形式最灵活、内容最丰富且人员参与最直接的部分，对凝聚人心和培养学生综合素质有着重要作用。校园活动文化的建设应从活动内容效果、活动体系和活动品牌三方面进行。

4. 制度文化

有心师事者，当以规矩入，再从规矩出。

——蒋和

制度是一所学校进行精神引领的保证，也是学生自我完善的方式。所以，校园制度文化是技工院校校园文化建设和学校正常秩序的保障。校园制度文化包括两部分，一是学校组织架构的规章制度和管理体制，二是在制度制订和实施过程中所体现出来的价值观念。学校制度文化既能通过外部的约束力来对全体师生产生影响，也能通过内部的感召力对师生发挥作用。

5. 网络文化

网络化的快速发展，使得网络迅速渗透校园的教学、学习和生活各个领域。网络文化应运而生，它是传统校园文化在新媒体领域里的延伸，是校园文化的多样化体现。网络文化一般包括网络设施的完善、网络平台的建设和资源共享的程度。网络文化的建设是根据技工院校学生的职业发展特点，打造网络教育平台，宣扬优良校风学风，实现资源共享，提升师生综合素养。

6. 职场化校园文化

职场化校园文化是技工院校扎根于职业教育这一土壤，为社会培养具有职业素养和专业技能的人才，推进职业教育发展而衍生的独特校园文化。职场化校园文化是通过校园文化各要素之间的互助开展校企合作，引入企业文化，借助企业资源来为学生营造新型职场氛围，从而培育学生就业创业创新意识。

综上所述，精神文化是校园文化的核心，环境文化是校园文化的物质性载体，活动文化是校园文化的动态反映，制度文化是校园文化的保障，网络文化是校园文化时代发展的产物，职场化校园文化是扎根于职业教育，为推进、创新职业教育发展而衍生出的特色文化。它们既相互联系又有所区别，共同构成了技工院校校园文化，共同培育高素质技能人才。由于社会在不断向前发展，校园文化建设的内涵也在与时俱进。随着社会不断进步，学生对校园文化建设的需求也在不断变化，所以校园文化建设总体上是呈现动态发展的。

三、技工院校校园文化建设的基本原则

技工院校校园文化建设作为一种科学、理性的文化实践活动，在建设过程中必然受到诸多因素的影响。为了遵循技工院校校园文化的建设规律，实现校园文化建设目标，根据新时代技工院校校园文化建设的新特点，应坚持以社会主义核心价值体系为统领、以先进文化为发展方向，科学确立符合技工院校校园文化建设的基本原则。

1. 以人为本与促进发展相统一的原则

技工院校校园文化建设旨在为学生搭建实现职业发展的良好平台，创设技能成才、技能报国的良好条件，建立以人为本、尊重个体差异、宽容失败、鼓励创新的良好环境，均衡发展校园文化的各个方面，营造和谐校园文化，促进学生的全面发展。

2. 人文精神和技能培训相统一的原则

技能人才培养是技工院校承担的重要使命，技工教育的目标是要培养综合素质高的技能型人才。在校园文化建设过程中，若以技能培训为主，就削弱了人文精神和人文关怀，学校整体会缺乏人文气息、文化底蕴、活跃的思想和多彩的活动，不利于学生综合素质的提高和能力的培养。因此，在进行校园文化建设时，必须努力推进人文精神建设，将技能培训和人文精神有机融合，始终坚持“育人为本”的教育理念，倡导人文关怀，发挥雅俗共赏的文化熏陶作用，不断提高学生的职业素养和人文素质，最终形成独特的文化品位。

3. 继承传统文化与创新发展相统一的原则

文化是人类精神的载体，随着社会的变迁，优秀传统文化会被继承下来。时代的更新不断催生新文化的产生，丰富的创新文化需深深植根于传统

文化中才能获得蓬勃生机。坚持传统文化与创新文化的交融性和共生性，是推动各种文化相互交流、共同进步的必然要求。技工院校校园文化的发展应坚持传统文化与创新文化相统一原则，在鼓励发展中创新的同时，加强对自身历史底蕴和传统特色的继承和弘扬。重点在加强校园精神文化建设，将其他校园文化融入校训、校风、教风、学风等方面的建设之中。在校园活动文化建设中，亦可将传统文化与创新文化相结合，形成独具特色的活动文化。

4. 坚持共性发展与个性发展相统一的原则

技工院校的“共性”发展（即技工院校的育人目标与社会对技能人才的共性需求相适应），要遵循职业院校校园文化发展和建设的普遍规律，建立在时代文化、世界文化、民族文化、校际文化的基础上，适应当今社会发展趋势。而每一所学校都有其自身的历史文化、地域特色等个性特征，没有文化的个性，很难发展出独具特色的校园文化。因此，技工院校校园文化建设一定要从学校自身实际出发，提炼属于自己的独特文化和精神核心。在坚持共性发展的同时，培育和弘扬学校文化的个性与特色，从而促进校园文化向纵深发展。

5. 坚持整体规划与分步实施相统一的原则

校园文化建设是一项系统工程、一把手工程，需要校园文化建设领导者在做好充分调查研究的前提下，牵头制订全面、系统、长远的建设规划，统筹协调好校园文化各要素各层面的建设，突出重点、分步实施。同时要整合各种力量，引导全体师生思想上主动认同，行动上积极参与、认真配合，重视校园文化的建设，在实践中不断积累经验，持续优化建设内容、方式和方法。

【评价与反思】

一、评价

1. 深刻理解技工院校校园文化内涵，是帮助技工院校建设者认识校园文化建设工作目标和发展愿景的基础。在进行建设工作中，可以紧紧抓住文化

内涵，来审视和评价建设的方向是否正确，并从具体实际评价自己对技工院校校园文化内涵的理解程度。

2. 深入了解技工院校校园文化构成要素、功能，以及它们相互之间的联系，有助于建设者厘清校园文化建设各个板块内容及内在联系，灵活发挥它们的功能，实现育人效果最大化。

3. 把握技工院校校园文化建设的基本原则，能够确保建设方向不发生偏移，实现整体规划和实际建设相统一。

二、反思

1. 技工院校校园文化与其他类型学校的文化有何不同？它的主体是谁？它的构成要素与一般学校的共性在哪里，区别在哪里？在建设实践中，是否能够找准技工院校校园文化建设目标的重心与特点？

2. 技工院校校园文化建设者是否能够从最新的政策文件中理解到新时代技工院校校园文化内涵的变化，并从中进一步理解技工院校校园文化建设的目标任务与学校精神文化之间的关系？

3. 在实际建设过程中，什么样的思路和方法曾经有效地帮助建设者建构对校园文化内涵的深度认知，并指导其做好规划？是否有行之有效的建设经验可借鉴？

实施路径二　评估校园文化现状

实施路径二　评估校园文化现状	校园文化现状调查
	调查结果分析
	校园文化现状评估

【实施路径】

当前，各技工院校都较为重视文化育人的理念，注重校园文化的建设与研究，也取得了阶段性成果，例如制度建设逐步规范、校园环境显著改善和校园活动趋于多元化等。但由于技工院校发展历史相对较短，技工院校校园文化建设基础相对薄弱，建设目标定位相对不够明确等原因，在校园文化建设上还存在一些问题和短板。这就需要用科学方法进行深入调查研究，对建设现状进行分析评估。

一、校园文化现状调查

想要了解、分析评估学校的校园文化现状，可以通过编制《××学校校园文化现状调查问卷》（见表 1–2–1）和《××学校校园文化建设访谈提纲》（见表 1–2–2），以访谈部分师生的方式进行调研，主要从校园精神文化、环境文化、制度文化、活动文化、网络文化和职场化校园文化六个方面，深入了解各种文化要素融入校园文化建设的现状，从而以点带面地把握校园文化建设中存在的问题和背后的原因。

二、调查结果分析

1. 在编制调查问卷和访谈题目时，要始终扣住技工教育的特点，从学校、师生、企业这三个层面进行情景和问题设置。

2. 在进行问卷调查时，建议从每个专业、每个年级选取 5 名左右优秀学生参与，要求对问卷如实填写。然后对问卷结果进行统计，分析每个文化要素的得分，再根据分数的高低分析各个文化要素的建设现状。特别要对中低分项进行分析思考，最后根据分析结果，及时调整建设思路和方向。

3. 在进行访谈时，应从每个专业、每个年级选取 5 名左右教师进行真实访谈，由专人负责统计分析受访者对各个文化要素的意见和建议。

三、校园文化现状评估

由于受当地经济社会发展实际影响，各地学校办学目标、办学理念不尽相同，各自的定位、功能、人才培养目标等也有所差异，每所学校校园文化现状、存在问题和主要原因也可能不同（见表 1–2–3），需根据调查结果，综合考虑学校实际情况和地域特色进行对照分析和评估。

【表单与素材】

××学校校园文化现状调查问卷见表 1–2–1。××学校校园文化建设访谈提纲见表 1–2–2。技工院校校园文化现状、存在问题及主要原因参考表见表 1–2–3。

请您认真阅读以下每种情景描述，并在给出的 5 种程度中进行选择。此问卷旨在调查我校校园文化的现状，请您如实填写，非常感谢！（评分标准：非常不符合 1 分，不符合 2 分，不清楚 3 分，符合 4 分，非常符合 5 分。）

表 1–2–1　××学校校园文化现状调查问卷

文化要素	内容板块	情景描述	非常不符合	不符合	不清楚	符合	非常符合
精神文化	校训校史	1. 我能感受到浓厚且独特的校园文化氛围					
		2. 我很了解学校的校史校训					
		3. 校史校训能激励我的学习热情					
		4. 我能向别人详细介绍自己的学校					
	办学理念	5. 我了解我们学校的办学目标和育人理念					
		6. 学校的办学理念紧贴现代职业教育理念，符合我们的成长、成才需求					
		7. 我的个人成长目标明确					
		8. 学校鼓励我们追求个人发展					
	校风教风学风	9. 学校校风优良，师生精神面貌佳					
		10. 学校教师认真负责，教学方法先进，师德优良					
		11. 我们能按时、认真完成自己的学习任务，并积极探寻新知识					
		12. 师生之间相处融洽、彼此信任，尊重对方的想法和观点					

续表

文化要素	内容板块	情景描述	非常不符合	不符合	不清楚	符合	非常符合
精神文化	传统文化	13. 我喜欢优良的传统文化					
		14. 学校开设了关于传统文化的课程、讲座等					
		15. 我赞成国家倡导的爱国主义、集体主义和社会主义主旋律					
		16. 我赞成国际社会倡导的自由、民主、平等和公平					
环境文化	景观环境	1. 校园环境优美，能让我心情愉悦、学习热情高涨					
		2. 学校建筑物设计有特色，彰显校园历史特色和办学理念					
		3. 学校有独具特色的文化长廊或其他场馆设施					
		4. 学校会持续改进校园环境建设，坚持与时俱进					
	人文环境	5. 学校场馆设施先进，图书文献齐全					
		6. 班主任会邀请学生一起布置课室文化、宿舍文化					
		7. 各个专业的环境文化建设独具专业特色					
		8. 校园内悬挂的标语、宣传栏海报等能激发我的学习、生活热情					
	活动阵地	9. 学校活动场馆设施齐全，基本满足学生的活动需求					
		10. 学校活动场馆的布置能体现人文关怀					
		11. 学校合理利用活动场馆的环境布置来营造良好的活动氛围					
		12. 学校有专门人员负责活动场馆的使用和维护					

续表

文化要素	内容板块	情景描述	非常不符合	不符合	不清楚	符合	非常符合
制度文化	内容建设	1. 学校的学生管理和规则制度很完善					
		2. 我们非常了解，并愿意遵守学校的规章制度					
		3. 学校的规章制度奖罚分明，设置科学合理					
		4. 学校愿意倾听师生们对学校规章制度的意见建议					
	管理体制	5. 学校坚持执行规章制度所规定的内容					
		6. 学校的规章制度起到了很好的规范、约束和激励作用					
		7. 班主任会让学生共同参与班级规章制度的制订和管理					
		8. 学校对学生的管理理念先进、科学、以人为本					
	价值观念	9. 学校有培优奖先激励机制					
		10. 学校的规章制度能引导学生树立正确的人生观和价值观					
		11. 学校制度汲取了优秀的企业制度					
		12. 学校能与时俱进，持续完善各项规章制度					
活动文化	内容效果	1. 学校的校园文化活动丰富多彩					
		2. 我们很乐意参加各类校园文化活动					
		3. 校园文化活动效果很好					
		4. 学校领导对校园文化活动很重视，经常出席活动					

续表

文化要素	内容板块	情景描述	非常不符合	不符合	不清楚	符合	非常符合
活动文化	活动体系	5. 学校的校园文化活动体系很健全					
		6. 学校的活动实施、评价、激励机制科学、合理					
		7. 校园活动体系体现学校育人目标，能很好地提升我们的综合素养和职业能力					
		8. 活动后师生们会进行总结反思，持续更新、完善活动体系					
	活动品牌	9. 学校有独具特色的校园活动品牌项目					
		10. 学校校园活动融合地域特色、学校特色、职业特色等					
		11. 学校校园活动品牌为学校树立了良好口碑					
		12. 社会层面对学校的校园活动品牌反映良好					
网络文化	网络设施	1. 学校基本实现办公、教学、管理网络化					
		2. 学校网速快，基本能满足我们的上网需求					
		3. 学校无线网络覆盖全校园，可供师生学习使用					
		4. 学校开设了有关网络文化的课程或讲座					
	网络平台	5. 学校的网站、公众号等网络平台运营成熟					
		6. 学校网络平台的主页设计能彰显学校的精神文化和育人目标					
		7. 学校在网络平台上积极展示学校动态和优秀的教育教学成果					
		8. 社会层面对学校的网络平台反响很好					

续表

文化要素	内容板块	情景描述	非常不符合	不符合	不清楚	符合	非常符合
网络文化	资源共享	9. 学校有资源共享平台					
		10. 学校资源共享平台的资源丰富，且能下载，基本满足学习需求					
		11. 学校资源共享平台引入社会优质资源，实现资源交流					
		12. 学校资源共享平台持续更新校企合作的相关信息资料					
职场化校园文化	课程师资	1. 学校开设的课程科学、合理					
		2. 学校开设有关就业创业的课程或讲座					
		3. 学校教师专业能力强，能引导我朝着成才目标前进					
		4. 学校会适时邀请企业行业精英到校授课或讲座					
	活动环境	5. 学校会定期举办有关就业创业的活动或比赛					
		6. 学校定期举办企业文化展览或组织学生参观企业					
		7. 学校设有与专业相关的兼职岗位					
		8. 学校有独具特色的就业创业文化阵地					
	就业创业	9. 学校与多家企业签订了合作协议，共同培养学生					
		10. 学校与企业之间的产学研交流密切					
		11. 学校会定期举行校园招聘会					
		12. 学校设有创业训练场地，鼓励学生技能创业带动就业					

表 1-2-2　　××学校校园文化建设访谈提纲

1. 您认为，我们学校的校训对您的工作有什么启示和指导？
2. 您觉得我校的校风、学风如何？校园文化建设存在哪些问题？
3. 您觉得我校的人文环境怎样？有哪些需要改善的地方？
4. 您认为我校制度是否完善合理？有哪些需要改善的地方？
5. 您认为我校校园活动开展情况如何？较突出的问题是什么？
6. 您所在部门有什么样的对内对外交流活动？取得了哪些交流成果？您希望得到学校哪方面的支持？
7. 您认为我校网络平台的建设是否完善？有哪些需要改善的地方？
8. 您认为我校在培育学生职业角色和职业素养方面成效如何？有哪些需要改善的地方？
9. 您认为我校在培育学生就业创业方面成效如何？有哪些需要改善的地方？
10. 您认为我校校园文化建设是否形成了自己的特色？如果是，请具体说说表现在哪些方面？如果否，请提出建议。
11. 您认为我校校园文化建设应着重在哪些方面？
12. 您认为校园文化建设是否应该接受社会各界尤其是企业的共同参与？
13. 请列举出同类别学校中您最推崇的 1 ～ 3 所学校，您认为他们在哪些地方值得借鉴？

表 1-2-3　　技工院校校园文化现状、存在问题及主要原因参考表

存在问题	主要原因	具体表现
精神文化建设缺失精神	对技工院校校园文化内涵理解不到位、育人目标定位不准确	没有正确理解和认识校园文化的内涵、构成要素及其功能
		没有将校园文化各个方面有机结合、全面协调发展
	存在功利意识，人文精神缺失	部分学生的价值取向趋向功利化，不管学习还是参加活动，都以是否有利于毕业就业为标准
		教师存在忽视对学生人文素质教育和人文精神的培养
		课程设置重专业课轻公共课，人文学科得不到重视
		教师重个人科研成果，轻教学

续表

存在问题	主要原因	具 体 表 现
精神文化建设缺失精神	传统文化的认同缺失	过分强调现代文化，用挑剔的眼光对待传统文化
	缺乏创新性和个性化	校训的表述形式、表述内容上存在单一、缺乏个性等情况
		存在单一效仿其他学校的现象，没有自己的文化个性
	独立批判精神缺失	对学生偏重说教，过于空泛，导致精神文化建设缺乏必要的价值选择、独立性和批判性
环境文化建设缺乏内涵	对环境文化建设的基本内涵认识不全	认为环境文化就是物质办学条件，忽视了环境文化所蕴含的文化底蕴
	对环境文化建设的地位认识偏差	没有清晰认识到校园环境文化建设是手段，其根本目的是精神文化建设，对其建设流于形式
	后期对环境文化建设力量投入不足	扩招后，对环境文化建设投入的财力、物力不足
校园活动文化缺乏品位	缺乏文化底蕴，活动水平低	认为校园文化活动等同于娱乐活动
		大众文化带来的负面影响影响了校园文化的和谐发展
	缺乏个性，没有特色	文化活动内容、形式比较传统
		没有融合学校特色、历史传统，缺乏时代感和创新意识
		校园活动安排随意，没有形成体系，没有树立品牌
		没有提炼学校特色，打造品牌活动
	社团活动功利色彩浓厚	社团活动虎头蛇尾
		社团活动内容流于形式、过于娱乐化
		加入社团需要交纳团费，不利长远发展
制度文化建设不完善	制度行政化倾向严重	制度建设和运行、评价机制不民主
		制度的管理模式集中在办学力量上
	缺乏系统建设和有效管理	有些制度改进滞后
		规划不合理、管理不科学
		制度文化主体结构不全

续表

存在问题	主要原因	具体表现
制度文化建设不完善	建设制度不完善	有制度无实施
		制度的制订前瞻性不够
网络文化建设缺乏力度	网络文化建设的重要性认识不足	网络文化的双刃剑让建设者举棋不定
	对网络文化的管理力度不够	网络变幻莫测，导致网络管理理念和管理体制跟不上
		网络文化管理权责不明、分工不清
	网络基础设施差强人意	电脑设备陈旧、网速过慢
		内容匮乏、形式单调
		资源缺乏时代性、交流性
	网络文化建设队伍素质亟待提高	缺乏一支既是网络技术专家又是思政教育专家的政工队伍，没能做好信息传播“把关人”
职场化校园文化建设不够职业	没有营造浓厚的校园职场氛围	在精神文化、环境文化、校园活动文化、制度文化和网络文化建设过程中，忽略了给学生营造职场氛围
	校企合作不紧密	没有结合企业用人需求设定育人目标；校企双方价值理念不同，注重短期效果；校企双方在人才、知识互补方面缺乏交流
	未能突出创新创业创意意识培养	学校在建设过程中，没有跟进时代步伐，忽视了对学生创新创业创意素质的培养

【评价与反思】

一、评价

1. 调查问卷的情景描述需根据本校实际情况和所处地域特色进行设置，要考虑涵盖的要素是否全面，提问形式是否科学、合理。访谈时的时间、空间要素也要考虑进去，因为不同的时间、空间会影响人的判断。

2. 在进行校园文化现状评估过程中，可以邀请专家进行指导，多听取师生和企业的建议，综合考虑建议的实用性和科学性。

3. 在对学校校园文化现状的评估上，要尽量做到科学、准确，不要过分夸大某一问题，也不要忽略某些细节，要用辩证思维去思考结果。建设实施者可以集中讨论分析得出的结论，并论证其合理性。

二、反思

1. 在编制调查问卷和访谈题目时，是否从校方、师生、企业这三个层面进行情景和问题设置？

2. 对象的选取是否具有代表性？因为优秀的师生会对优秀的校园文化充满渴望，并乐于感受文化给他们带来的美好感受。问卷、访谈是否真实有效？结果分析是否综合考虑本校实际情况和地域特色？

3. 通过对优秀学生、教师的调查访谈，是否能够科学合理分析本校校园文化现状、存在的问题，进而找准调整方向，确定正确建设思路？

实施路径三　规划校园文化建设的发展愿景

实施路径三　规划校园文化建设的发展愿景	寻找校园文化重塑的突破点
	让高效能教职工引领校园文化
	制订校园文化建设五年规划

【实施路径】

学校校园文化建设的发展愿景是基于问卷调查、访谈，全体师生员工通过共同努力希望实现的愿望与目标。要结合学校的实际情况和地域特色，综合评估学校哪方面的文化建设需要补充、哪些需要巩固提升，又有哪些需要改进等。依据科学、合理分析得出结论后，还需结合发展愿景制订校园文化建设五年规划，脚踏实地稳步推进。

一、寻找校园文化重塑的突破点

校园文化需要长时间才能形成，因此要改变根深蒂固的校园文化现状尤为困难，需要寻找到校园文化重塑的突破点。这个突破点在校园文化建设领导者、决策者，即校长（院长）。领导者、决策者要清晰定位自己在校园文化建设中的角色，有统筹全局的魄力，而且已经注意到学校校园文化建设需要改善的地方，并愿意开始行动。同时，他还要德高望重，足以吸引高效能教职工参与到变革中来，从而带动全校一致行动。

二、让高效能教职工引领校园文化

所谓高效能教职工，是指那些对学生、对学校认真负责，对教学工作感到胜任愉快，能够影响学生和引导学生为达成目标而不懈努力的教职员工。在改善校园文化现状时，领导者要选择那些有能力并有意愿改变现有文化的高效能教职工，让他们积极建言献策，主动参与到校园文化建设中来。

三、制订校园文化建设五年规划

首先，校园文化建设者要在理解技工院校校园文化内涵、要素及功能，掌握建设基本原则的基础上，对校园文化现状进行科学有效的调查分析，并充分研究论证结论的科学性和合理性。其次，要提取校园精神文化精髓，听取广大师生的心声，制订校园文化建设五年规划行动方案（见图 1-3-1）。最后，要坚持用社会主义核心价值观来引领校园文化建设，并使社会主义核心价值观贯穿整个建设过程，确保新时代校园文化建设的正确方向。

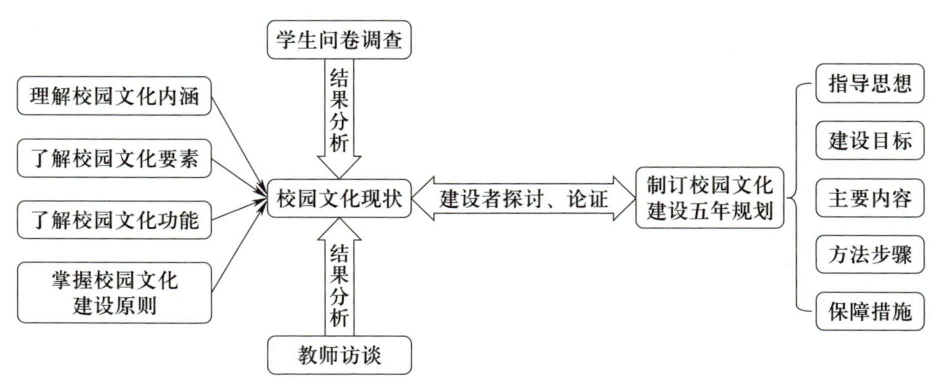

图 1-3-1　制订校园文化建设五年规划示意图

【表单与素材】

参考案例：×× 技师学院校园文化建设五年（2021—2025 年）行动方案

根据《×× 技师学院“十四五”发展规划（2021—2025 年）》精神，为进一步加强学院校园文化建设，营造良好校园育人环境，特制订本方案。

一、指导思想

为深入学习贯彻党的十九大和十九届四、五中全会精神，全面贯彻落实习近平总书记关于教育的重要论述特别是 2021 年全国职业教育大会讲话精神，根据《国家教育事业发展“十四五”规划纲要》《国家职业教育改革实施方案》《×× 市人力资源和社会保障事业发展“十四五”规划》等文件精神，坚持以“立德树人”为根本，以服务发展为宗旨，以促进就业为导向，以内涵发展为主线，以打造国家重点技师学院为目标，推进校园文化建设，营造良好的校园育人环境，为学院内涵发展提供文化和精神动力。

二、主要挑战

对照国家、省、市的发展新战略，技工教育的发展新要求，以及校园文化现状调查结果，我院校园文化建设发展还存在一些亟须解决的问题和挑战，主要表现在：

一是师生对校园精神文化内涵认识不够深刻，集体归属感、荣誉感不强。二是校园环境文化需要进一步营造浓厚的人文环境。三是校园活动质量跟不上学院整体发展要求，缺乏清晰的定位和思路，文化建设底蕴不足，育人功能还不够明显。四是校园制度文化建设中的评价激励机制需要进一步完善。五是网络文化建设不够完善。还应该完成网络设备更新换代工作，提升网速，丰富网络共享资源。六是职场化校园文化建设不够深入。产教融合、校企合作深度还不够。部分专业依然停留在为企业输送普通劳动力上，并未深入开展校企双制办学，与国际、国内大企业合作较少，学生就业质量和就业稳定性还需提高。整体师资力量跟不上学院发展的速度。职业培训力度还不够大。学院培训更多偏向于政策性培训或较低层次的资质资格培训，培训市场开拓不足，针对企业员工技能提升、技术创新等方面的培训较少，对企业的影响力不足。

三、发展目标

1. 总体目标

培育和践行社会主义核心价值观，以当地传统文化、工匠精神、企业文化的提炼与融合引领校园文化建设，明确学校文化的精神内涵，包括办学理念、核心价值观、学校精神、校训校风等要素。完善学校制度文化、精神文化、环境文化、活动文化、网络文化和职场化校园文化，以学生的全面发展为本，构建起具有较高文化品位的生态校园、人文校园、和谐校园，形成良好的育人环境和氛围，成为具有一定影响力和独具特色的学校文化品牌。

2. 年度目标

2021 年：完成校园文化建设前期调研工作，学院基本理念体系得到完善和提升；完善网络平台升级建设和丰富共享资源，成立一支专业网络文化建设队伍；实施教师能力提升计划；实施打造专业集群计划。

2022 年：完成学院展厅规划和建设；完成校园文化标识更新；进一步完善校园文化活动体系，并试行；新合作 8 家本地合作企业、3 家省内企业，继续深入校企合作；实施“产教融合、校企合作”行动计划。

2023 年：完成学院规章制度完善工作，编印学院规章制度汇编；进一步完善学院宣传画册、宣传片并投放；进一步完善校园文化活动体系。

2024 年：完成各楼宇符合专业特点和工匠精神的雕塑建设，校园环境进一步优化。

2025 年：新增图书馆藏书，其中新增图书 12 万册，期刊 120 种，电子图书 15 万册，满足日常教育教学和文化学习需求；校容校貌得到较大改善。

四、主要内容及实现方式

1. 确立精神文化认同

提炼学院历史文化，创新现代校园文化。通过共同的校园精神理念和行为准则的认同，以及文化特质和文化归属的认同，在提升学院形象的过程中，让教师从中获得主人翁的自豪感、荣誉感、信赖感和归属感，增强全体教职员工的凝聚力。

2. 加强制度文化建设

梳理 ISO 9000 质量管理体系，完善学院制度建设，发扬校训精神，加强校风建设，严格各项管理，形成师生良好的行为规范和精神风貌。同时通过强化内审、管理评审等环节，加强执行力的培养，并形成管理闭环，促进持续改进与不断提升。

3. 加强环境文化建设

（1）实施基础设施完善计划。以创建高水平技师学院为目标，优化学院办学硬件配置，改善师生在校学习和生活条件，加强生活设施、实训场所、道路、景观园林等学院基础设施建设。

（2）统一校旗、系旗设计和管理，维护学院良好形象。根据各教学系专业教室、实训室分布，在各楼层、广场设置符合专业特点和工匠精神的雕塑。

（3）统筹规划、完善校园宣传橱窗。

（4）加强图书馆建设，用好宿舍架空层，设置读书角、阅览室等，方便学生阅读与自习，充分发挥图书馆的文化育人功能。

（5）增强后勤保障，持续推进人才培养环境的改造与完善。落实基础设施建设，改善人才培养环境。学生宿舍安装空调，改建宿舍区运动设施，建设学生宿舍智能通道机。加快校园绿植的改造升级及小景观小园林建设，持续推进人才培养环境的改造与完善。

4. 完善校园活动文化体系

（1）举办周年校庆，增强师生“校荣我荣，校衰我耻”的集体荣誉感。

（2）根据每年节庆开展雷锋月奉献意识教育、女生月关爱健康教育、青年节奋发上进教育、国庆节爱国主义教育、中秋节家庭美德教育等系列活动。

（3）开展好德育系列教育活动以及各类专题教育和文化活动。

5. 丰富网络文化

（1）成立一支具有网络技术兼思政教育能力的师生管理队伍。

（2）制订校园网络文化管理办法，坚持用制度强化网络文化建设。

（3）利用各大平台大力宣扬社会主义核心价值观、学校优秀教学成果及校园活动。

（4）丰富学校共享网络资源，满足学生的学习需求。

6. 加强职场化校园文化建设

（1）成立思政教育管理中心，专门负责思政课程建设和开展思政教育教学活动。

（2）重视师资队伍建设，力争教育教学质量实现新发展。

（3）深入校企合作，学生就业质量实现新提高。学院深入实施校企双制办学，培养企业需要的技能人才，与某通信有限公司共建“维修驿站”、LCD实训车间，实现教学、培训、实习、就业、学生实践等新型“校中厂”合作，并成立冠名班，人才培养更贴合市场。新设健康服务与管理专业，进一步完善校外家政培训班；制订《××技师学院贯彻落实“××省技工”工程实施方案》，细化工作措施，落实工作责任，努力打造一支技能精湛、勇于创新、追求卓越的“××省技工”队伍；扎实推进“农村电商”工程，配合市人社局实施农村电商公共服务中心项目，抓实抓细农村电商“一村一品”带头人提升和企业新型学徒制培训，助力精准扶贫和乡村振兴战略。

（4）实施“产教融合、校企合作”行动计划。结合国家产教融合发展工程和“十百千”产教融合行动计划，开展产教融合试点，实施校企深度合作项目。实施职业教育教学质量与教学改革工程，校企共建重点专业、区域综合性产教融合高水平公共实训中心或实训基地、精品在线开放课程等，与企业合作开发教材，将企业需求融入人才培养各环节。梳理学院校企合作企业信息，制作出分专业、分级别的树状图，并制订具体的校企合作计划。

7. 注重学院文化传承

（1）加强文化传承载体建设，丰富校园宣传栏、户外广告牌、微信公众号、宣传画册等文化宣传载体，拓宽宣传工作渠道，提高办学的社会美誉度。

（2）加强校园文化宣传管理，完善学院宣传制度。

（3）将学院文化融入课程体系，从日常教学中帮助学生学习和传承当地文化精神、工匠精神。

8. 实施立德树人计划

落实立德树人根本任务，巩固学院德育工作特色，在加强思政课程的同时，着力课程思政建设，即每天每课都有思政元素，形成更为强大的育人合力，构建“大思政”育人格局。引入地区传统文化、企业职场文化等要素，将工匠精神和职业素质培育全面纳入人才培养方案，加大学校文化建设力度，充分发挥环境育人功能，提升学生综合职业素养和道德品质，培养德技双馨的技能人才。

9. 实施教师能力提升计划

全面落实教师到企业实践和轮训制度，加强骨干教师培训，建设“一体化”教师培养培训基地，制订教师教学创新团队和专业领军人才培养计划、名师工作室和技能大师工作室建设计划，加强基层教学组织建设。鼓励教师申报更高一级任职资格和提升自身学历，以教研组为单位，以高职称教师为表率，带动其他教师共同进步，形成一个教学教研能力强、技能竞赛成绩好的教师团队，并进行中期、末期考核。

10. 实施打造专业集群计划

坚持围绕产业设置专业，运行专业建设动态调整机制，努力建设省级重点专业集群和特色专业集群，打造学院品牌专业集群。建设“校企精准对接、精准育人”（双精准）示范专业，服务区域重点产业发展。以打造品牌专业集群为引领，以系部为单位建设一系一品牌专业集群，并实施品牌专业集群标准化，一年一考核，全面提升专业建设水平。

五、保障措施

1. 完善校园文化建设机构，加强组织保障

一是成立校园文化建设工作领导小组，统筹、规划、组织、协调、监督校园文化建设进程。二是定期或不定期召开校园文化建设专题会议，提高全体师生参与校园文化建设的积极性和主动性，形成全员参与校园文化建设的良好氛围。

2. 划拨校园文化建设专项资金，加强经费保障

从办学经费中按比例划拨校园文化建设专项经费，分年度推进和巩固校园文化建设。加强校园文化建设专项经费监管，严格按照相关规定使用专项经费，确保专款专用。

3. 丰富校园文化建设形式，创新工作方法

一是根据《××技师学院“十四五”规划》和本方案，起草校园文化建

设年度工作计划，落实工作责任，任务分解到科室和个人，按计划分阶段推进校园文化建设工作。二是委托第三方机构设计校园文化软实力建设具体方案，分类别实施建设。

六、考核机制

编制《校园文化建设考核细则》，按校园文化建设子项目建设进度进行考核。考核优秀者，授予项目建设优秀小组、项目建设优秀工作者称号，并给予计发相应的专项工作绩效工资。考核不合格者，全校通报批评，并视工作情况（非客观因素）给予工作事故处理。

××技师学院
2021年5月

【评价与反思】

一、评价

1. 技工院校校园文化建设实施者自评。自评主要聚焦：是否正确认识到院校领导者在校园文化建设中统筹全局而不是独霸权力的角色价值？是否确立了以人为本，为社会、企业培养高素质高技能人才，尊重学生和服务学生发展的教育理念？

2. 师生和企业评价。在建设实施过程中，可以让师生参与建设过程与成果评价，时刻保持清晰的思路，广泛听取师生和企业多方建议，及时调整建设方向和思路。

3. 技工院校校园文化建设者可以通过深入研究有关校园文化建设的优秀案例，实地考察优秀学校的成功实践，总结经验，及时调整建设思路。

二、反思

1. 技工院校建设者是否能将优秀学校的建设经验有效转化为本校校园文化建设的素材，并以此梳理出新的途径和方法来思考本校的建设思路？

2. 在建设过程中，特别是遇到困境时，是否始终坚信自己的工作使命、愿景和教育理念？师生是否愿意参与到校园文化建设中来？是否愿意相信校园文化建设工作能够给他们的学习、生活和工作带来好处？如果不是，要分析是什么原因造成的。

3. 校园文化建设目标的实施是否与当初发展愿景保持一致？如果部分目标没有顺利实现，如何才能得到改善？如果学生受到社会文化或外来文化的冲击，自发地创造了一种新的文化，但这种文化有悖于学校校园文化的整体规划，如何从工作实践中去遏制其发展？

第二篇
强化技工院校校园精神文化

实施路径一　突出本校特色教育，提炼精神文化内涵

实施路径二　营造精神文化氛围，发挥精神文化作用

实施路径三　深挖精神文化精髓，彰显校园品牌优势

【背景描述】

某技工院校为提升形象、扩大影响力，决定加强校园精神文化建设，要求该校宣传部门在一个月内拟出办学理念、人才培养目标、学校发展目标、校训、校风、教风、学风、校歌、校徽的相关内容。宣传部门工作人员大多较为年轻，对学校办学历史、办学特色、发展战略等并不了解，只好在互联网上搜集其他院校的相关资料，拼凑、修改后形成草稿。该校领导认为校园文化建设主要是"面子工程"，有喊得出、叫得响的口号即可，简单讨论后便向全校公布，并安排广告公司制作宣传画、标语等张贴在校园里，在很短时间内完成了所谓的校园文化建设。然而，该校师生却对公布的办学理念理解不太深入，对人才培养目标、学校发展目标不完全认同，对校训、校风、教风、学风、校歌、校徽等不太满意。最终，该校的校园文化虽然挂在了墙上，却没有走进师生的心里。

【点评】

在精神文化建设中，该技工院校草率确定办学宗旨、办学理念及发展战略等，导致校园精神文化核心不够清晰、合理；没有厘清精神文化的内在逻辑关系，造成校园精神文化体系概念杂糅、理念零散，无法更好地发挥整体合力；满足于校训、校风、教风、学风、校歌、校徽等显性的精神文化形式，而不曾深入研究精神文化的体系结构和作用机制，使校园精神文化建设缺乏内涵和特色。这些"表面"措施，直接制约该校特色精神文化的形成，进而影响校园文化建设的效率和水平。

实施路径一　突出本校特色教育，提炼精神文化内涵

实施路径一　突出本校特色教育，提炼精神文化内涵	突出社会主义特色，提炼办学宗旨
	突出地域特色，提炼办学理念
	突出学校自身特色，提炼发展战略

【实施路径】

精神文化是校园文化最核心和最深层的要素，是学校在长期的教育实践中，受一定社会文化背景、意识形态影响而形成的，为其全部或大部分成员所创造和遵循的精神成果与文化观念。在技工院校办学实践中，通常体现为学校的办学宗旨、办学理念、发展战略、人才培养目标、发展目标、校训、校风、教风、学风、校歌、校徽等，形成一套具有共同价值观内核的理念体系，对学校所有成员产生凝聚、引导、激励、规范作用，成为支持学校生存和发展的精神力量。

在校园精神文化理念体系中，办学宗旨、办学理念、发展战略是其核心和根本，人才培养目标、学校发展目标等是其具体化和组成部分，校训、校风、教风、学风、校歌、校徽等是其集中表述或具体表现。厘清校园精神文化的影响因素和内在逻辑，不断筛选、提炼，逐步形成适合本校的精神文化体系，进而更好发挥校园精神文化的积极作用。本节将从办学宗旨、办学理念、发展战略入手，锚定精神文化之根，为技工院校精神文化建设打下坚实基础。

一、突出社会主义特色，提炼办学宗旨

1. 以国家教育政策为依据

作为我国现代职业教育体系的重要组成部分，技工院校办学的主要依据有《中华人民共和国教育法》《中华人民共和国职业教育法》等法律法规，《中国教育现代化 2035》《国家职业教育改革实施方案》《技工教育“十四五”规划》等政策文件（见表 2-1-1）。其中，技工院校的办学宗旨是“为社会主义现代化建设服务、为人民服务”。技工院校必须坚持社会主义办学方向、坚守立德树人根本任务、坚定服务经济高质量发展办学导向，在教学、管理、服务工作中贯彻党的教育方针，培养德智体美劳全面发展的社会主义建设者和接班人。

表 2-1-1　　技工院校办学宗旨相关政策法规

时间	政策法规	办学宗旨相关表述
2021 年	《技工教育“十四五”规划》	“以习近平新时代中国特色社会主义思想为指导，深入贯彻党的十九大及十九届二中、三中、四中、五中全会精神，落实党中央、国务院决策部署，坚持党的领导，坚持正确办学方向，坚持立德树人，以促进就业创业、服务企业行业、服务经济高质量发展为目标，深化技工院校改革，推进办学模式创新，加强高技能人才和能工巧匠培养，注重德技并修、多元办学、校企合作、提质培优，实现创新发展，建设现代技术工人培养体系，培养德智体美劳全面发展的社会主义建设者和接班人，为全面建设社会主义现代化国家提供高素质技能人才支撑。”
2021 年	《中华人民共和国教育法》	“教育必须为社会主义现代化建设服务、为人民服务，必须与生产劳动和社会实践相结合，培养德智体美劳全面发展的社会主义建设者和接班人。”
2022 年	《中华人民共和国职业教育法》	“职业教育必须坚持中国共产党的全面领导，坚持社会主义办学方向，贯彻国家的教育方针，坚持立德树人、德技并修，坚持产教融合、校企合作，坚持面向市场、促进就业，坚持面向实践、强化能力，坚持面向人人，因材施教。” “实施职业教育应当弘扬社会主义核心价值观，对受教育者进行思想政治教育和职业道德教育，培养劳模精神、劳动精神、工匠精神，传授科学文化与专业知识，培养技术技能，进行职业指导，全面提高受教育者的素质。”

2. 以习近平总书记关于职业教育、技工教育的重要论述为指导

党的十九大报告提出要“建设知识型、技能型、创新型劳动者大军，弘扬劳模精神和工匠精神，营造劳动光荣的社会风尚”，对新时代劳动者能力素质和精神面貌提出了总体要求。党的二十大报告进一步提出，要“完善人才战略布局，坚持各方面人才一起抓，建设规模宏大、结构合理、素质优良的人才队伍”，“加快建设国家战略人才力量，努力培养造就更多大师、战略科学家、一流科技领军人才和创新团队、青年科技人才、卓越工程师、大国工匠、高技能人才”。由此可见，将高技能人才培养提升到了国家战略高度。

对技工教育，习近平总书记寄予殷切期望，特别强调“技术工人是支撑中国制造、中国创造的重要基础”，提出要“完善和落实技术工人培养、使用、评价、考核机制，提高技能人才待遇水平，畅通技能人才职业发展通道，完善技能人才激励政策，激励更多劳动者特别是青年人走技能成才、技能报国之路，培养更多高技能人才和大国工匠”。

2018 年，习近平总书记在全国教育大会上强调要“培养德智体美劳全面发展的社会主义建设者和接班人”，明确提出了“五育并举”培养人的要求，将“劳动教育”再次提高到与德育、智育、体育、美育同等重要的地位，体现了教育与生产劳动和社会实践相结合的社会主义教育原则，体现了人的全面发展的要求，体现了对劳动本身和对劳动者的高度重视。

2019 年 9 月，习近平总书记对我国选手在世界技能大赛取得佳绩作出重要指示：“劳动者素质对一个国家、一个民族发展至关重要。技术工人队伍是支撑中国制造、中国创造的重要基础，对推动经济高质量发展具有重要作用。要健全技能人才培养、使用、评价、激励制度，大力发展技工教育，大规模开展职业技能培训，加快培养大批高素质劳动者和技术技能人才。要在全社会弘扬精益求精的工匠精神，激励广大青年走技能成才、技能报国之路。”

此外，习近平总书记在全国劳动模范和先进工作者表彰大会上指出，要发扬“爱岗敬业、争创一流、艰苦奋斗、勇于创新、淡泊名利、甘于奉献的劳模精神，崇尚劳动、热爱劳动、辛勤劳动、诚实劳动的劳动精神，执着专注、精益求精、一丝不苟、追求卓越的工匠精神”。

【参考案例】

某技工院校在新学年开学第一周组织“开学第一课”活动，由学校党委书记以“弘扬爱国奋斗精神，建功立业新时代”为主题为全体新生作报告，鼓励新生以高技能人才楷模和身边的先进人物为榜样，热爱祖国，匠心筑梦，立志用技能建功立业，脚踏实地走好学习生活的每一步。要勤学苦练，精益求精，以新学期为起点，用心学习世界技能大赛冠军、技能楷模的先进事迹，增强技能成才的信心和技能报国的决心。要树立信心，勇于拼搏，努力绘出精彩人生。要弘扬劳动光荣、创造伟大、技能宝贵的时代风尚，将“工匠精神”贯穿于学习、实训之中，认真做好职业规划，不断提升职业素养，成为爱岗敬业、诚信友善，具有社会责任感、创新精神和实践能力的高素质劳动者和技术技能人才，成为潜心钻研技能、勇攀技能高峰的大国工匠。

二、突出地域特色，提炼办学理念

1. 紧密对接经济发展

技工院校的主要职能是培养技能型人才，毕业生的主要去向是进入各行各业工作，与普通中等、高等教育相比，技工院校的办学理念与区域产业结构、经济发展水平和行业企业需求关系更为紧密。技工院校必须在深入调研当地经济发展情况的基础上，明确自身办学理念，培养适合本地企业发展所需人才，助力区域经济社会发展。

【参考案例】

某技师学院是某省交通运输厅直属的技工院校，是所在地级市唯一一所省属技工院校，始终坚持服务全省交通运输事业发展和区域经济社会发展的办学定位，坚持“立足交通、特色办学、适应市场、服务就业”的办学理念。在充分调研交通运输事业发展情况和当地经济水平、产业结构及发展规划的基础上，确定学校“十四五”发展规划和任务目标。

××技师学院第十四个五年规划（节选）

“十三五”期间，我省交通基础设施建设投资大、发展快，交通运输行业走在全国前列，为全省新旧动能转换和高质量发展提供有力支撑……“十四五”时期，将进一步加快交通强省建设，基本建成现代化交通运输体系。学院所在的××市是全省人口最多、面积最大的地级市，正加快构建开放型现代产业体系，由商贸物流大市向商贸物流强市跃升，由交通大市向交通强市跃升……学院作为当地唯一一所省属交通类技工院校，必须承担起为全省交通运输行业和区域经济社会发展培育技能型人才的社会责任。

“十四五”期间，学院将紧密对接科技发展趋势和市场需求，以改革创新为动力，以促进就业和适应产业发展需要为导向，优化专业布局，深化办学体制和育人机制改革，努力把学院打造成为办学条件一流、运行机制高效、专业建设水平领先、师资队伍结构合理、人才培养质量过硬、产学研深度融合的区域技工教育创新发展高地。打通高素质技能人才成长成才通道，构建纵向贯通、横向融通的多元化办学格局。全面履行立德树人、科技创新、社会培训、技术服务及文化传承等职能，为促进经济社会发展和提高国家竞争力提供优质人才资源支撑。

2. 紧密对接企业文化

技工院校在确立学校总体办学理念的基础上，还应当进一步深入调研各专业对口企业的具体需求，以此为依据确立各专业的发展思路和培养目标。同时，为了实现人才培养过程和学生就业创业的有效衔接，技工院校应当积极在校园文化中引入企业文化，有意识地将企业精神合理融入校园精神文化，形成更加具有产业特色、专业特色、地域特色的校园精神文化。

【参考案例】

对接企业文化，某技工院校工商管理专业提出的口号是“苦练业务技能，做工商管理精英”，酒店管理专业提出的口号是“以绅士淑女的态度，为绅士淑女服务”，会计专业提出的口号是“老老实实做人，明明白白记账”。某技工院校以交通类专业为主，将交通行业企业普遍采用的7S管理理念（整理、整顿、清扫、清洁、素养、安全、节约）引入学校的教学、管理、服务全过程。某技师学院紧密对接企业文化的部分教学实训场所如图 2-1-1 所示。

图 2-1-1　某技师学院紧密对接企业文化的部分教学实训场所

3. 紧密对接区域文化

校园文化是社会文化的重要组成部分，也是国家和社会进行文化传承、文化交流、文化创新的重要阵地。技工院校要积极发挥文化传承、交流、创新的职能作用，在建设校园精神文化过程中，将区域文化元素有机融入自身的办学理念和培养目标。

【参考案例】

某技师学院所在地临沂市是沂蒙革命老区，军民水乳交融、生死与共铸就的沂蒙精神是党和国家的宝贵精神财富。该学院将沂蒙精神融入校园精神文化体系，提出以“中华传统文化、沂蒙红色文化和现代汽车文化”为特色的校园文化建设思路，指引、激励广大教职工增强政治意识、大胆改革创新、立足岗位作贡献，不断推动学院发展取得新突破，培养具有中华文化气度、红色文化品格、现代企业精神的技能型人才。

三、突出学校自身特色，提炼发展战略

学校发展战略是学校对其长远发展目标及行动路线所作的宏观的有预见的构想和安排，既是学校办学历史和办学经验的高度凝练，又是学校下一步发展的指导和遵循，是在办学宗旨指导下，继续践行办学理念的总体思路，是学校精神文化建设不可或缺的重要组成部分。

【参考案例】

××技师学院院长在职工代表大会上阐释本校发展战略

一、实施特色立校，进一步培育和强化办学特色

建校初期，学院仅有两间教室，师生合计不足100人。现在，学院占地面积600余亩，在校生11 200余人，教职工336人，总资产4.5亿元，可以说发生了翻天覆地的变化。站在新的历史起点上，我们必须思考，是什么使我们在历史沉浮中生存下来？是什么造就了学院今天的发展成果？答案就是我们逐渐找到了适合自身的办学特色。

1. 交通类专业优势。学院从建校起就开设汽车修理专业，后来多个相关专业被评为市级、省级重点专业，成功申报省级示范专业群、技师工作站、世界技能大赛集训基地，师生获得的技能竞赛奖项和各类荣誉不胜枚举。

2. 一体化教学改革。学院从1998年开始进行一体化教学改革，构建以职业活动为导向、以综合职业能力培养为核心、理论教学与技能操作融会贯通的一体化课程体系。

3. 半军事化管理。学院针对培养目标和学生特点，从1997年开始探索半军事化管理，如今，已经形成了较为成熟的制度体系、管理模式和工作队伍，学生的优秀品质和良好习惯受到家长和用人单位的高度评价。

4. 精神文明创建。学院1993年被评为市级文明单位，2013年被评为省级文明单位，2017年被评为全国文明单位。

二、实施质量兴校，推动学院实现高质量发展

通过近年来的快速发展，学院已经成为一所在全省乃至全国具有一定影响力的技工院校。下一步，如何在现有成绩基础上再上一层楼，推动学院真正跻身全国一流技师学院行列？全国教育大会为我们指明了方向，那就是“推动教育从规模增长向质量提升转变”。要以优势学科和新兴专业为重点，进一步提升专业建设水平；以精品课程建设和技能竞赛为重点，进一步提升教学质量；以把好入口、出口为重点，进一步提升学生整体素质；以积淀校园文化为重点，进一步提升师生文明素养。

三、实施依法治校，完善管理体制，保障高效运转

近年来，学院在制度建设、规范管理方面做了大量工作，逐步修订完善了各项制度、规范、流程，广大教职员工依法办学、依法管理的意识和能力也在增强，学院管理的规范化、科学化水平显著提高。下一步，我们要牢固树立依法办事、尊重章程、制度面前人人平等的理念，进一步强化全体教职员工依法治校、依规办事的意识，做到“一切工作具体化、具体工作项目化、项目管理责任化、责任落实高效化”，完善监督考核体系和问题反馈机制。

四、实施人才强校，发挥人才的基础性作用

习近平总书记在参加全国两会广东代表团审议时提出：“发展是第一要务，人才是第一资源，创新是第一动力。”学院将持续深化人事制度改革，持续优化岗位设置，引进优秀人才，完善人才梯队，使各类人才在学院发展中充分展现自身的才华和价值。

【表单与素材】

在调研和考察企业精神文化时，可以借助国内某咨询公司在国际普遍采用OCAI量表基础上开发的领导者企业文化倾向评估问卷（详见表2-1-2），该问卷根据6个方面来评估领导者的企业文化倾向：管理特征、组织领导、员工管理、组织凝聚力、战略目标以及成功标准。问卷共有6个维度24个测试条目，每个维度下有4个陈述句，分别对应着4种类型的企业文化。对于某一特定企业来说，它在某一时点上的企业文化是4种类型文化——宗族型、活力型、层级型和市场型——的混合体。企业文化特征矩阵如图2-1-2所示。

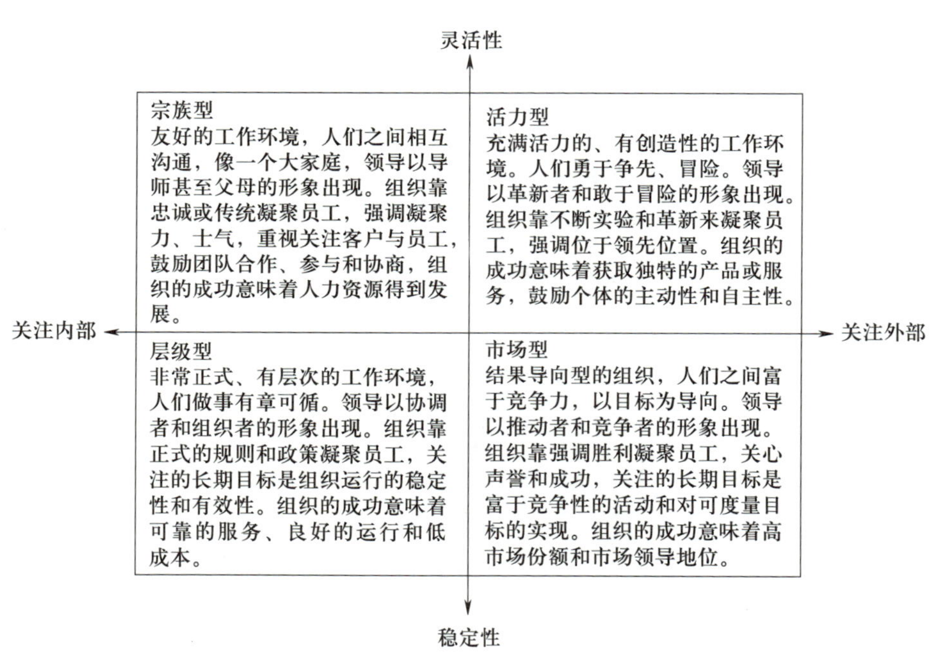

图2-1-2 企业文化特征矩阵示意图

请您将符合现状及将来预期的分值填入相应陈述后面的空格中，分值越高表示这一项越符合实际，在回答任何一项时可以出现0分或100分。例如：四项得分为30、54、0、16，也可以为100、0、0、0，但总分为100分。

注：本问卷中“现在”一栏表示公司目前的真实状况，“将来”一栏是您希望五年后的状况。

表 2-1-2　领导者企业文化倾向评估问卷

管理特征	现在	将来
公司员工充满活力和事业心，愿意接受和承担风险		
公司组织结构明确，控制系统完善，员工的工作完全按照规章制度		
公司注重工作的完成和工作结果，员工也看重竞争和成就		
公司更像一个大家庭，存在个性化的空间，员工能够同甘共苦		
总　　分	100	100
组织领导	**现在**	**将来**
公司领导是员工的导师、看护者或促进者		
公司领导就是企业家、创新推动者或改革者		
公司领导是企业的协调者、组织者和改善公司运营效率的人		
公司领导是实际主义者，干劲十足，只问工作结果		
总　　分	100	100
员工管理	**现在**	**将来**
高度竞争、高要求、高成果是公司管理中的特点		
公司的管理是以团队、参与管理和取得共识为主		
公司寻求员工关系的稳定性、员工行为的一致性和可预知性		
公司的管理充满个人冒险主义、自由、创新和独特性		
总　　分	100	100
组织凝聚力	**现在**	**将来**
公司凝聚力来自正式的规定和政策，保持组织平稳运行非常重要		
重视完成目标和形成公司凝聚力，进取和获胜是公司的主旋律		
公司凝聚力来自革新和发展，公司的关注点是消除边界，融为一体		
忠诚和信任是公司凝聚力的来源，员工承担义务对公司非常重要		
总　　分	100	100

续表

战 略 目 标	现在	将来
公司重视人员的发展、高度信任、开放和持续参与		
公司重视持久和稳定，强调效率、控制和平稳运行		
公司重视获得新资源和创造新挑战，鼓励为寻找机会而尝试新事物		
公司强调竞争性行动和成就，最重要的是达到目标和在市场中获胜		
总　　分	100	100

成 功 标 准	现在	将来
成功就是公司在市场上获胜、超过竞争对手，成为市场竞争的领导者		
成功意味着公司在最新或独特的技术和服务方面是领导者和创新者		
在人员发展、团队进步、员工承诺和关注员工的基础上才有公司的成功		
效率是公司成功的基础，关键是可靠的传递、顺畅的计划和低成本		
总　　分	100	100

【评价与反思】

一、评价

1. 有没有厘清校园精神文化相关概念之间的区别与联系？有没有事先搭建完整的校园精神文化建设体系？如何分步骤、科学、有效地开展校园精神文化建设？有没有充分分析校园精神文化建设的各类影响因素？有没有将校园精神文化建设作为校园文化建设的核心内容，作为提升办学水平的重要抓手，给予充分重视？

2. 在提炼学校办学宗旨、办学理念、发展战略方面，有没有准确把握党和国家对技工院校办学的要求？有没有深入学习贯彻习近平新时代中国特色社会主义思想？有没有深入调研学校所处地区的经济、社会、文化环境？有没有充分了解学校主要合作企业的企业文化？有没有全面回顾总结建校以来的办学历程？有没有总结学校各个发展阶段的办学经验？有没有充分体现学校的办学特色？

二、反思

1. 学校在党的方针和国家政策指导下开展办学活动，重要任务之一是传承和弘扬主流意识形态。校园精神文化在多种因素影响下形成，必然要具有一定的稳定性。这既是学校发展的需要，也是教育事业和国家发展的需要。技工院校肩负为社会培养技能型劳动者的重任，毕业生将成为我国技术工人的主力军，必须坚守立德树人初心使命，坚守社会主义办学方向，坚守为人民服务的办学宗旨，在任何情况下都不应动摇和改变。

2. 办学理念既体现学校过去的发展历程和现在的办学特色，也指导着当前的办学实践，影响下一步的发展战略。发展战略面向未来，是学校在一定时期内改革发展的指导。随着一所学校从初创期到生存稳定期、规模扩张期、改革转型期、高质量发展期的逐步过渡，其办学和发展的客观条件和主要矛盾也在不断变化。加之随着时间的推移，学校所处的经济、社会、文化外部环境也在迅速变化，技工院校应当在坚守办学宗旨的前提下，适时更新办学理念，科学制订发展战略，建设更加适应新的时代要求的校园精神文化。

实施路径二　营造精神文化氛围，发挥精神文化作用

【背景描述】

某技工院校发布《教风学风建设实施办法》，成立教风学风建设领导小组，组织、领导开展全院教风学风建设活动。通过院报、宣传栏、板报等形式对教风学风建设活动进行大力宣传，营造浓厚气氛。要求全体教师认真学习文件要求，充分认识加强教风学风建设的重要性和必要性，强化教师的职业道德意识和工作责任心。开展教风建设大讨论，组织政治学习和业务学习。各教研室开展以“教书育人”为主题的系列活动，改革教学内容、形式、方法，进一步规范教学管理，提高教学质量。要求辅导员、班主任在所带班级召开学生学风建设动员会，明确加强学风建设的具体要求，加强对学生学习

过程的管理和监督，激励学生自觉养成遵守校纪校规，养成勤奋学习的习惯。加强和改进思想政治教育，持续开展“尊师重教”、建设优良学风和各类有意义的素质拓展活动，引导学生形成正确的思想观念，营造浓厚的学习氛围。

【点评】

校风、校训、教风、学风是技工院校校园精神文化的集中体现，是学校历届领导班子乃至全体师生的智慧结晶。技工院校要建设符合自身实际、符合教育规律、适合时代发展要求的校园文化，离不开内涵丰富、特色鲜明的校风、校训、教风、学风。它不是一朝一夕能够形成的，也不是少数领导“闭门造车”凭空想象出来的，更不是照抄照搬、简单拼凑而成的，而是在长期的教学实践中，结合学校独有的办学历程和办学特色，集思广益、逐步形成的。如果说校风校训、教风学风是校园精神文化在思想和文字上的体现，那么校徽、校服、校旗等则属于校园精神文化的视觉符号体现，二者共同营造校园精神文化氛围，潜移默化地深化师生对校园文化的认识和理解。

<table>
<tr><td rowspan="3">实施路径二　营造精神文化氛围，发挥精神文化作用</td><td>传承校风校训，发挥精神文化引领作用</td></tr>
<tr><td>践行教风学风，发挥精神文化导向作用</td></tr>
<tr><td>优化形象设计，发挥精神文化凝聚作用</td></tr>
</table>

【实施路径】

一、传承校风校训，发挥精神文化引领作用

校风校训是一所学校在长期办学实践中沉淀、提炼形成，并为全体师生自觉遵守和践行的思想观念和行为规范，是技工院校办学宗旨、办学理念、办学特色的概括、阐释和延续，在文化育人的过程中发挥着不可替代的作用。通过传承和弘扬校训，能够规范和约束全体师生在校期间的行为，培养热爱学习、团结师友、遵规守纪等良好习惯，从而进一步激发师生乐观向上、奋发有为的信念，使其自觉践行社会主义核心价值观，弘扬劳模精神、劳动精

神、工匠精神，主动投身新时代中国特色社会主义伟大事业，成长为对国家、对社会有用的大国工匠。

1. 以校风校训凝聚师生文化认同

校风校训的形成和发展，既是校园精神文化逐步沉淀的过程，也是师生通过一段时间的充分讨论、集思广益确立的。这个集思广益的过程，就是一个参与、互动、深化理解的过程，有助于激发师生的主人翁意识和文化认同感。在回顾、理解、总结、凝练、提升的过程中，可以更好地凝聚师生对学校的归属感和对校园精神文化的共识，进一步增强师生对学校办学宗旨、办学理念、发展战略的理解和支持。

【参考案例】

××技师学院开展校训、校风、教风、学风征集活动的通知

为进一步总结我校建校六十余年积淀的学校精神，提炼学校的办学指导思想、治学精神、育人目标，充分发挥校园文化舆论引导、凝聚共识、激励人心、提升内涵、树立形象的作用，学校决定征集具有本校办学特色的校训、校风、教风、学风（以下简称“一训三风”）。

一、征集内容

校训：校训是学校的文化名片，是学校的精神和灵魂。

校风：校风是学校风气的总称，包括教风、学风以及学校积淀的传统文化精神和技工教育探索中所形成的风气和氛围。

教风：教风即教师风范，是校风的有机组成部分，它直接反映教师的职业道德、敬业精神、专业素质和业务水平。

学风：学风是读书之风，是学校治学精神、治学态度和治学原则的综合体现，是教师、学生在学习过程中所表现出来的一种精神风貌。

二、具体要求

（一）要贯彻党的教育方针，反映技工教育的本质和规律以及学校办学历史，立足学校客观实际，着眼学校发展未来，高度体现学校精神文化特征。

（二）“一训三风”的要求。

1. 立意深远、内涵丰富、文化感强，有时代感。

2. 言简意赅，朗朗上口，便于记忆。

3. 每项文字表述以 4 ~ 8 个字为宜，原则上不超过 4 句话。

4. 要附详细文字说明或文字出处及寓意。

5. 可以参照其他学校的相关内容，但不能抄袭照搬。

三、征集对象

（一）学校全体师生。

（二）关心支持学校发展的校友及校外有识之士。

四、作品送交方式

征集作品请发送到活动指定邮箱（略）。

五、评选与奖励

（一）学校成立校园文化建设校本研究课题组，参与组织“一训三风”征集和评审工作。宣传部将通过官方微信平台对收集的作品开展网络投票活动。结合投票结果，课题组会对应征作品进行评选，分单项确定入围作品。广泛征求意见后，课题组拟将其作为课题研究参考，最终提出学校“一训三风”相关表述，供学校领导参考。

（二）学校将对入围作品的作者给予奖励。按单项设置奖项，分为校训、校风、教风、学风四类，每类奖项设置为：一等奖 1 名，二等奖 2 名，三等奖 3 名，优秀奖 5 名。

（三）学校将对获奖者颁发荣誉证书。

六、其他事项

学校对所采用的作品及入围作品享有知识产权，所投作品如有侵犯知识产权情况，由投稿者承担一切法律责任。希望全体师生员工关心学校发展，广泛参与讨论，积极建言献策，把征集活动变成解放思想、更新观念、统一理念和凝聚人心的过程，为学校的内涵建设和长远发展贡献力量。

2. 让校风校训外化于行

校风校训确立以后，更重要的是践行。校风校训中的每一个词及其相互之间的逻辑关系，都有其深刻含义和明确指向。如果做不到深刻理解，便无法内化于心、外化于行。在校园文化建设过程中，可以结合学校实际，开展学习讨论、征文比赛、演讲比赛、社会实践、手抄报、黑板报等主题文化活动，进一步深化活动参与者对校风校训的理解。

【参考案例】

××学院举行“了解校史、践行校训、传承校风”主题演讲比赛

×月×日，××学院在会议厅隆重举行“了解校史、践行校训、传承校风”主题演讲比赛决赛。本次演讲比赛是该学院宣传部、工会、团委联合开展的主题系列教育活动，历时一个多月，90余名选手参赛。经过各系的初选，最后共有11名选手晋级总决赛。选手们围绕建校发展历程、校训、作为××学子如何传承校风等主题展开演讲，语言真挚感人，气氛热烈，赢得了广大同学的共鸣，掌声迭起。经过激烈的角逐，学生孙某“学院梦，我的梦”的精彩演讲荣获一等奖。该活动的开展引导全体师生进一步了解校史、践行校训、传承校风，增强了校园文化的影响力和感召力，传承了学院精神，提升了校园的文明层次和师生的文明素养。

3. 以多种形式凸显校风校训

为了更好地发挥校风校训在校园精神文化建设中的引领作用，必须在校园文化建设过程中重点凸显校风校训。具体可以从三个方面入手：一是校园环境方面，在教学楼立面设计、文化长廊、场馆标语、走廊标语、绿化带宣传牌等各种宣传部位展示校风校训；二是日常用品方面，在抽纸、纸杯、文件夹、文件头、宣传册、工作手册、工作笔记、备课本等常用物品上增加校风校训的元素；三是校园活动方面，通过场景布置、宣传海报等方式融入校风校训，也可以在升旗仪式、新生入校、毕业仪式上加入诵读校风校训的议程。图2–2–1为某技师学院校训标志牌。

二、践行教风学风，发挥精神文化导向作用

“校风”是对“教风”“学风”的统述，而“教风”“学风”是教师和学生整体精神面貌和行为表现的集中体现，是对“校风”的实践和具体化，应当作为校园精神文化建设的重要内容和有效抓手。许多学校旗帜鲜明地强调“教风”“学风”建设，将其作为校园精神文化建设的阶段性主题，有的用专题活动加以强调、巩固、提升，有的用规章制度进行固化、保障、弘扬，都取得了较为明显的成效。

图 2-2-1　某技师学院校训标志牌

【参考案例】

××技师学院扎实开展“教风学风建设年”活动

为落实立德树人根本任务，学院扎实推进“教风学风建设年”活动，营造良好的教风学风。学院上下齐动员，通过“强基固本”“立德铸魂”“清朗学风”三大工程，以优良党风带教风、端学风，助力教师创新奉献和学生乐学成才。

一、强基固本擎旗帜

学院党委围绕“课程思政”“三全育人”“一院一品”“党建引领”“师友共建”等专题，将教师成长、师德初心和学生工作等作为切入点，以《党建引领工程实施方案》为载体，以新入职教师师德师风培训、教风学风大讨论以及“师友共建”文化月为契机，开展活动10余次，帮助教师强化了自身职业使命感和责任感。同时也促进学生努力成为德才兼备、全面发展的中国特色社会主义事业合格建设者和可靠接班人。

二、立德铸魂树榜样

在“教风学风建设年”活动中，学院教师立足岗位，潜心育人，充分发挥教师课堂的主导作用，并选树榜样，营造良好的示范氛围。学院围绕“教风学风建设年”活动，组织“解放思想·立德铸魂”大讨论、青年教师教风建设座谈会、教风学风监督员聘任仪式等活动，让广大师生在潜移默化中受到浸润。

三、清朗学风做先锋

学院还先后举办“发挥朋辈引领，共创优良学风”——××级学长助理阶段性总结汇报大会、“榜样力量”经验分享会、“书香幽幽绕天理，书声琅琅致青春”最美学习一隅评选活动、“辩民生以善其身，论国事以及天下”为主题的新生辩论赛、携带桌牌进课堂等活动，勉励学生传承“殚精竭虑，勤勉谦和”的院训精神，学习“工作高效、勤恳干练、榜样示范”的精神品质，树立朋辈引领意识，团结进取，以身作则，提高自己的综合能力。

三、优化形象设计，发挥精神文化凝聚作用

为了进一步提高学校精神文化的辨识度和影响力，需要对校园精神文化具象符号加以统一规划、统筹使用。近年来，一种旨在提升学校整体形象的解决方案——视觉识别系统得到逐步推广，在形象传播方面具有显著效果。

视觉识别系统通常以标识、标准字、标准色为核心，通过对一系列视觉符号的设计和应用，表达出学校的精神文化内涵，从而提升精神文化面貌。视觉识别系统具有三方面的特点：一是视觉效果的即时性，通过打造视觉识别系统，能够让人一看到有关的标识或色彩就能马上联想到该学校；二是细节的规范性，核心要素一旦确定，即要求规范使用，不轻易变更，力求打造统一视觉形象；三是应用的广泛性，该系统可广泛应用于建筑内、外环境，办公用品、服装服饰、陈列展示、印刷品等，最大限度发挥其视觉效果。

【表单与素材】

××学校视觉识别系统使用管理办法（试行）

第一章　总　　则

第一条　为使我校视觉识别系统的使用管理规范化、制度化，更好地树

立学校的形象，增强学校的凝聚力和影响力，特制订本办法。

第二条　我校视觉识别系统是由代表我校形象的规范标识及其组合变化构成的系统，广泛适用于学校以及各学院、各教学部、各单位的旗帜、证件、会场、公文、办公用品、标牌、网站、出版物、公关用品、环境布置等方面。

第三条　我校视觉识别系统管理包括：对我校视觉识别系统体系的界定；对其使用的管理、指导和监督；相关档案的管理及其他相关事宜。

第四条　学校各学院、各教学部、各单位在使用我校视觉识别系统时应严格遵循本办法。

第二章　视觉识别系统体系

第五条　视觉识别系统包括基础系统和应用系统两大体系。基础系统包括：学校标识、标准色、校名中英文标准字体及组合、学校标识及标准字组合、校训。应用系统是基础系统在办公用品、环境布置、公关用品等方面衍生使用内容的总和。

第六条　视觉识别基础系统

（一）学校标识（略）

（二）学校标准色

“师大红”，热情而庄严。

（三）标准字体

在使用学校名中文标准字时，应严格遵循其标准字样，如文字大小、间距等；英文标准字同为独特设定，使用应严格遵循其标准字样，如文字大小、间距等。

（四）组合

1. 凡同时使用标识、中文标准字、英文标准字，应尽量采用组合模式（优先选用标准色、辅助色）。

2. 凡标识与各学院、教学部、各单位名称组合使用，应尽量采用组合模式，有中英文横向、中英文纵向两种组合模式。

第七条　视觉识别应用系统根据实际需要分为以下七类：

（一）办公用品类：公务名片、信封、信笺、便笺、稿纸、传真纸、工作笔记、便条、便贴、资料袋、档案袋、文件夹、网页页面等。

（二）证件类：学生证、工作证、校园卡、通行证、获奖证书、荣誉证书、捐赠证书及聘书、录取通知书等。

（三）公文类：简报、会议纪要、出版物、介绍信、合同、协议等。

（四）会务用品类：请柬、条幅、主席台背景、演讲台、会议证件、桌牌、桌旗、会议指示系统、奖杯等。

（五）公关用品类：宣传材料、慰问卡、贺卡、礼品、手提袋、包装纸、接待用品等。

（六）标识类：校门、校旗、校徽、胸徽、校内指示牌、楼牌、路牌、楼层分布牌、单位牌、房间门牌及车辆外观等。

（七）其他类：随学校事业发展出现的其他内容。

第三章　视觉识别系统管理机构

第八条　学校形象建设工作领导小组是视觉识别系统实施、推广工作的领导机构，由校党委书记和校长担任组长，校党委副书记、副校长担任副组长，各单位主要负责人为成员。领导小组负责指导全校视觉识别系统的规划、实施、推广、审核和验收工作，保证视觉识别系统的管理办法在全校范围内得到全面、深入的贯彻实施。

第九条　形象建设工作领导小组办公室设在学校办公室，全面负责视觉识别系统管理办法的具体实施和管理工作，并受形象建设工作领导小组委托，负责视觉识别系统知识产权的管理。有关部门参与有关实际应用管理与协调工作。

第十条　学校各学院、各教学部、各单位主要负责人为本单位视觉识别系统管理办法贯彻落实工作的具体负责人，应高度重视本部门学校视觉识别系统的管理工作。

第四章　视觉识别系统的使用和监督

第十一条　在形象建设工作领导小组领导下，由形象建设工作领导小组办公室监制的《视觉识别系统手册》（以下简称《手册》）的纸质版本和电子版本，是学校视觉识别系统实施、推广工作的执行标准，发至各学院、各教学部、各单位，供各单位和广大师生员工查阅使用。

第十二条　各有关职能部门根据学校要求，按照《手册》规定，统一制作涉及学校视觉识别系统的校外使用物品。

第十三条　学校各学院、各教学部、各单位自行制作涉及学校视觉识别系统、本单位使用的物品时，应遵守《手册》规定。

第十四条　学校各学院、各教学部、各单位在制作《手册》中有明确范例的物品时，一般应按照《手册》的要求制作；如需制作《手册》包含内容之外、涉及学校形象及视觉形象识别系统的物品，须报形象建设工作领导小组办公室审核批准后，方可制作使用。对使用不当者，形象建设工作领导小组办公室有权予以纠正。

第十五条　自本办法印发之日起，各学院、各教学部、各单位已有视觉识别系统或标识者，需向形象建设工作领导小组办公室申报，申报内容包括系统或标识图案、设计理念、设计时间、标识寓意等。形象建设工作领导小组办公室根据不同情况分别作出继续使用、修改后使用或停止使用的批复。拟设计视觉识别系统或标识的各学院、教学部、各单位，设计前应向形象建设工作领导小组办公室申请同意后，方可进行设计。其系统或标识应与学校视觉形象识别系统的设计理念、风格相统一。

第十六条　学校各学院、各教学部、各单位的视觉识别系统或标识只能在校内使用，原则上不得对外使用。

第十七条　学校各学院、各教学部、各单位以学校名义举办大型会议、活动时，在主席台背景、会场布置方面应以学校视觉形象标识为主元素。

第十八条　未经形象建设工作领导小组授权或许可，任何校外机构和个人不得以任何形式使用我校视觉识别系统。对擅自使用我校视觉识别系统的机构或个人，形象建设工作领导小组将追究当事者的责任。

第五章　视觉识别系统档案管理

第十九条　视觉形象识别系统是学校的无形资产，其相关的设计文件、设计模板和印有视觉识别系统的物品及电子文件应建档，并有专人管理。归档文件未经形象建设工作领导小组办公室同意，不得借出使用。

第二十条　学校档案馆负责学校视觉识别系统的建档工作，并督促检查各学院、各教学部、各单位视觉识别系统的建档工作。

第二十一条　各学院、各教学部、各单位负责本单位制作的视觉识别系统物品的建档和管理工作。

第六章　附　　则

第二十二条 《手册》和本办法须经学校形象建设工作领导小组同意方可进行修改。

第二十三条　本办法由学校形象建设工作领导小组办公室负责解释。

第二十四条　本办法自印发之日起试行。

【评价与反思】

一、评价

1. 在校风、校训、教风、学风的提炼方面：是否存在语言空洞、大而化之的情况？是否存在诸如“争创一流”“走向世界”等表述？是否将“一训三风”混淆为办学目标？是否朗朗上口、通俗易懂？是否凸显技工院校特点及本校的鲜明特色，而不是平庸化、同质化？

2. 在校风、校训、教风、学风的落实方面：“一训三风”表述中的各项要求或愿景，在本校的办学活动中是否有所体现？在规章制度和考核体系中，有没有有效的保障措施？在日常工作中，有没有将落实教风学风提上议事日程、进行充分结合？有没有设计系列化的视觉符号，能否表达学校的精神文化内涵？

二、反思

1. 应当凸显“一训三风”对日常工作的指导。在厘清“一训三风”各层含义和内在关系的基础上，明确其在校园精神文化建设中的重要地位，让广大师生明确“为什么这样讲”“为什么这样做”，充分激发其主动性和创造性，在践行“一训三风”的过程中激发办学活力和发展动力。

2. “一训三风”的宣传要融入学校整体形象设计。作为行之有效的形象设计解决方案，视觉识别系统的广泛应用已逐步成为潮流，学校的整体设计语言要凸显“一训三风”的元素。在无声的“视觉”识别之外，深入挖掘内涵，充分发挥其精神引领、文化凝聚、行为导向作用，让师生对“一训三风”

入脑入心、自觉践行。

实施路径三　深挖精神文化精髓，彰显校园品牌优势

【背景描述】

某地级市有中等职业学校 29 所、高等职业学校 2 所、技师学院 7 所，每年都向初、高中应往届毕业生招生，形成了激烈的竞争。当地群众大多不太清楚这些不同类型的职业教育，对不同学校的专业优势、办学理念、办学特色、发展前景等也了解不多。有家长表示，平时很少能接触到这些学校的有关信息，到不同的学校实地参观，感觉校舍、专业、老师看起来都差不多，招生人员的宣传也都差不多，最后只好根据宿舍有没有空调、班级学生人数、回家交通是否方便等外显因素作出选择。

【点评】

近年来，各级政府、主管部门陆续出台一系列支持、指导职业教育发展的政策文件。《中共中央关于制定国民经济和社会发展第十四个五年规划和二〇三五年远景目标的建议》《国家职业教育改革实施方案》等提出，要办好公平有质量、类型特色突出的职业教育，提质培优、增值赋能、以质图强。技工院校要想抓住历史机遇，做大做强、做精做优，就必须寻找自身独具特色的高质量发展之路。此外，包括技工院校在内的职业院校竞争日益激烈，竞争模式已经从低水平、同质化的竞争，逐步转化为全方位、品牌化的竞争。提炼特色、突出亮点、树立品牌，是学校适应激烈市场竞争、融入新时代发展要求的必然选择，也是学校高质量发展的途径和体现。

<table>
<tr><td rowspan="3">实施路径三　深挖精神文化精髓，彰显校园品牌优势</td><td>立足精神文化特色，打造工作品牌</td></tr>
<tr><td>围绕精神文化重点，打造活动品牌</td></tr>
<tr><td>突出精神文化亮点，打造宣传品牌</td></tr>
</table>

【实施路径】

校园精神文化既是品牌建设的理念指导，又是品牌建设的鲜明体现，更是品牌建设的源头活水。在教学、管理、服务等各项工作中，深入挖掘校园精神文化，注重打造有特色的工作模式、有新意的重点活动、有影响力的宣传亮点，创建好、维护好、发展好学校品牌，有助于发挥学校特色优势、抢占竞争有利地位，有助于充分利用办学资源、有效提升办学水平，有助于凝聚激励广大师生、为学校下一步的改革发展提供不竭动力。

一、立足精神文化特色，打造工作品牌

品牌源于理念、融于创新、成于细节。当前一些技工院校办学过程中往往会遇到一些带有普遍性的问题，例如：有的院校在校生数量多，带来管理上的不便；有的学生基础知识薄弱、理解接受能力不强；有的学生组织纪律性差，不能很好地融入正常学习生活。有的学校没有发挥校园精神文化的统领、凝聚、激励作用，没有树立以改革突破困境、以创新解决问题的意识，没有总结、提炼富有特色、富有成效的办学经验，只将主要精力放在应对各类具体问题，干部职工忙于日常事务而成效平平，没有形成具有影响力的工作品牌。

相反，如果技工类学校强化品牌意识，结合“一训三风”形成适合自身的办学模式，立足特色、主动谋划、敢于创新，探索和提炼行之有效的工作方法，就能够在大幅提升办学水平的同时，打造出有特色的工作品牌。由于不同学校精神文化特色不同，在工作品牌打造上区别较大，下面以某技师学院为例，说明如何打造工作品牌问题。

【参考案例】

1. 立足办学理念，打造教学工作品牌

某技师学院结合自身优势，科学准确定位，紧贴市场、紧贴产业、紧贴职业设置专业，突出特色专业，注重相关专业课程改革，创新人才培养模式，强化师资队伍建设，重点打造一批能够发挥引领辐射作用的国家级、省级示

范专业点，带动专业建设水平整体提升，全面提升学生培养质量，打造教学工作品牌。一是完善制度和管理机制；二是强化特色专业建设；三是强化一体化教学改革；四是加强教学管理督导；五是加强师资队伍建设；六是提升教师教科研能力；七是积极创新教学手段。

2. 立足办学宗旨，打造管理工作品牌

某技师学院将学生半军事化管理作为贯彻党的教育方针，提升学生综合素质，提高教育教学质量的重要举措，作为落实“德、爱、文明、安全”理念的重要途径，实现了学生管理工作的正规化、系统化、科学化，形成了团结紧张、严肃活泼、行为规范、纪律严明的良好局面，也形成了学生管理工作品牌。一是加强组织领导，完善制度体系；二是突出重点环节，规范学生行为；三是依托主题活动，丰富管理内涵；四是抓好队伍建设，共建温暖学院。

3. 立足发展战略，打造文化工作品牌

某技师学院将精神文明建设作为统一思想、改革创新、推动工作的重要抓手，在提升思想凝聚力、精神感召力、文化感染力、社会满意度、行业美誉度和舆论引导力上下功夫，形成了较为成熟的工作机制，也形成了文化工作品牌，被评为“全国文明单位”。一是加强组织领导，夯实创建基础；二是加强党建工作，提升思想觉悟；三是丰富活动形式，培育精神文明；四是丰富文化载体，营造浓厚氛围；五是突出交通特色，承担社会责任；六是创新宣传形式，扩大社会影响。

二、围绕精神文化重点，打造活动品牌

开展形式多样的校园文化活动，是丰富学校精神文化建设的生动载体，也是构建学校文化品牌的有效途径。为了避免开展活动时的盲目性、随机性，将零散的、自发的校园文化活动加以分析、整合、提升，形成具有学校自身特色、体现校园文化精神的品牌化、系列化、常态化活动，进一步提升活动的实际效果，扩大学校的品牌影响力。可以从三个方面着手组织开展活动：一是专业技能类活动，比如开展“技能竞赛”“技能节”“技能大比武”等；二是立德树人类活动，比如开展经典诵读、道德讲堂、心理健康教育等；三

是服务社会类活动，比如志愿服务、农机义诊、校外实践等。

【参考案例】

1. 技能文化节活动

某技师学院每年举办技能文化节活动，融合技能竞赛、文体活动、校企交流、专题报告等形式，为师生打造切磋技艺、交流经验、展示才能、提升素质的广阔舞台。第七届技能文化节活动以“匠心筑梦，技能报国”为主题，设置了“教师职业能力大赛”“学生技能竞赛”“第二课堂活动展示”“创业创新成果展示”“技能报国主题论坛”五个类别109项技能竞赛和第二课堂活动。不仅围绕技能人才成长成才，聚焦当前专业领域的研究热点和发展趋势，组织了“智能互联网与无人驾驶论坛”“第一届学生创业论坛”“城市轨道交通专业发展论坛”等“技能报国主题”论坛。同时，邀请了合作企业来校，进行企业文化、新工艺、新产品的展示，打造产教融合、校企合作的品牌。此外，针对学生的特点和需求，学院还开展了“品读红色家书，感悟家国情怀”“非遗文化进校园”“心理团体辅导”“献礼祖国华诞爱国主题思政课宣讲”等活动，弘扬了中国传统文化、革命文化和社会主义核心价值观。

2. “朝气蓬勃不负晨光”经典诵读活动

为增强广大学生读书意识，厚积文化底蕴和人文修养，自觉养成“好读书、多读书、读好书”的行为习惯，某技师学院坚持组织“朝气蓬勃不负晨光”经典诵读活动。在教学楼前，学生们一早就站在了阳光下，排列成不同的诵读队，此起彼伏的诵读彰显了他们阳光向上的精神面貌。和煦的阳光洒在学生的脸上，琅琅的读书声在校园里回荡。学生们不仅读名篇佳句，还跟着动感的音乐跳起了欢快的舞蹈，在节奏中叫醒朝气蓬勃的一天。某技师学院通过加强校园文化建设，营造浓厚读书氛围，不断提升学生文化素养，成功打造出独具特色的校园文化。

3. “农机义诊”志愿服务项目

某技师学院着力打造“农机义诊”志愿服务项目，由具有较高理论和实践操作能力的42名专业教师和560名学生志愿者组成“农机医疗”志愿服务队，利用专业技术优势，自备常用易损配件和油品，编写通俗易懂的宣传资料，走进百姓家中，走进田间地头，帮助农民解决实际困难，先后为上千台农机进行免费维修、保养、电气焊接等服务，并免费提供近60 000元的各类油品、易损零部件等，确保农业机械以良好技术状态、安全高效地投入农业生产中，助力农民丰收。志愿队的服务工作，取得了很好的社会效益，深受百姓的欢迎，该学院也荣获省直单位“最佳志愿服务项目”称号。

三、突出精神文化亮点，打造宣传品牌

宣传工作是校园精神文化建设的重要组成部分，也是品牌建设不可或缺的“放大镜”和“助推器”。打造各类工作品牌、提升学校的知名度和影响力，需要全方位、立体化统筹推进宣传工作。

1. 媒体宣传

既要发挥传统媒体，即网站、广播、电视、报刊的作用，也要注重发挥新媒体的作用，比如抖音、快手、微信、微博、贴吧等。图 2-3-1 为某技师学院视频号截图。

图 2-3-1　某技师学院视频号截图

2. 实体印刷

综合运用宣传栏、张贴画、指示牌等硬件设施，招生简章、学生手册、安全教育单页等日常工作资料，活页广告、海报等大型活动材料，宣传校园精神文化。

【参考案例】

某技师学院精心设计招生简章，介绍学院办学历史、基本情况、主要办学成果和办学特色，向社会和家长、学生展示良好形象，打造学院品牌，提升学院的知名度和美誉度，如图 2-3-2 所示。

图 2-3-2　某技师学院 2023 年招生简章

3. 专题宣传

抓住重要节日、研讨会、交流会、校园开放日、校庆活动等契机，集中宣传学校的整体工作成绩或部分工作亮点。专题宣传往往因其针对性、时效性强的特点，以及环境氛围的影响，易于取得良好的宣传效果。

【参考案例】

某技师学院在元旦前后通过官方网站、微信公众号、合作媒体等向社会发布简短的新年贺词，表达美好祝福的同时，介绍学校一年来的发展成果。在新春佳节的浓厚氛围和感情基调中，拉近了学校与社会大众的心理距离，在读者心中留下较为深刻和美好的印象。

4. 特定宣传

为了达到增进了解、沟通交流、促进合作等目的，面向特定群体定向开展宣传，例如家校交流、校际交流、政校企合作、国际交流等，是学校常规宣传的必要补充。

【参考案例】

某技师学院在寒假前在微信公众号发布《致家长的一封信》，向家长介绍学校一年来的发展成果，表达新春的美好祝愿，说明放假时间及假期注意事项，尤其是安全知识、学习要求等。通过这种形式与家长沟通，共同帮助学生度过一个安全、快乐、充实而有意义的假期，以充沛精力和饱满热情迎接新学期的到来。

致家长的一封信

尊敬的学生家长：

您好！

一元复始，万象更新。在这辞旧迎新的美好时刻，××技师学院全体教职员工恭祝您春节愉快，身体健康，阖家幸福，万事如意！感谢您一直以来对学院工作的理解与支持。

过去的一年，学院顺利通过全国文明单位复评；有序推进交通运输职业教育创新发展高地建设，教学、学管、后勤工作全面开花，办学水平和人才培养质量显著提升，获批国家高技能人才培养基地；承办多个省级赛事，成功申报世界技能大赛重型车辆维修和原型制作项目省级集训基地，师生获得国家级奖项8人次，省部级奖项42人次，市厅级奖项7人次；采用笔试加面试录取学生4 584人，在校生突破1.47万人。19名同学荣获中等职业教育国家奖学金，每人奖励6 000元。在首届全国技能大赛中，我院选手荣获1个银牌、2个优胜奖，4人入选世界技能大赛中国国家集训队，省人力资源社会保障厅、省交通运输厅均向我院发来贺信，表达热烈祝贺并寄予厚望。

寒假将至，为使您的孩子度过一个安全、快乐、充实而有意义的假期，学院现将放假时间及假期注意事项向您说明，请您积极配合，守护孩子安全。

一、时间安排（略）

二、假期安全注意事项

入冬以来，发生多起孩子居家或在外安全事故，请学生及家长高度重视，增强安全意识，安全度过寒假假期。

三、过一个健康有意义的假期

1. 督促孩子完成学院安排的寒假作业。

2. 注意孩子良好文明行为习惯的养成。

3. 要求孩子合理安排作息时间。

4. 督促孩子在假期中关心国家大事和时事政治，养成爱读书、读好书的习惯。

四、做好心理安全教育

请您多与孩子沟通交流，及时关注孩子的身心变化，积极化解各种心理和情绪问题，并及时与班主任联系。

尊敬的家长，学生的假期生活离不开您的指导、教育和监督，希望在您的正确引导下，孩子能够完成学院提出的各项常规要求。相信孩子在浓浓的亲情滋润下，一定会度过一个快乐而有意义的寒假，并以充沛精力和饱满热情迎接新学期的到来！

再次感谢您对学院的支持，祝您和孩子假期愉快！

【表单与素材】

某技师学院技能文化节组织方案（删减版）

为建设知识型、技能型、创新型劳动者大军，弘扬劳模精神和工匠精神，营造劳动光荣的社会风尚和精益求精的敬业风气，深化工学一体化课程建设和教学改革，检验教育教学水平，夯实学生专业基础，提升专业技能，同时与世界技能大赛标准接轨，为各类技能大赛挑选后备力量，并带动企业文化与校园文化的深度融合，争创全国一流技师学院，特制订本方案。

一、活动主题

匠心筑梦，技能报国。

二、组织机构和职责分工

（一）组织机构

学院成立技能文化节组委会，全面负责学院技能文化节活动的领导工作，策划、组织、协调技能文化节的各项活动（成员名单略）。

下设技能文化节办公室，负责技能文化节的具体协调与管理调度。办公室设在教务处。

（二）职责分工

1. 办公室负责技能文化节开、闭幕式议程策划、贵宾邀请及服务接待工作。

2. 宣传处负责技能文化节的摄像、照相、新闻媒体宣传工作。

3. 教务处负责技能竞赛活动的总体策划及统筹。

4. 学生处负责运动会及学生的调度安排、第二课堂活动总体策划及统筹工作。

5. 团委负责志愿服务、礼堂会场布置、操场主席台布置、操场音响等工作。

6. 各二级学院、系负责相关竞赛及展示项目的组织实施、学生家长观摩及企业代表邀请、接待工作。

7. 基础部负责体育活动及素质拓展活动的策划与实施工作。

8. 安全处负责车辆停放、校园秩序维持工作。

9. 总务处负责技能文化节耗材的采购、用电工位电源线的布线、卫生区的清扫和医务人员的保障工作。

10. 校企合作交流中心统筹负责各院系邀请的企业代表的安排、接待等工作。

三、竞赛及展示项目

本届技能文化节分为技能竞赛、体育运动两个部分，其中，技能竞赛由

“教师职业能力大赛”“学生技能竞赛”“第二课堂活动展示”“创业创新成果展示”“技能报国主题论坛”五大类构成。

四、活动安排

（一）技能文化节预备工作

1. 宣传动员与组织准备阶段（略）。

2. 技能训练阶段和开展第二课堂活动（略）。

3. 技能报国主题及专业发展学术论坛活动（略）。

4. 举办竞赛周活动开幕式（略）。

（二）技能文化节实施

1. 技能竞赛项目（略）。

2. 技能竞赛具体实施（略）。

3. 运动会（略）。

4. 闭幕式及集中展示。

五、奖励

为保证本届技能文化节圆满成功，调动参赛人员的积极性，各院系可联系企业赞助，学院在此基础上安排适量专项经费用于技能文化节的举办和奖励（略）。

六、工作要求（略）

七、耗材及资金预算（略）

【评价与反思】

一、评价

1. 在打造工作品牌方面。在日常工作中，校园精神文化有没有发挥作用？在工作过程中，有没有注意归纳、总结、提炼有特色的好经验、好做法？各项工作中有没有能够打造成为品牌的亮点？多个工作亮点之间有没有内在联系，是否可以进行整合，形成合力？对于亮点工作，有没有反思和改进，进一步提升为工作品牌？

2. 在打造活动品牌方面。所开展的活动实际效果如何？有没有真正调动师生的参与积极性？学生在活动中有没有真正得到启发和提升？有没有达到陶冶心灵、凝聚共识、激励上进的效果？有没有注意收集活动相关资料并存档，作为今后的参考和宣传资料？

3. 在打造宣传品牌方面。一定时期内，有哪些活动需要配合宣传？一项工作、一系列活动开展以后，宣传工作有没有及时跟进？可以主动开展哪些形式的宣传推介？有没有带来预期的宣传效果？以微信公众号宣传为例，文章发布以后，阅读量、转发量、留言数有多少？反响如何？有没有精准地传递给目标受众？下一次应该如何改进？

二、反思

1. 厘清品牌建设与校园精神文化建设的关系。从范围上看，校园品牌建设从属于校园精神文化建设，后者是前者的起源与内生动力，前者是后者的特色体现和必然结果。同时，品牌建设也是校园精神文化建设和学校各项事业发展的有效结合点，校园精神文化建设引领校园品牌建设，品牌建设倒逼各项工作总结提升、开拓创新。

2. 在宣传重点上要有统筹安排，做到“被动跟进宣传”与“主动谋划宣传”有机结合。在宣传方式上要灵活多样，不断探索新的思路和方法。在宣传主体上，可以变部门宣传为全员宣传，每一位师生都可以运用自媒体为活动造势；在宣传时机上，可以变“头尾宣传”为“过程宣传”；在宣传视角上，可以变整体宣传为细节宣传，将追求全面系统、书面化的宣传稿件与灵活多变、群众喜闻乐见的视频、图片结合。

第三篇

优化技工院校校园环境文化

实施路径一　打造生态和谐的景观校园环境

实施路径二　创建独具特色的校园人文环境

实施路径三　开辟以生为本的校园活动阵地

【背景描述】

某技工院校非常注重校园自然景观建设，力图打造花园式校园。斥资进行绿化改造，种植各种植物，集思广益征集师生的意见，体现师生共建理念。但投入使用后发现校园景观形象趋同性强，没有突出地域文化特点，没有亮点，无法体现学校办学特色与办学理念；缺乏整体统筹，“哪里不好修整哪里”，显得比较凌乱；整体形象缺乏变化，不能体现与时俱进的环保节能教育功能。

【点评】

该校在打造生态和谐的景观校园环境建设中举措很多，但建设工作没有全面统筹，缺乏整体规划，出现“补丁式”修整的情况。在建设过程中没有将地域特色、学科建设特点融入，使得校园景观设计趋同性太强，无法体现该校的内涵与审美。此外，该校过于追求景观植物的“珍稀”性，忽略了师生实际使用需求，使得一些自然景观建设成为摆设。可见，校园景观环境是否能够满足师生的多样化需求，校园景观的功能是否充分发挥等问题都是亟待研究解决的。

实施路径一　打造生态和谐的景观校园环境

实施路径一　打造生态和谐的景观校园环境	传承地域文化，彰显校园内涵与审美
	结合学校特色，构筑校园生态与个性
	推崇绿色环保，提倡校园环保与节能

【实施路径】

一、传承地域文化，彰显校园内涵与审美

1．善用乡土植物体现校园文化内涵

植物作为校园环境的重要组成部分，在校园环境建设中不仅起着绿化美

化的作用，而且担负着文化符号的角色以及传递设计者所寄寓的思想和愿望。植物种类的选择、位置和时期的布置以及形式的配置，在很多场合都服从园林文化功能。每个时代赋予植物的文化内涵不同，植物景观中的文化现象也随之会发生一系列变化。全局统筹校园环境建设中的植物种植，打造有文化内涵、意境深邃的园林是校园景观文化建设的意义所在。

大多数植物的景观随季节的更替而变化，具有较强的运动感，不同地域呈现出的季节景色天差地别。校园自然景观的合理统筹就是要善于结合当地气候和植物在本区域的生长状况，充分考虑植物的季相特色，利用植物的形体、色泽、质地的功能外部特征，按照美学的原理合理配置，让其干茎、叶色、花色等在各时期呈现最佳观赏效果，做到一年四季皆有景可观（见表 3–1–1）。

表 3–1–1　校园四季植物示例

季节	代表植物	景象
春季	紫荆、白玉兰、紫玉兰、桃树、垂柳、紫藤	春有枝头嫩绿，花团锦簇，花朵芳香
夏季	香樟、杜英、无柄小叶榕	夏有绿树成荫，枝繁叶茂
秋季	香叶树、红枫、鸡爪槭、枫香、桂花、千层金	秋有硕果累累，彩叶斑斓，五彩缤纷
冬季	柑橘、欧柑、蜡梅、红梅、茶花、茶梅	冬有银装素裹，茶梅含香

校园景观设计不仅是环境的绿化美化，更要突显技工院校作为文化传承之地，担负着传播知识、陶冶情操的重要责任。在植物配置方面，尽量采用乡土植物进行种植设计，体现地方植物特色，达到传播地域文化特色目的。

让乡土树种在园林绿化中唱主角，不仅因为乡土树种是经历千百年风雨考验而遗留下来的、最适应当地自然条件的树种，而且其身上浸润的本土文化气息更能加深学生对本土文化的认识和了解。例如：广东省不少技工院校在校园内种上广东省省花——红木棉，其花色就像英雄的鲜血，寓意顽强，象征蓬勃向上。木棉花除了象征意义，还具有药用价值，可用来煲汤煲凉茶，十分符合广东人喝汤、喝凉茶的习惯。每年校园木棉花开时节，可以结合校

园景色以乡土树种的寓意主题开展一系列摄影、演讲比赛等活动。

2. 多用地域文化彰显校园文化特色

校园景观与城市景观应当协同发展，所以我们应结合具体的城市甚至从特定的地区来看校园景观。校园规划设计思想与一个社会的历史文化、社会环境和教育哲学密切相连。因此一个好的校园不仅是一个功能的产物，同时又反映出一个地区或国家的历史文化特点。技工院校校园所处的环境是一个自然、社会、经济、文化的综合体，所以校园景观设计应该与地域文化相结合，才能实现由外至内的整体性。表 3–1–2 为岭南文化和江南文化对校园建筑风格的影响示意表。

表 3–1–2　岭南文化和江南文化对校园建筑风格的影响示意表

地域文化	文 化 特 点
岭南文化	我国的岭南作为中国文化与世界文化最早的交汇地区之一，擅长汲取借鉴西方园林建筑的风格，形成颇具岭南特色的园林风格。这种风格也在校园景观中体现出来，在校园总体布局、具体建筑风格、建筑材料及建筑装饰上，不是对中国传统建筑的简单模仿，而是拿西方建筑之特色为我所用，融中西建筑形式于一体（如图 3–1–1 所示）
江南文化	江南园林不同于北方皇家园林的轩昂气宇，以小巧玲珑见长，处处散溢着书香墨气。由于江南园林的造园者为文人，文人造园追求简远、疏朗、雅致的意境。江南园林造园注重“天然之趣”，力求园林本身与外部自然环境的契合。园林选景很重视因山就水，利用原始地貌，园内建筑注重收纳、摄取园外之“借景”，园内通过植物配置，尽显天然之趣

3. 常用以人为本理念展示校园文化宗旨

由于南北方的气候条件差异，人们对校园环境使用的频率不同。北方冬季寒冷，不适合户外活动，而南方除了雨雪及大风的天气，一年中绝大部分时间都适合户外活动。因此，南方校园户外空间的使用率比北方校园高。为满足师生对校园户外空间的使用需求，可根据技工院校学生的行为特点和心理特征，营造满足人各种需求的景观及场景布置。表 3–1–3 为技工院校学生行为特征对校园景观设计的需求示例，表 3–1–4 为技工院校不同功能区域校园景观设计注意事项示例。

图 3-1-1　某技师学院具有岭南文化特色的校园景色

表 3-1-3　　技工院校学生行为特征对校园景观设计的需求示例

学生行为特征	对校园景观设计的要求
生活规律性	技工院校学生在学校主要有学习、休息、文体活动、社交等多种内容的活动。这些活动一般都往返于校内相关的设施间，有着很强的规律性。因此，各类与学生活动相关的设施应相对集中布置，以便学生使用
生活多样性	技工院校学生在校的 2 ~ 4 年是一生中最具活力的年华，学生求知欲高、兴趣广泛、喜爱参加多种活动。同时，技工教育也鼓励学生接触社会、了解社会，参与社会实践，这种多样性的生活也要求有丰富的校园景观
学习实践性	学生除了规律性的活动外，还常常要参与各种实践性活动，提高自身的综合素质。比如，参加一些技能训练，参与丰富的课外活动，这些都将随着年级的增长而有所增加。因此，校园应提供这些实践活动所需的场所
成长可塑性	学生自身的活动受他人和环境的影响很大，其内容和规律是可以改变的。因此，校园景观应突出其育人特色，育人的意向性要求景观本身包含丰富的教育意义

表 3-1-4　技工院校不同功能区域校园景观设计注意事项示例

活动区域	学生需求	景观设计方向
户外活动区	安全需求	由于校园的开放性增加，与社会的联系更加密切，随之也产生一些校园安全隐患。在景观设计中，应注意公共空间的可视性，避免形成过于隐蔽的空间，同时，要对夜间的照明进行处理，在关注照明艺术性之外，减少可能藏匿的昏暗区域
生活功能区	集中便利需求	由于学生每天规律性的往返，生活设施集中的生活功能区的景观设计应采用休闲、亲切的设计手法，设置较多休息桌椅，为师生的休息、交流提供便利
学习场地区	安静需求	技工院校学生的在校学习多以实践性为主，学习场地的景观设计应以隔音、通风、光照充足等为主要考虑因素，营造严谨、认真的学习实训场所

二、结合学校特色，构筑校园生态与个性

1. 以学校办学特色为主旨，妙用植物达成环境育人

每种植物都有不同的寓意和象征意义，可以结合本校的校训校史选择象征意义近似的植物进行校园景观环境设计。如梧桐警示莘莘学子珍惜时间，奋发求知；广玉兰象征美丽、高洁、芬芳；荷花比喻人“出淤泥而不染，濯清涟而不妖”的高尚品质；“岁寒三友”松、竹、梅表达坚贞不屈、品德高尚的精神。不仅要合理应用植物，还要通过借鉴艺术构图原理和运用古典文学寓意进行巧妙配置，将“诗情画意写入园林”，使之成为一副兼具自然之美和诗情画意的生动画卷。

如云南某师范院校的校树为楷木，学名黄连木，别名楷树。楷木有“楷模之树”的文化内涵，其谐音“楷模”。清代《广群芳谱》载：“孔木生孔子啄上，其干枝疏而不屈，以质得其直故也。”其象征正直、不屈、坚强、表里如一、勇于担当，代表教师这一职业所应具有的气节和品质理应成为楷模。该校在校道两旁大量种植楷树，把学校的办学理念与校园景观环境结合起来。表 3-1-5 为常见校园植物的象征意义示例。

表 3-1-5 常见校园植物的象征意义示例

植物	象征意义
松柏	苍劲耐寒，象征坚贞不渝
竹	虚心有节，象征谦虚礼让、气节高尚
梅	迎春怒放，象征不畏严寒、纯洁坚贞
兰	居静而芳，象征高风脱俗、友爱情深
菊	敖霜而立，清廉高洁，象征离尘居隐、临危不屈
银杏	银杏代表着中华民族源远流长的文化，是真善美的代言
木棉	象征着争取阳光雨露，展示奋发向上的精神

2. 以素质教育为宗旨，多用科普教育植物布置校园

素质教育中的“德智体美劳”都可以通过各种校园劳动实践活动进行培养，在校园内建设科普教育植物园是以素质教育为前提，在满足师生欣赏美景的同时，还具有对学生进行科普教育的作用，能让学生在实践活动中获得更多的植物知识，从而使校园环境真正发挥作为学生素质教育的第二课堂功能。例如有的学校建有百果园、恩师林、实践种植基地等。

地方文化特征是学校地域文化特征及风土人情的综合表现，在校园种植科普植物要尽量体现地方文化特征的运用与延续。例如，广东自古是水稻种植主要区域，对于水稻种植的农耕文化深入人心。不少广东院校在推行“珍惜食物·劳动光荣”的校风建设时，在校园景观设计规划片区进行水稻或者农作物种植。有的院校还在走廊设置无土栽培观察景观，把菜地种植和学校景观融合在一起。图 3-1-2 为某技师学院农作物种植区。

每一所技工院校的校园文化、办学理念、学科特点等是不相同的，因此校园植物景观体现出来的文化性自然有所差异。在校园植物景观营造时，要紧紧围绕这三个方面的功能，遵循校园特质和造景需求合理实施。只有这样，才能有效提升校园景观质量，创造良好的育人氛围及环境，促进学生身心健康。

要注意校园景观教育功能中的环境与生态教育关系。学校要充分利用校园环境作为教学的场所，推动户外教学，让学生从校园中获得直接的自然体

图 3-1-2　某技师学院农作物种植区

验，培养学生关怀环境、爱护环境的习惯。通常采取的办法是在校园中用景观表现手法，物化环境保护、生态的理念，使师生在校园景观认识的过程中领悟到人与自然和谐共处的真谛。表 3-1-6 为学校根据生态和谐的效益景观开展相关活动示例。

表 3-1-6　　学校根据生态和谐的效益景观开展相关活动示例

年级	上学期（秋冬）	下学期（春夏）
一年级	校园巡礼——认识校园的建筑、设施、位置分布、人物、景观等，指出喜欢的校园环境，并彩绘校园地图	校园花草集——认识校园里栽种的花草、树木，并以花草、树木为素材，进行植物研究、装饰艺术等教学活动
二年级	亲亲校树——以校园的树木为主题进行深入学习，通过对树木调查、制作校树牌、介绍我的树朋友、种下希望树、树木健康检查等活动学习各项技能	生活园艺——学习如何种植及照顾苗木，认养班级园圃（菜园），规划设计班级庭园，并加以布置、照顾和管理

续表

年级	上学期（秋冬）	下学期（春夏）
三年级	校园绿地图——结合永续校园改造计划，调查校园中对环境友善的自然、人文、生态等设施或栖地，并以国际通用的“绿色生活地图标示系统”绘制永续校园地图	春游水乡——以湿地生态为学习主题进行深入学习，通过认识水生动植物、湿地生态调查栽种水生植物、自然净化水循环处理等活动进行环境永续教育
四年级	绿色书屋——以图书馆环境空间改造为教学活动场域，通过观测、统计、分析、试验等教学活动了解“绿建筑”的概念及其效益	关爱校园或小区——进行校园或小区环境稽核，对校园或小区中需要改善的地方提出改进方案，并以实际行动进行改善，体验环境建设

三、推崇绿色环保，提倡校园环保与节能

1. 优化能源系统，实现最大限度的节能

为建设能源节约的生态校园，应减少资源消耗，主动采用生态环保材料，积极利用新能源，推动校园的节能低碳工作，促进校园和社会的可持续发展。我国技工院校 2 400 余所，规模不断扩大，学生人数众多，能源消耗量快速增加，有着较大的节能潜力。

技工院校可以使用生态照明产品、智能照明控制系统、节能空调系统等进行校园环保与节能建设。国家《绿色建筑行动方案》中明确提出了推广绿色建筑、开展现有建筑节能改造的要求。建设资源节约、环境友好的校园，将可持续发展的观念融入教学、教研、人才培养等各个方面，对未来技工院校，乃至整个社会的可持续发展都有重要意义。图 3–1–3 为绿色示范智能校园智能能源管控系统平台示例。

2. 根据地区和学校的自身条件，积极推广使用生态能源和可再生能源

近年来光伏发电成本快速下降，校园建设光伏发电不仅不占土地、经济性好，而且绿色环保、节能减排。作为分布式绿色能源，光伏发电可以节省输电线路，有效降低校园公共建筑物对常规能源的消耗。光伏产品与屋顶

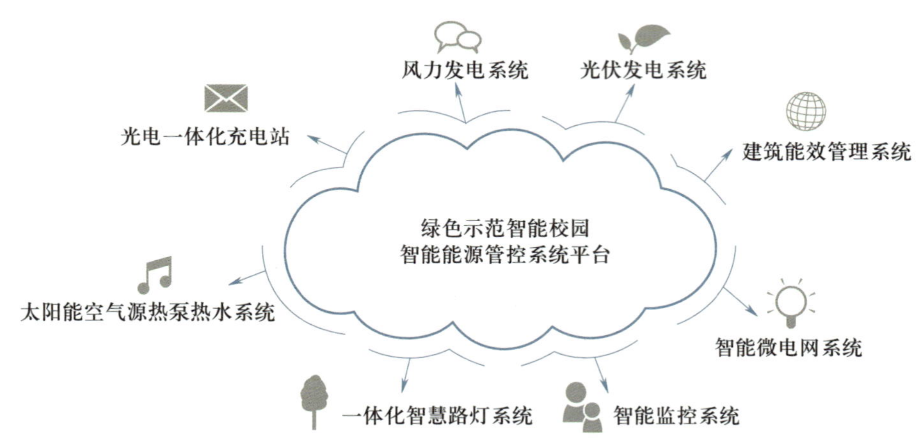

图 3-1-3　绿色示范智能校园智能能源管控系统平台示例

之间形成空间缓冲层，且屋顶近 20% 的太阳光被用于发电，起到良好的防热降暑作用，夏季能有效降低室内温度 2 ~ 6 ℃，间接减少空调风扇的耗电量。冬季也可以减少热量的发散，起到保温作用。图 3–1–4 为某技师学院利用屋顶光伏发电。

图 3-1-4　某技师学院利用屋顶光伏发电

校园屋顶光伏发电符合绿色发展的新要求，顺应全社会可持续发展的潮流，具有可行性。不仅如此，停车场光伏发电、路灯采用太阳能光电板供电等都是校园能源系统建设中较常采用的。利用所安装的太阳能光伏发电设备建设校园内的科普教育基地，开展有特色的教育教学活动，可以增强学生的新能源利用与环境保护意识。

【评价与反思】

一、评价

1. 打造生态和谐的校园景观时，是否整体统筹布局生活区、学习区、活动区，体现整体规划的协调性？在自然景观设计上是否体现了以人为本的原则？是否突出学校办学理念及特色？是否体现区域文化？是否具有可持续发展理念？

2. 基于地域环境建设景观是否综合考虑植物种类的统筹和区域植物选择？是否考虑到景观四季变化及后续管理的便利？是否依据地势地貌采用最环保的设计理念，减少了主体山体水体的变化？在校园环境建设中是否融合当地文化及特色景观？在设计理念上是否符合学生心理行为特征？

3. 体现校园景观特色是否契合学校办学理念和特色？生态教育环境的建设是否符合当地文化气候？

4. 学校节能环保是否充分利用当地自然资源？是否与学校学科及环保教育相结合？是否充分贯彻环保理念实现节能减排？

二、反思

1. 基于地域环境，打造生态和谐校园环境：根据校园所处的地域环境不同，影响校园景观的两个主要因素是当地的气候条件和文化底蕴，从这两个因素出发，营造适应气候条件的景观和融合地方文化的景观。

2. 依托地形地貌，打造生态和谐校园环境：独特的地形地貌往往是决定校园景观的重要因素之一，也是体现校园特色的要素之一。营造不同地形地貌的校园景观时，应做到“因地制宜，景以境出”，一是对原有的自然景观进行保护性的利用，二是通过人为的手段形成与自然相融合的校园景观。

3. 合理配置植物，打造生态和谐校园环境：植物的分布具有地域性，不同地域有着不同的乡土植物，景观设计时应遵循植物生长的区域性、生态性和植物配置的艺术性，利用这些乡土植物营造出反映地域特色并具有强烈艺术性的景观。

4. 传承校园、区域文化，打造生态和谐校园环境：每个区域都有着自身独特的历史文化，这些文化体现在校园总体布局、建筑风格等景观要素中，提炼这些文化符号、文化精神等元素，并将其融入新的景观建设中，赋予校园新景观以文化内涵，延续校园的个性和特色。

5. 与时俱进，充分利用本地气候资源，打造生态环保和谐校园环境：每个区域都有当地的自然资源，这些自然资源可以转化为学校所用，如风能、太阳能、地热能等，充分利用能够使学校的发展符合当今节能环保理念。在校园建设上，充分发挥自然景观的效用，达到节能的效果。

【表单与素材】

××技工学校绿色校园考核标准如图 3–1–5 所示。

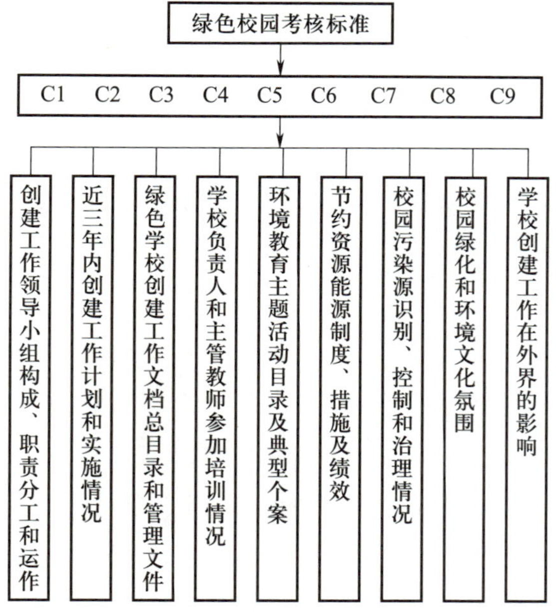

图 3–1–5 ××技工学校绿色校园考核标准

实施路径二 创建独具特色的校园人文环境

【背景描述】

乘着技工教育发展的东风，某技工院校办学水平不断提升，招生数量也逐年攀升，学校校园环境得到了大大改善，各项比赛战绩斐然，呈现出前所未有的喜人景象。但是在进行校园宣传的时候，发现“花园式”的校园缺乏历史感与文化内涵，校园文化特质不明显，部分人文景观与校园整体风貌不协调，老校区扩建改建过程中出现了校园景观新旧不融合、风格不统一的问题，新旧校区异地建设过程中出现了文化断层。

【点评】

该技工院校校园环境建设中缺乏历史感和文化内涵；校园环境过分公园化，削弱甚至流失了校园人文环境本该具有的育人功能；校园内具有启发意义的人文景观、校风校训以及镌刻在校园景观之间的学校人文传统、办学特色、办校宗旨屈指可数；学校办学理念、办学精神在校园人文景观中体现不明显；在如何挖掘校园文化资源并赋予时代特色及校园文化精神方面研究还不够；校园景观形象与校园文化融合不够紧密。一所学校的文化精神必然物化为一定的具体形式反映在实际的校园建设上。一些技工院校的校园规划、景观设计、建筑风格与城市其他类型的建筑在风格上接近，校园环境风格趋同，甚至没有标志性建筑，导致校园缺乏独特的魅力和氛围。

<table>
<tr><td rowspan="3">实施路径二 创建独具特色的校园人文环境</td><td>融入办学特色，实现校园人文环境教材化</td></tr>
<tr><td>融入校训校风，创设校园人文环境场景化</td></tr>
<tr><td>融入建校历史，营造校园人文环境归属感</td></tr>
</table>

【实施路径】

校园人文景观是校园文化环境的重要组成部分，是校园文化精神、校园文脉传承的最具代表性的物质基础，在弘扬校园特色文化、塑造特色校园文化氛围、引导师生树立正确的价值观等方面的作用举足轻重。

一、融入办学特色，实现校园人文环境教材化

1. 展示校园学科办学特色，打造学科特色景观

我国技工教育的专业发展随产业发展而不断增加，各技工院校显现出不同的办学特色和专业特色。校园人文景观设计需结合办学特色来进行，对于有特殊需求的院校还应给予相应的特别规划。表 3–2–1 列举了不同学科院校在校园环境布置上的特点。它们将办学特色体现在道路布置、特色建筑及雕塑设置上。这些独特的建筑造型和雕塑是营造特色景观的源泉，不仅能给人耳目一新的感觉，营造出亮丽的校园人文景观，其特殊的形象还能呈现学科特色。

表 3–2–1　　不同学科院校在校园环境布置上的特点

学科	学科特点	校园人文景观特点
理工科类学科	我国传统的理工学科具有严谨的、理性的学科特性	学科给人严谨有序的刻板形象。校园过于强调理性而缺乏人文气息，过于刻板的形象不利于校园多元文化的形成，也不利于引发学生创造性的思考。但过分活泼自由的形象也不符合理工科院校的特点，因此应提炼学科符号，创建严谨有序、富于变化的校园布局
艺术类学科	艺术类学科的办学精神是自由	规整的校园规划使得校园景观单调贫乏，会抑制学生的创作灵感，充满自由、浪漫气息的艺术类院校的校园空间应是自由的空间。自由的空间能激发学生的创作潜质，起到促进学习的作用。可利用自由浪漫的学科特性，营造特色校园布局。艺术类学科的特性决定了其建筑可以用大胆、夸张、赋予充分想象力的结构形式来体现艺术院校的艺术特质

续表

学科	学科特点	校园人文景观特点
农林类学科	农林类院校需要有一定范围的科研、实习基地，以及种类繁多的植物	各类实践基地、实验基地、植物园等成为此类院校的特色景观。农林类院校校园内的景点、环境雕塑、标志物可以以农作物为主题，教育学生热爱农业事业。农林类院校设置有许多实习基地：如植物园、苗圃、温室花房、农田等。将实习基地与景观相结合发展观光农业，实现寓教于景，是营造农林类院校特色景观的方法
医学卫生类学科	医学卫生类的学科特性要求严谨的学习风气	校园布局较严整。中医药学类学科可以设置相应的实习基地或药用植物园，以便学生认知药材。在医学卫生类学科的校园景观营造过程中，可以将与医药学科相关的名人、名著以及药用植物作为景观要素，通过布置名著轴、名药轴或名医轴来组织景观。布置与医学相关的名人雕塑，可激励学生向前人学习，攀登医学高峰
文科类学科	文科类院校崇尚开放意识和民族自强精神	校园布局较自由，校园建筑风格运用传统建筑形式或采用中西合璧的形式。文科院校的学科特性决定了文科院校的学生有着较多的文艺活动，学生思想活跃、自发性的行为特征较明显。因此，文科院校校园景观形态要求活泼、多变，设置较多的室外活动场所供学生举办文艺活动和一些即兴活动。景观设置上可以采用大胆前卫的艺术形象，还可设置一些富于变化的水体景观，营造浪漫自由的文学环境
体育类学科	体育院校具有运动特性	由于体育院校的专业特性，校园的规划应满足学科的要求。因此，体育院校和其他院校校园景观上存在差异，可设置与体育竞技相关的雕塑

例如：浙江某金融职业学院进入校门迎面是一个很大的青铜雕塑，雕的是一尊中国的古钱币。校园随处可以见与金融有关的人文景观，如图 3–2–1 所示，算盘与电脑的结合雕像，寓意会计这门专业与时俱进的发展。

该金融职业学院“曲水流觞”，意境的空间布局充分展示了江南园林的造园技巧。同时小桥上的栏杆上，雕上了中外几十家知名银行、保险公司、证券公司的标识，如图 3–2–2 所示。

图 3-2-1　浙江某金融职业学院寓意学科与现代科技结合的校园雕塑

图 3-2-2　浙江某金融职业学院桥栏杆上有金融机构的标识

2. 巧用建筑物名称进行内涵教育，增强校园人文环境文化底蕴

校园建筑与校园空间是构成技工院校校园物质环境的主体，是学校赖以存在和发展的物质基础，它们为学校师生提供良好的工作和学习场所，也为学生高雅文化气质的培养和优秀审美品质的塑造提供精神依托，具有物质教育和精神教育的双重功效。因此，技工院校的建筑和校园空间应该精心设计，在命名时应大力宣传。动员全体师生广泛参与校园楼宇、道路、景点等建筑和空间的命名工作，可以实现技工院校建筑和校园空间实用功能、审美功能与教育功能的有机、和谐统一，增强全体师生对校园文化环境的认同感，进而弘扬校园文化价值，有效发挥校园建筑和校园空间的人文教育、精神内涵教育作用。

（1）亮出特色，传承历史文化。每所技工院校都有自己的办学特色，它是学校在多年办学过程中，结合自身特点形成的学校教与学的特色，以及基于特色基础上对办学方向的追求。历史底蕴和厚重的文化传承是一所学校珍贵的物质和精神财富。结合学校办学特色、文化底蕴和传统为校园建筑和校园空间命名，可以提高学生对校史及所在城市发生过的重大事件主动探寻的兴趣，激发学生对该区域、学校名师、名人的纪念热情。表 3–2–2 为部分学校校园建筑和校园空间命名寓意示例。

表 3–2–2　部分学校校园建筑和校园空间命名寓意示例

学校	区域命名	释　义
北京师范大学	乐育路、励耘路	表达的是学为人师、行为世范的办学特色
北京大学	七座斋名：德斋、才斋、均斋、备斋、体斋、健斋、全斋	连起来就是“德才均备，体健全”，带有浓厚的中国文化色彩，而且也是中国传统人才观的重要标准，直到今天仍然是知识分子追求的目标
河南大学	先闻湖	因其与学校公共教学楼相邻，在此每天都可以听到琅琅读书声，因此取“琅琅书声我先闻”之意，同时也包含了该校著名校友、著名生物学家李先闻先生的名字
郑州大学	启明广场	因广场上有钟鼓楼，结合黄庭坚《春思》中“启明动钟鼓”之意，富于诗情画意，也体现中国传统文化的特点，是中国传统命名学的一大特色

例如浙江某金融职业学院，他们的教学楼和校道以及广场均以知名金融机构命名：如恒丰教学楼、众诚教学楼、信泰教学楼、金通教学楼、兴业行政楼、汇丰大厦、浦发图书信息楼等。在学校的指示牌上，还可以

看到中信广场、金葵花艺术中心、广发文体中心、华夏运动场等一些知名金融机构的名字，切实把“金融”文化融入到校园人文环境建设中。图 3-2-3 为浙江某金融职业学院教学楼、道路命名示例。

图 3-2-3　浙江某金融职业学院教学楼、道路命名示例

（2）选用典故，铭刻文化追求。追求典雅，表达特定文化情怀，是中国传统命名学的一大特色。同样，在技工院校校园里，用典故命名，可以体现高远追求，展现深厚文化底蕴。表 3-2-3 为部分教学楼命名典故来源示例。

表 3-2-3　部分教学楼命名典故来源示例

序号	建筑名称	典　故	释　义
1	厚德楼	出自《周易》中的经典名句：“天行健，君子以自强不息、地势坤，君子以厚德载物。”	天（即自然）的运动刚强劲健，相应于此，君子应刚毅坚卓，奋发图强；大地的气势厚实和顺，君子应增厚美德，容载万物。用“厚德”一词冠以教学楼名显得大气、恢宏且富有底蕴

续表

序号	建筑名称	典　　故	释　　义
2	敏行楼	出自孔子《论语》经典名句："君子欲讷于言而敏于行。"	凡有大作为之人做事都勤奋敏捷，勇于实践，说话却小心谨慎，少说废话、空话、大话、假话，用"敏行"一词冠以楼名富有哲理，劝学意义浓
3	崇文楼	语出《考工记》："殷人重屋。堂修七寻，堂崇三尺，四阿重屋。"	说明古人在建筑技术上彰显出的聪明智慧。"崇文"一词，昭示了"高贵"的文化修养与文化水准。用"崇文"一词冠以教学楼名显得高雅、有丰厚底蕴与内涵
4	崇德楼	语出《礼记·王制》名句："上贤以崇德。"	品质高尚之人都是崇高道德之人。用"崇德"一词冠以教学楼名，就时刻在告知学生要增强道德意识，崇尚美德
5	致远楼	出自诸葛亮的《诫子书》中的千古名句："非淡泊无以明志，非宁静无以致远。"	教育学生在求学过程中要有平稳静谧心态，不为杂念所左右，静思反省，才能实现更远的目标
6	清源楼	取自朱熹《观书有感》："半亩方塘一鉴开，天光云影共徘徊。问渠那得清如许，为有源头活水来。"	用"清源"一词冠以教学楼名，旨在赞美一个人的学问或艺术成就自有其深厚的渊源。教育学生要思想活跃，以开明宽阔的胸襟接受各种不同的思想、鲜活的知识
7	毓秀楼	取自成语"钟灵毓秀"。语出自清陆以湉《冷庐杂识·神缸》："天台为仙境，为佛地，无怪钟灵毓秀，甲於他邑。"	凝聚了天地间的灵气，孕育着优秀的人物。泛指某地方山川秀美，人才辈出
8	德润楼	取之于"德润人心，匡复人性，文化天下"这一前瞻的教育理念	"德"就是人类精神世界的太阳。德润人心，就是要求教师们修身养德，用高尚的师德浸润学生之心地，濡养学生之性情，使受教育者真正成为有人性美德、有社会公德、有职业道德、有个人品德而又善于自律内省德行的人

续表

序号	建筑名称	典　故	释　义
9	思齐楼	取成语“见贤思齐”，语出自孔子《论语·里仁》：“见贤思齐焉，见不贤而内自省也。”	见到有德行的人就向他看齐，见到没有德行的人就反省自身的缺点。这是求学问之人修身养德的座右铭。“见贤思齐”是说好的榜样对自己的震撼，驱使自己努力赶上
10	撷英楼、掇英楼	出自陆游《东篱记》：“放翁日婆娑其间，掇其香以嗅，撷其颖以玩。”	这是陆游对花卉的殷殷呵护与陶然欣赏。用“撷英”或“掇英”作为连体或对称的两座教学楼名称，有较深刻的寓意

（3）营造意境，展现艺术情趣。为校园建筑和景观命名，可以通过虚与实相互映衬、点与面相得益彰等手法，为静态景观营造各种主题的人文意境。如江西财经大学的抚波亭，清华大学的临漪桥、莲桥，南京信息工程大学的藕舫园，赣南师范学院的映月台，南京中医药大学新校区的“杏林春暖、雨湖夏荫、灵山秋染、松林冬翠”四时景区等，景观的名称风格与周边的建筑物、景色等协调一致，营造出清新优美的独特意境，让置身其中的师生能够细细品味。

二、融入校训校风，创设校园人文环境场景化

校园人文景观作为校园人文环境某一特定区域内的物质文化载体，反映着学校的文化特色、内涵、底蕴，是传承的重要物质体现，具有教育、规范、警示、纪念等隐性功能。在学校物质环境建设中要以学生发展为宗旨，把这种思想转化为行动、细化为生活观念，并借助于学校物质载体呈现给师生，形成校园人文环境场景化。可以把校徽、校训与景观相结合，来完成对校园教育思想和教育价值观的呈现。围绕办学宗旨进行校园人文景观设计的时候，不能盲目继承历史，应该结合学校实际有所创新，有所发展，体现学校人文精神与时俱进、海纳百川的特征。图 3-2-4 为体现学校特色的宣传内容。

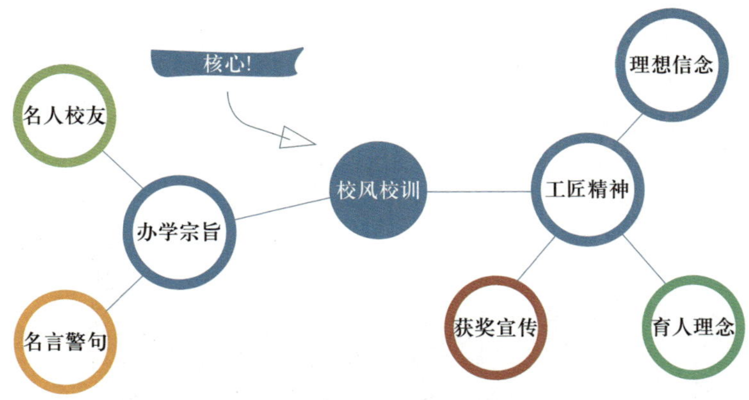

图 3-2-4　体现学校特色的宣传内容

校园景观环境作为学校的第一品牌印象，文化景观的育人作用不可忽视。技工院校校园的规划不仅要满足功能需求，更要注重环境营造，体现出浓厚的文化、学术氛围，让景观充满文化气息，突出地域特色，展现时代特征。因此，要从校园景观环境育人角度，挖掘校园特色文化内涵，实现校园环境景观育人特色。表 3–2–4 为学校特色内容宣传方式。

表 3–2–4　学校特色内容宣传方式

展示内容	展示方式
校风校训、办学宗旨、育人理念、理想信念	教学楼外立面、校门、校园内雕塑或石块、校训景观、校训校风墙等
名人校友	教学楼外立面、文化长廊、雕塑等
工匠精神	教学楼外立面、文化长廊等
奖项牌匾	教学楼外立面、荣誉墙、文化长廊等

除此之外，提炼校风校训以外的学校特色理念及教学理念，把各种文化教育融入环境建设，是校园文化建设的重要课题。

1. 红色文化基因育人

习近平总书记指出：“要把红色资源利用好、把红色传统发扬好、把红色基因传承好。”红色文化融入校园景观环境营造，有利于学生自觉接受红色文化教育，巩固和升华理想信念。要深入挖掘各地的红色文化资源，将当地烈士英雄事迹等红色文化融入校园景观环境，打造当地红色文化缩影，引导学生学习革命先辈精神，筑牢红色文化之魂。要让学生在校园景观中倾听历史长歌，忆峥嵘岁月，学党史、念党情，坚定信仰，百折不挠，养成敢于牺牲、乐于奉献的革命精神，实现红色文化基因育人。图 3–2–5 为某技师学院党史文化长廊。

图 3–2–5　某技师学院党史文化长廊

2. 工匠精神铸魂育人

工匠精神作为中国共产党人在长期奋斗中形成的伟大精神，已被纳入中国共产党人精神谱系。2020 年 11 月，习近平总书记在全国劳动模范和先进工作者表彰大会上精辟概括了工匠精神的内涵：“执着专注、精益求精、一丝不苟、追求卓越。”工匠精神是一种职业人格，契合了技工教育的精神特质，特别是技工教育的人才培养定位。每个地区都有丰富多彩的民族文化和巧夺天工的工匠大师，可以将当地的非物质文化遗产文化引入校园文化景观，引导学生主动学习工匠文化，培养刻苦钻研、精益求精的工匠精神，实现工匠精神铸魂育人。图 3–2–6 为某技师学院的非物质文化遗产工作坊。

图 3-2-6　某技师学院的非物质文化遗产工作坊

3. 民族文化和谐育人

民族文化融入校园环境设计，是增强学生民族自信心和职业精神的内驱力，推进优秀传统文化传承与创新的路径之一。特别是地处民族文化深厚地区的学校，万千学子是多民族群体，民族文化多种多样。将民族语言文字、服饰首饰、工艺品、符号等加以提炼，进行校园环境景观设计，可以实现民族文化精神和谐育人。如某学校通过民族主题文化景观体现民族团结互助、平等和谐的民族风范，与人和善、谦敬礼让的民族性格，勤劳勇敢、艰苦奋斗的民族品质，自强不息、不折不挠的民族气节，让这些精神品质在新一代青年身上得以传承和发扬。

4. 传统文化滋养育人

中华民族传统文化是我国几千年传承的瑰宝，其博大精深的内涵能够帮助学生树立正确的人生观、价值观和世界观。在校园景观设计中弘扬传统文化精神，让学生能够执古之道以御今之有，鉴得失、知兴替，知廉耻、懂荣辱、辨是非，陶冶性情、提高修养，对学生道德修养有着极其重要的意义。如在校园道路命名、建筑命名时使用具有哲理典故的名字，让学子们能够从必经之路了解文化精髓，领悟文化之美。

5. 典型标杆示范育人

标杆是一面旗帜，是前进的方向和动力。通过校园景观设计，树立和宣传学校标杆、名师标杆、学生标杆，让师生能够通过标杆激励养成拼搏向上的“榜样精神”。要挖掘文化典型设计主题景观、标志性景观，树立典型标杆，进行榜样示范，以崇高的内心追求、高尚的情操、优秀的品格和感人的事迹引导师生关注榜样，学习榜样，实现典型标杆示范育人。图 3-2-7 为常见榜样人物示意图。

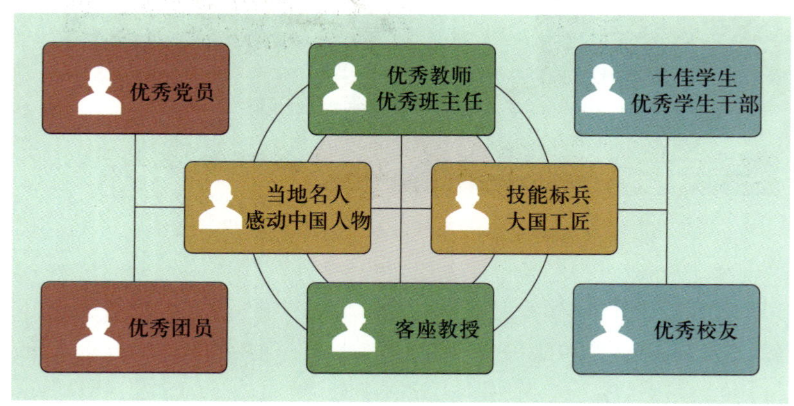

图 3-2-7　常见榜样人物示意图

三、融入建校历史，营造校园人文环境归属感

新校区扩建既然是时代发展的必然产物，技工院校的校园文化建设就应该在新的形势下不断“调试”自己的运行方式。新校区文化建设应当尽量传承老校区的优秀文化传统，但传承不能简单理解为维持原貌，而应该在继承老校区文脉的基础上增添新的生机和活力，注入时代的特征，体现一种动态的、可延续的、和谐共生的思想。因此，在新校园区的扩建中，不仅要尊重原有空间格局、建筑风貌等校园物质文化，更要有选择、有继承、有创新地将老校区厚重的历史文脉与人文精神发扬光大。在物质文化上，要充分利用新校区优越完善的资源，实现校园物质文化科学合理地传承发展。

1. 协调建筑色彩和风格，融入时代特色

延续老校区的色彩基调，保持一定的建筑风格，在原有的基础上进行相应的创新与发展。建筑风格体现的是校园历史与文化，但时代在进步，社会在发展，作为培养技能人才的主阵地，更应该具有时代内核。在建筑方面，应该以现代化的设计手法表现时代沉淀过程中所遗留的精神积累，抛弃华而不实的装饰，注重低调实在的功能性。图 3-2-8 为某学校新老校区教学楼主体颜色保持一致。

图 3-2-8　某学校新老校区教学楼主体颜色保持一致

2. 打破单一的样式传承，创新精神符号

校园文化符号在校园景观中多以物质为载体呈现。雕塑、小品、校徽、校训、铺装、植物这些硬质景观，都是校园文化符号所演变出现的物质载体。物质形态的文化符号可以在各个方面表达出多校区校园文化的内涵，在物质形象层面以及空间层面来满足人们的需求。图 3-2-9 为某学校新老校区都种植了校树——凤凰木。

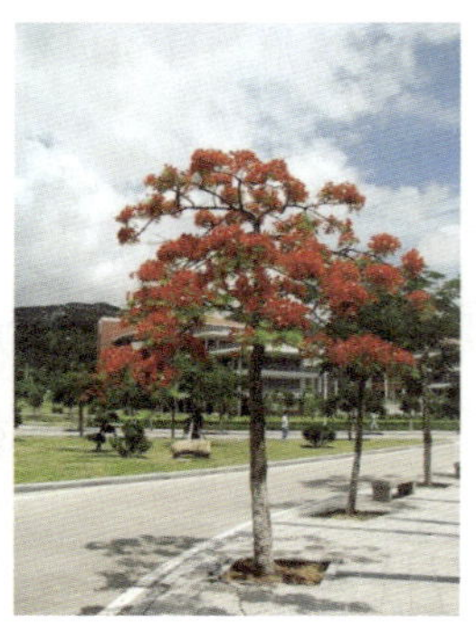

图 3-2-9　某学校新老校区都种植了校树——凤凰木

3. 继承原有的文化元素，连接校园文脉

从校园文化历史中汲取文化元素，将其运用到园林小品或广场铺装中。以小的文化点串联成一条贯穿新老校区的文化纽带，从而保证了学校历史的延续性，为师生创造良好的文化氛围。图 3-2-10 为某学校新老校区校训的不同展示形式。

图 3-2-10　某学校新老校区校训的不同展示形式

文化的完整是技工院校蓬勃发展必不可少的条件，延续并发扬历史积攒的工匠精神内核是时代与社会的诉求。我们必须在稳定中求发展，在继承中求创新，延续工匠精神，打破僵化的校园景观设计格局，实现精神与物质的双重创新。

【评价与反思】

一、评价

1. 打造校园人文景观是否结合学校特色进行，对学校的学科、校风校训等内涵进行环境物化？

2. 在校园人文景观设计中是否考虑到学校精神文化的外化，如工匠精神、民族文化、传统文化、校史发展等环境育人形式的体现？

3. 新老校区发展建设是否提炼校园精神内核，并延续学校发展的文化精神？在人文景观设计上是否综合考虑传承及创新？

二、反思

1. 技工院校校园环境是校园精神文化传承的重要载体，它潜移默化地影响着学生的思想行为观念。通过校园文化主题景观营造，挖掘校园文化内涵，能够有效促进学生的全面发展，实现校园环境育人的最终目的。

2. 校园景观环境作为学校的第一品牌印象，文化景观的育人作用不可忽视。技工院校校园的规划不仅要满足功能需求，更要注重通过环境营造体现出浓厚的文化、学习氛围，让景观充满文化气息，突出学校特色，展现时代特征。

3. 从校园景观环境育人角度，挖掘校园特色文化内涵，将校园文化与学校特色文化结合，在重要区域、节点创造人文、生态、和谐的人性化文化主题景观，给广大师生提供一个文化浓郁、风景优美、特色鲜明、生态良好的校园环境，从而实现校园环境景观育人的目的。

4. 技工院校应当对自己的办学规模、办学特色和发展目标有准确的认识和定位。校园规划与建筑通常会受政策、机遇的影响，也受投资、建筑装饰材料、表现手法等诸多因素的制约。无论老学校还是合并产生的新校区，都需要兼顾学校的历史、现状、发展，并进行传承和创新。比如从传统建筑提取符号，传达校园历史信息，将现代建筑体量、空间与传统建筑造型要素、细部片段兼容。正如美籍华裔建筑师贝聿铭先生所说："我注意的是如何用现代的建筑材料来表达传统，并使传统的东西富有时代意义。"

【表单与素材】

关于开展校园道路命名征集活动的方案

全体师生：

校园道路是校园的重要组成部分，对其进行文化元素命名，规范道路的称谓，既可增强校园文化氛围，优化育人环境，提升我校的文化品位，又可为广大师生的工作、学习和生活提供便利。为充分体现我校的办学特色和文化底蕴，激发广大师生的热情，增强凝聚力和向心力，共同培育人文内涵与时代品质，构建健康向上、丰富多彩的校园文化，根据我校总体规划，拟系统设计和规范校园道路名称，并设置标识，现向全校广大师生征集校园道路命名，特制订本方案。

一、命名原则

校园道路的命名应体现本校特色，命名应源于办学理念和育人之道，体现地方文化特色，蕴含中华传统文化元素，突出办学传统和办学特色，构建健康向上的校园文化。校园道路命名主要原则：

1. 传承性——反映学校的办学理念、历史底蕴、办学特色。
2. 时代性——反映学校面向未来的新的精神风貌和理想。
3. 文化性——有美好的寓意和文化内涵，品味高雅，积极向上。
4. 雅俗性——简洁、质朴、清晰、好读、好听、好记，不晦涩难懂。
5. 系统性——各道路名称为同一体系，含有共同要素。

二、命名要求

1. 遵循整体化、序列化、规范化通则。

2. 避免重名、谐音、同音和有时代局限的名称。

3. 意义指向单纯，容易辨识，避免产生误解和歧义。

4. 用词简明得体，言简意赅，不媚不俗，忌偏忌怪。音韵平正通达，朗朗上口，读之顺口，闻之入耳。

5. 名称需注明寓意，即对名称的由来、含义作简要说明。

6. 字数必须控制在 3 ~ 5 字。

7. 为体现道路名称统一性，每份作品须给 5 条道路统一命名。

三、命名对象

需要命名的道路有（××路2条、××路3条，见附件图示）：××路、××路、××路、教学楼前××路、××路。

四、征集对象

××学校全体师生。

五、稿件征集时限

即日起至20××年××月××日。

六、征集方式

1. 本方案在学校网站、教工群公布。

2. 欢迎师生积极参加，请在学校官网下载并填写附表（见附件）。

3. 命名稿上请注明姓名、所教科目（所在班级）和联系方式。

七、投稿方式：

1. 将 Word 文档重新命名，格式为：道路－姓名－班级（科目）。

2. 将纸质版交至××部门××老师处。

注：考虑到部分退休教师使用网络不方便，学校将在北门房放置纸质版征集表格。

八、评选办法

初选：××处联系相关部门及人员，对所有作品进行初选，选出部分作品上报校务会研究。

校选：校务会从初选作品中选出若干优秀作品进行公示。

定选：全体师生对公示作品投票，票数最多者，确定为道路命名最终方案。

九、奖励方法

将给入选作品颁发荣誉证书。

××学校××处

20××年×月×日

附件：××学校道路命名征集表

××学校道路命名征集表

姓名　　　　科目（班级）　　　　电话

需命名道路	创意名	创意思路说明
1号路 （××位置）		
2号路 （××位置）		
3号路 （××位置）		
4号路 （××位置）		
5号路 （××位置）		

另附：道路示意图。

实施路径三　开辟以生为本的校园活动阵地

【背景描述】

某技工院校重视学生综合素质培养，每年举办丰富多样的课外活动，同学们在忙碌的学习之余感受到校园课余生活的多姿多彩。随着时代的发展，活动形式的不断创新，学生活动阵地越发不足。表现为：几个社团或几个院系同时举办活动造成场地冲突；遭遇雨雪天气学校无法提供足够大的室内活动场地；遇到教学实践活动，学校场地紧缺；活动设施缺乏多样性，功能配置较为单一，无法满足当代学生多样化的需求；设计理念与当代教育的要求尚有一定差距，表现为空间较为单调，缺乏活力，不足以体现学生活动中心建设中多样性、体验性、创新性要求。

【点评】

技工教育要培养复合型的工匠人才，就要更加注重学生综合素质的培养，更加注重学生学习能力、生活能力、社交能力、获取知识能力及创新能力的培养。校园活动阵地营造已不再被简单地视为运动场地或者活动空间，要求其为学生多方面素质的拓展提供场所，形成多层次、多样化的活动阵地。因此一个优质的校园应提供多样化的学习空间、充足的设备与资源，让学生有更多选择，以此激发其学习热情。

<table>
<tr><td rowspan="3">实施路径三　开辟以生为本的校园活动阵地</td><td>建设情感与心理教育型活动阵地，提高学生交际能力</td></tr>
<tr><td>建设体验与参与教育型活动阵地，提升学生综合素养</td></tr>
<tr><td>建设科教与创新教育型活动阵地，促进学生科技创新</td></tr>
</table>

【实施路径】

一、建设情感与心理教育型活动阵地，提高学生交际能力

自党的二十大以来，我国的素质教育不断深入发展，技工院校的人才培养重心也在向素质教育转变，人才培养模式逐步向培养“身心双健”的高素质劳动者转变。这个过程中，心理咨询室在技工院校的人才培养过程中起到的作用是不可或缺的。事实上，技工院校的学生在处理同学关系、师生关系、面对独自生活的挑战等方面都略显局限性，一些学生还出现了心理问题。因

此技工院校建立设备完善的心理咨询室显得尤为重要。

1. 加强心理咨询室建设

技工院校应认识到心理咨询对于学校发展的重要作用，想方设法增加投入，建立设计合理、功能健全、设施完备的专业心理咨询室，保证师生心理健康活动有必要的场所。如选址时应避开人群流动量大、一览无余的地方；室内布置要营造一种安全、舒适、放松、生机勃发的环境；心理咨询室的名称不要太直接、生硬，可改为“心灵港湾”“爱心小屋”“心情驿站”等学生乐于接受、倍感亲切的名称；在功能分区上应有个体咨询室、团体辅导室、心理测量室、阅览室、心理放松室、情绪宣泄室等；活动器具、量表、通用设备、图书视听资料等要尽量完备。表 3–3–1 为心理咨询室配备标准。

表 3–3–1　　心理咨询室配备标准

场地	用　途	配备标准
办公接待室	办公接待室是心理辅导老师日常办公和接待来访学生，预约登记，接听心理热线，整理和放置心理档案或相关心理资料的场所，是学校心理辅导的接待站	1. 办公桌椅 2. 沙发、茶几、空调 3. 文件柜、档案书柜、书架、杂志架 4. 电脑、数码相机、打印机 5. 心理挂图 6.《学校心理健康中心制度》 7. 心理学书籍、参考书、报纸杂志 8. 学生资料档案柜 9. 心理健康工作表格 10. 学生心理档案管理系统
个体咨询室	以建立可信、安全，受保护的心理咨询环境为目的，为学生来访者提供安全、柔和、温馨的环境，提升咨询效率	1. 舒适软沙发 2. 圆形茶几 3. 饮水机 4. 录音笔 5. 时钟 6. 心理挂图 7. 音响 8. 书架 9. 心理健康测试软件

续表

场地	用 途	配 备 标 准
个体箱庭（沙盘）室	箱庭（沙盘）疗法，是通过让来访者对场景、沙具的摆放以及在这过程中的引导、交流，达到治疗目的的方法。箱庭（沙盘）疗法让来访者在“自由、安全、保护”的情况下实施，达到最大的治疗效果	1. 心理健康沙具陈列架 2. 心理健康个体沙盘 3. 心理健康沙盘架 4. 心理健康专业沙具 5. 心理健康天然海沙 6. 心理健康箱庭管理软件 7. 数码相机 8. 心理挂图
学生心理测量室	为学生建立心理档案、进行心理危机预警、筛选等全方位的心理测评，对学生的心理健康工作起到至关重要的测评管理与危机监控作用	1. 心理测试软件 2. 学生心理工作平台 3. 电脑若干 4. 电脑桌和椅子若干 5.《心理测量室规章制度》 6. 心理挂图 7. 饮水机 8. 时钟
情绪宣泄室	在一个安全、受保护、可控的环境下，让自己心中的不良情绪宣泄出来，成为释放压力、情绪疏导极为有效的方法	1. 宣泄击打人 2. 宣泄脸谱 3. 宣泄棒 4. 宣泄抱枕 5. 宣泄墙 6. 宣泄地板 7. 宣泄手套 8. 充气泵 9. 打气筒 10. 宣泄室挂图 11. 水管、专业扳手、转接头、皮绳 12.《宣泄室规章制度》

续表

场地	用　途	配备标准
团体辅导室	以团体的方式组织心理辅导活动、心理讲座、心理交流沙龙、心理影片赏析	1. 团体心理活动工具箱 2. 心理健康活动手册 3. 心理健康团体管理软件 4. 心理挂图 5. 影像设备 6. 电脑 7. 团体小皮凳 8. 团体拼装桌 9. 饮水机 10. 电教系统（包括投影仪、麦克风等） 11.《团体辅导室规章制度》
身心反馈室	为个体提供一个放松的环境，通过身心放松软件的运用，了解个体的心理健康状态，进行相应的调节	1. 身心反馈软件系统 2. 身心反馈治疗椅 3. 音响 4. 投影仪 5. 电脑 6. 心健心理挂图 7.《身心反馈室规章制度》
学校心理健康中心形象墙	在学校心理健康中心走廊或醒目位置设计形象墙，张贴心理健康中心名称及简介、咨询师简介、服务宗旨、服务对象、服务时间与心理小知识、小方法	1. 根据学校具体情况设计大幅形象墙 2. 心理挂图

2. 配备电脑及心理测评系统

心理评测在全体学生心理状况筛查和心理辅导过程中起重要作用，记录着学生状况及辅导过程性档案资料。它的设计要符合心理测评的保密原则，系统必须配备独立的专用加密软件，避免学生隐私泄露。学生心理测评系统应包含不少于 50 个国内外心理测评常用量表，如人格类、人际关系类、智力类、职业类、心理健康类、环境适应类、意志力类、学业类、职业生涯规划类等。主要测评量表应包含：心理健康诊断测验、问题行为早期发现、学习适应性测验、亲子关系诊断测验、自我状态性格测验、职业能力倾向测验、职业兴趣倾向测验、职业价值观倾向测验等。

二、建设体验与参与教育型活动阵地，提升学生综合素养

1. 运动区域建设

运动区域包括两种类型的活动场所，一是专门从事体质、体能训练的活动场所，二是用以调节严肃紧张的智力活动、开展文体活动的场所。从其空间特征来看，又可以分为占地面积较大的运动场、占地面积较小而又分散的课外活动场所，以及教室周边的课间活动场地。在运动区域的环境设计中，除了根据不同场所配备相应的体育娱乐设施之外，还需要营造良好的情景氛围，调节学生的心理，陶冶学生的情操，培养学生的行为习惯。表 3–3–2 为体育项目分类。

表 3–3–2　　体育项目分类

序号	运动类型	运 动 项 目
1	速度力量型	速滑、短跑、投掷、举重
2	耐力型	竞走、游泳、滑冰、长跑
3	表现优美型	体操、花样游泳、冰上芭蕾
4	技能准确型	射击、射箭
5	隔网对抗型	乒乓球、排球、网球
6	同场对抗型	篮球、足球、橄榄球、冰球、曲棍球
7	格斗对抗型	击剑、柔道、摔跤、拳击
8	综合型	现代五项、现代冬季两项

2. 文化活动中心建设

学生活动空间按其规模差异大概可分为两大类：一是大型的活动空间，这类空间一般用以进行大规模的学术交流演讲或文艺汇演等活动，在部分学校里都有专门的建筑。此类空间开展的活动多半为“集体被动式”的看与听，不太强调使用者间的互动，与其他活动性质区别较大，基本以多功能会堂、礼堂、剧场、报告厅为主，一些一线城市的学校因为财政支持甚至在大型空间设有游泳馆、健身房等。二是中小型的活动空间，此类活动空间种类繁多，即使是在一个活动中心内也有各种各样不同性质的活动空间。这类活动空间

的使用要求一般较为简单，不需要配备专门的辅助设施，其最主要的设计要求就是把握好空间的灵活性。在具体设计时，应考虑功能需求空间的大小结合，形成多种模式的活动空间，同时也考虑空间再划分的可能性及聚集性。如多功能厅、活动室、阅读学习室、小型展厅、会议室等。

三、建设科教与创新教育型活动阵地，促进学生科技创新

1. 图书馆建设

图书馆可以为学生提供自学的条件，技工学校教学注重技能训练，图书馆藏书具有特定性和专业性。如何吸引技工院校学生主动阅读、参与各种阅读主题活动，是图书馆环境建设的重要课题，因此，要加强技工院校图书馆文化氛围建设，更好地吸引读者、为读者服务。

图书馆的文化氛围属于技工院校校园文化建设的一部分，因此在图书馆的环境建设上，文化氛围的营造是需要格外关注的。文化氛围可通过装饰体现出来，不同的装饰能够体现不同的文化氛围。在学校“以学生为中心”的指导思想下，在馆室装饰上要人性化。无论在布局还是内部装饰方面技工院校图书馆都必须不断完善和优化，并做好后期文化环境的维护和文化氛围的保持工作。表 3–3–3 为图书馆可以开展的相关主题活动。

表 3–3–3　　图书馆可以开展的相关主题活动

序号	布置主题	主题内容
1	主题书展	主题书展即是以某个话题、人物、学科等展开的书展类型，其在最大程度上将馆内该主题的书籍汇总起来，以方便读者对该主题的书籍进行深入阅读
2	热门书展	最潮书展，旨在集中展示当下较为热门且评价较高的人文、科普类的通识性书籍，包括文学、哲学、历史、考古等各类主题，中外不限
3	微书展	微书展是以某一主题为核心，通过微信公众号对 5 ~ 10 本经典书籍简要介绍，不定期向广大师生进行阅读推广的一种形式
4	各类主题活动	主题活动就是围绕着增加学生文化底蕴所展开的各类阅读、演讲、征文、讲座、分享会、书法、绘画等活动，主要结合各种时政热点、地域文化、历史故事、节日传统等主题展开

在图书馆的整体布置上，绿色植物的数量应适宜馆室空间，不可过多亦不能太少。同样，要根据节日、校园活动主题等进行图书馆内部装饰的设计，并适时进行装饰更新，意在吸引学生，增强学生到馆兴趣，提高学生学习的积极性。如在中华传统节日（端午节、中秋节等）来临时，可将图书馆进行简易装饰，科普中华传统文化，提升学生对传统文化的兴趣和认识；在建党日、国庆节等重要节日时进行宣传，弘扬社会主义先进文化；在借阅室、自习室悬挂伟人画像、名人名言等，为学生创造浓厚的文化氛围。其活动场景布置需综合考虑相关主题活动布置原则。表 3–3–4 为图书馆开展相关主题活动布置原则。

表 3–3–4　　图书馆开展相关主题活动布置原则

布置要求	布置原则	示　例
立体感	立体感源自真实感与多元体验。立体感的节庆日主题阅读推广活动布置时需要注意两个方面：一是推广空间的立体层次感；二是依附于活动时间流的动态呈现需要立体打造。此项环境营建对“通感”有较高诉求，需要周密的时间安排以及配套的声、光、味多维刺激，类似于歌舞晚会的舞台联动	例 1：在节庆日主题的活动布置上对层高较大的建筑空间（譬如大厅、读者沙龙区）进行分层的主题节庆化装饰，避免出现大面积“空白”，影响节庆化渲染效果 例 2：在“轻阅读”主题阅读推广活动中，“舒压”阅读要求有适时轻音乐播放配合。这时，就可引入博物馆常用的定向音箱（又名“太空罩”）。当读者在阅读区域开始翻阅“轻阅读”主题书目时，触发定向音箱，延时播放怡人的轻音乐，从而以“阅读视觉”和“声音景观”的组合达到了“多元体验”的预期效果
认同感	公共环境艺术的核心目标是激发正向情绪，增进主题价值认同。在节庆日主题阅读推广活动中，情绪调动（包括自愿参与、深度体验、有益收获、长久印象）正是基于认同感而发生的，需要选择符合认同主题的形象艺术物对观众在公共环境中的感觉进行引导	在海洋文明主题阅读推广活动中，为了使学生在活动空间内身临其境地“拥抱海洋”，图书馆可以将涉海文艺作品搭台成远洋轮船或古代船舶的造型。学生受众往往会被此景“吸睛”，拍摄相关照片。图书馆活动方应当鼓励其在互联网社交媒体上发布新奇的“书船”照片，以“指数效应”的速率扩大认同的传播边际，从而在线上、线下实现节庆气氛互动，大大增强并延时受众的活动认同感

续表

布置要求	布置原则	示　　例
沉浸感	沉浸感指的是设计环境中受众体验的深度融入。在相关主题活动中，沉浸感的制造离不开虚拟和现实技术的助力	一些成本高昂、借展困难的展品可以借助虚拟投影技术便宜且真实地“挪移”入节庆化阅读推广空间。例如，在女性健康主题阅读推广活动的空间入口，可以安排一款独特的“采玫瑰”虚拟现实游戏，让“女人花”的概念从横幅、宣传册中“站起来”，亲切地融入受众的活动体验中。在心理活动月相关主题阅读推广中，可以在入口展示征集的百名学生微笑脸庞，营造沉浸感

2. 创业培训中心建设

（1）硬件环境建设。硬件环境建设也是物质文化的一种直观体现，是品牌文化建设的基础和载体，一般包括创业培训中心内的建筑与设施、空间设计与装饰、办公用品配备等。某学院创业基地有明确的功能区划分，包括企业办公区、项目路演室、文化展示厅、会议室、休闲活动区等，在内部环境装饰与空间布局方面按照企业办公环境进行设计，形成浓厚的创业氛围和企业文化感。文化展示区将入孵企业、创业典型个人、学生管理团队等内容进行创意设计。建设专题网站，搭建信息服务的平台，为广大师生提供专业的市场分析、项目论证、融资等方面的服务。针对基地孵化工作设立严格的条目式线下服务流程，为创业项目的入孵、运行、融资提供一站式帮扶。表 3–3–5 为创业孵化中心功能区域示例。

表 3–3–5　　创业孵化中心功能区域示例

区域	功　　能
创新区	技工院校的创业园不能仅容纳创业团队，也应该为创新活动提供空间。此区域应为全开放区域，是一个可以为有创新想法、想开展创新活动的学生提供交流、学习的场所，促进不同专业同学间的交流与融合
培训区	此区域以大中小型培训室为主，学校定期开展创业、创新培训，开设与创业相关的金融、管理、法律等课程

续表

区域	功　能
竞赛区	此区域为参加各类创业创新大赛的团队提供比赛准备、项目打磨和路演的场地。创业创新大赛是学生将所学专业知识转化为实践的最好的训练形式。学校应做好宣传，鼓励学生多参加竞赛，同时组织校内创业创新大赛
创客区	此区域以独立的创客空间为主，学生团队开展创业实践活动。学校向全校征集项目，组织专家评审，通过评审的项目可以入驻创客区。为初创团队提供至少一年免费的场地、设备、水电、物业以及其他服务
服务区	此区域又分为三个功能区。一是创业服务区，为入驻的团队提供政策咨询、会务宣传、成果转化、创业实训、工商注册流程、融资对接等一站式服务，学校也可以尝试与市政府合作，工商、税务、社保等相关部门定期在此办公，为师生提供便利服务。二是管理区，主要为创业园管理部门所在区域，管理人员除了负责创业园的日常管理外，还要组织策划创业园的各类培训、活动等。三是创业导师工作区。为外聘和本校的创业导师提供工作区，方便指导和帮扶学生团队

（2）根据学校专业特色打造创业培训中心的特色。创业培训中心可以根据学校专业特色，分别建立互联网类、文化创意类、传统零售类、创新研发类等创业培训中心。创业培训中心在建设与发展过程中，要始终坚持依托地方和学校专业特色，以赛促学、学以致用，积极推动师生创新成果向创业实体转化。坚持打造特色，塑造学生创业品牌，为学校校园文化建设提供场地硬件和师资软件支持。如：某技师学院依托农村电商打造创业培训中心，场所布置中展示了学校所在地区地域特色和农产品特色。图 3–3–1 为某技师学院创业中心介绍区域特色的电子屏。

图 3–3–1　某技师学院创业中心介绍区域特色的电子屏

【评价与反思】

一、评价

1. 在学生活动场地规划上，有没有统筹全校资源，给学生提供充足的运动场地？

2. 在学生活动场地建设上，有没有配备标准的心理咨询室及相关设施设备？

3. 在图书馆的环境营造上，有没有重视氛围的布置及烘托？

4. 在创业培训中心的建设上，有没有充分考虑学生的需求及体现学校专业或地域特色？

二、反思

1. 学校教育是为了促进学生生动、活泼、全面、主动地发展。因此，在校园里，不但有严肃的技能学习活动以促进学生的技能水平提升，也有活泼、轻松的体育艺术活动以促进学生的体能和审美情趣的发展；不但有集体性的教育活动，也有个体性的休憩活动。每种活动都有不同的功能特征，这就需要有不同的活动场所满足不同活动的功能要求，因此，学校环境的整体建设必须划分出不同的活动区域，并对这些不同区域进行功能化设计，体现学校教育的全面性要求。

2. 当下建设全民学习型社会已然成为上至党中央，下到普通大众的集体共识。技工院校图书馆作为校园重要的精神文明建设高地、文化生产单元、阅读推广窗口，势必要以更饱满、亲切、开放的姿态打造新的阅读环境。在图书馆主题书展阅读氛围上应遵循立体感、认同感、沉浸感的布置原则。

3. 技工院校图书馆主题活动空间设计既要充分借用既有资源，节俭、高效、充分地实现空间气氛渲染，又要突出活动主题，增进受众对有关活动空间的理解、认同、记忆。最终，用充满生机、温暖、满足情感与精神需求的阅读推广活动场所，实现空间优化服务的总目标。

4. 技工院校创业园的设计必须与学生关联起来，以满足源源不断的有创新想法的学生团队入驻。学校要注重顶层设计，规范科学管理，不断创新，使创业园充满生命力，真正成为培育创新创业型人才的摇篮。

【表单与素材】

读者访谈提纲

您好！非常感谢您参与本次访谈。我们正在做一个图书馆阅读活动的调研，希望通过您的帮助，让我们了解图书馆此次阅读活动的成效。

1. 请问您是偶尔还是经常参加我们的阅读活动?

2. 请您谈谈参与本次阅读活动后有什么感受和体验?

3. 您认为这样的阅读活动对您产生了哪些影响?

4. 本次阅读活动与您理想中的模式有差距吗?图书馆还需要在哪些方面加以改进?

访谈重在与读者的交流，可以让读者具体谈谈参与本次阅读活动的个人体验和感受，从而了解阅读活动的效果。

第四篇
完善技工院校校园制度文化

实施路径一　调查分析校园制度文化建设现状

实施路径二　健全校园制度文化建设体系

实施路径三　创新校园制度文化建设的植入形式

【背景描述】

为引导学生树立正确的理想信念、价值观念、道德观念，提升文化自信和综合素养，某技师学院在制度育人上坚持四个结合。一是与养成教育相结合。新生入学之初，结合军训组织学习《学生思想品德考核手册》，引领学生规范好行为、养成好习惯、塑造好品质。二是与岗位需求相结合。通过企业教学认知实习、顶岗实习，了解企业文化和管理规范，形成遵守制度、执行制度的行动自觉。三是与教育引导相结合。管理制度的执行离不开班主任的耐心疏导和教育，班主任利用主题班会对学生进行思想引导，并通过向家长宣传学校管理制度，争取家长的支持与配合，家校共建，引导学生养成良好的习惯。四是与量化考核相结合。科学制订考核办法，实施量化考核，及时将考核结果记录到《班级管理手册》和《学生品德手册》上，每周一统计，每月一汇总，每学期一考评，确保管理制度的落实。

【点评】

校园制度文化是校园文化的重要支撑和保障，它可以有效约束师生行为，维持正常的教学秩序。某技师学院在制度育人上坚持“四个结合”，把文化融入制度，让制度不再“冰冷”，发挥制度文化育人功能，让制度被师生认可，内化于心，外化于行，形成具有技工教育特色的校园制度文化体系。

实施路径一　调查分析校园制度文化建设现状

实施路径一　调查分析校园制度文化建设现状	校园制度文化建设现状调查
	校园制度文化建设问题分析
	校园制度文化建设可持续发展原则

【实施路径】

通过自查、问卷调查以及现场访谈等方法进行调查，找出本校现行制度

文化建设中存在的问题，科学分析，精准施策，打造具有本校特色的校园制度文化。

一、校园制度文化建设现状调查

1. 自查法

（1）科学性。在制订和检查校园文化制度时要注重科学性。学校有关制度的制订必须以党的路线、方针、政策、法律、法令为依据，符合国家的法律法规和方针政策，遵循学校章程，符合教育和学校发展规律，符合学校的实际情况、办学经验、管理特色、五年发展规划等，体现理论与实践相结合。制度制订、自查的过程，就是在此基础上对照检查、不断修改、逐步完善的过程。

（2）民主性。学校在制度文化建设中，很大一部分涉及“人”的管理和学校利益的再分配，因此，一定要体现民主性。制度建设必须符合广大师生的意愿、体现广大师生的切身利益，充分发扬民主。规章制度的制订，须广泛听取师生意见，分别以党组织会议、行政会议、校务会议等形式讨论通过。凡涉及教职工利益的规章制度，均交由教职工代表大会讨论、表决通过。总之，规章制度的制订，要体现以人为本的思想，“大家制度大家定，大家制度管大家”，只有这样，才能体现公平、公正、民主、集中的原则。

（3）稳定性。教育的长期性，决定了学校制度的相对稳定性，俗话说：“政策稳，人心定。”有稳定的规章制度才有稳定的学校管理。因此，校园内部的文化制度不能朝令夕改，否则广大师生将无所适从。当然，学校规章制度的稳定又是相对的，不是固定不变的，随着时间、条件的变化，新政策、新要求不断，要求学校制度建设也应与时俱进。校园文化制度的建设和自查，就是基于新时期新问题的应对措施。在这一进程中，深刻把握大方向的稳定和新路径的调整，是学校管理者的硬功夫。

（4）功能性。要深入研究技工院校的发展历史和区域文化的社会功能，归纳提炼出校园文化价值观核心内容，如技能报国、劳模精神、工匠精神、一技傍身天下行等，并以此建立相应的校园文化制度。只有建立健全了制度的奖惩、引领，才能发挥制度的导向作用。

（5）参照性。对比同行找差距，采取走出去、请进来、参观考察、座谈研讨的方法进行同类院校制度文化建设的对比，找出短板，补齐漏洞，在实践中丰富和完善技工院校文化体系，从而增强核心竞争力，形成特色文化品牌，推动教育教学长足发展。

2. 调查问卷法

校园制度文化建设的主体、作用、内容、实施方式是调查问卷的四个重要选项，同时，从教师（日常教学、个人发展、教育培训）和学生（班级管理、宿舍管理、社团建设、奖惩办法）两个层面入手寻求答案。

问卷调查模板详见【表单与素材】表 4–1–1、表 4–1–2。

3. 现场访谈

采取面对面的方式，对学校主管部门领导和工作人员就管理及制度建设相关问题进行访谈，并形成书面材料。

访谈主题主要集中以下五个方面：一是了解本校管理机构设置、管理制度建设情况；二是探讨影响教学、学生管理、后勤保障质量提高的关键因素；三是讨论教师考核激励机制建设；四是讨论师生参加省级、国家级及世界技能大赛的措施及建议；五是探讨教学改革中遇到的难题。

二、校园制度文化建设问题分析

通过对部分技工院校现有制度的分析、研究，发现个别技工院校在校园制度文化建设中还是存在同质化、缺乏实效性和个性化等问题。

1. 管理制度多而全，但缺乏个性化和实效性

当前，技工院校制度文化建设中一个较为普遍的现象就是规章制度一大本，管理制度一大堆，同质化高，相似度大。还有的空洞无物、表里不一，没有明确的内涵和要求。再加上制度执行工作落实不到位，没有显示出技工院校独特的校园文化风貌。

2. 制度文化建设相互割裂，缺乏系统性

校园制度文化建设涉及学校所特有的行为习惯和管理方式。“有什么样的制度文化就有什么样的学校风貌。”在校园制度文化管理下，校风是主导，教风是主体，学风是归宿，三者互相联系，彼此关联，体现着学校、教职工、学生的利益关系。而实际上，相当一部分技工院校与之相配套的各种管理制度却出现了各自独立、互不关联、相互割裂，甚至是相互矛盾的现象，这是三者利益关系彼此竞争的外在表现，也是需要长期面对、着力解决的问题。

3．制度文化建设注重形式，缺乏实质性

学校都十分重视校园制度文化建设，但是建设什么样的校园制度文化，怎样建设，一些学校在这个问题上还是很模糊的。有的学校把校园制度文化建设在职代会上走形式、宣传上做样子，注重“形式”而不注重“内容”，注重“表象”而不注重“内涵”，违背了校园制度文化建设的本义，或者说这是一种没有实效的校园制度文化建设。这种大张旗鼓抓校园制度文化建设的做法，走入了形式化的误区，没有实质性效果。

4．制度文化建设植入形式，缺乏创新性

有的学校原有的制度文化建设比较落后，现有的制度资源不能满足或支撑学校科学发展的需要；有的学校一项制度多年循环使用，学生换了一批又一批，新形势、新情况带来的新问题层出不穷，但学校制度依旧老样，不考虑学生所需所想，不及时修订，制度缺失、疏漏、过时、滞后。学校制度不完善，制度体系结构失衡，不利于学校与学生的和谐发展。

解决校园制度文化建设中存在的各种问题，需要我们重新审视校园制度文化建设的初衷，重新对现行制度进行完善，从学校、教师、学生等多个视角厘清校园制度文化建设的现实意义，推进制度的“立、改、废”。只有坚持实用性、系统性、创新性，做到校园制度文化建设与精神文明建设高度融合，才能实现管理效果与学校发展互利共赢。

三、校园制度文化建设可持续发展原则

1．完善校园制度文化建设的对策

校园制度文化建设应体现“三实”和“三全”原则。“三实原则”即“实际、实用、实效”。制度是刚性的，要无条件执行，它的“人性化”是在制度设计中考虑到可行性、人文性、科学性，把全体师生的利益、家长的利益

放在第一位，从实际出发，真正取得实效。“三全原则”即“全面、全员、全程”。全面就是对学校行政、德育、教学、科研、后勤、学生管理、安全保障等工作，实行全方位无死角地全面制度设置和全面制度管理。全员就是把学校各级各类人员纳入“管理网”“教学网”“服务网”中的一环，强调全员参与全员管理。全程就是构建完备的全过程管理体系，全流程管理，全流程监督，全流程落实。要将制度文化建设的出发点与落脚点放在促进学生的成长与发展上来，将制度文化建设渗透到学生的日常生活、学习的行为方式之中，摒弃“功利化”思想，遵循“以生为本”的原则，于“润物无声”中给师生创造一个有形而庄重的心灵“磁场”，保障校园工作的开展，稳定教学秩序，促进和谐校园的发展。

（1）校园制度文化建设要坚持整体性。在学校制度文化建设中，作为学校领导，应该有一个基本认识，那就是必须坚持制度文化建设的整体性。就一所具体的学校而言，制度文化建设应该从本校实际出发，在学校的历史发展回望与未来发展展望中，勾勒学校制度文化建设的主线，做好学校制度文化建设的整体设计，并且坚持下去，用时间积淀出学校文化之魂。

（2）校园制度文化建设要坚持个性。一所学校的文化个性体现在教育思想、办学理念、培养目标、课程体系、课堂教学、学校管理等点点滴滴的细节里。一所学校的文化个性是否鲜明，在某种程度上决定了一所学校的文化生命力是否旺盛。因此，要想在大量同类型学校相互竞争的态势中脱颖而出，就需要避开同质化的交锋。只有在学校“本色”的基础上，注重开发自我的特有能力，建立起学校的制度文化个性，才能真正提升校园制度文化的影响力。

（3）学校党委和领导班子是校园制度文化建设的领导者和指挥者。要统揽全局，科学决策，确定先进的办学理念，丰富校园制度文化内涵，并结合各专业特点，建立与技工教育发展相适应的校园制度文化。学校可以成立校园制度文化建设领导小组，负责校园制度文化建设方案的制订、督导和落实，保障各类校园制度文化建设活动有人负责。坚持“育人为本”的思想，在工作中体现人文关怀，营造和谐的人文氛围，定期组织研究特色校园制度文化建设工作，积极解决问题，调动全校师生参与校园制度文化建设的积极性，发挥师生在校园制度文化建设中的主体作用，同时对推进校园制度文化建设的先进单位和先进个人予以表彰奖励。

此外，要加强校园制度文化建设的物质保障，在资金和人力物力方面合理投入，确保校园制度文化建设有效推进。

2. 实现校园制度文化建设可持续发展

（1）校园制度文化建设要坚持科学规划的原则。科学规划是保证校园制度文化建设切实可行的重要原则。在技工院校校园制度文化建设中，制度的设计规划必须符合学校教育、教学的基本规律和客观实际，做到科学合理、行之有效。要将依法治校和以德育人相结合，兼顾有形的制度与无形的规则。在校园制度文化建设中，对于法律法规政策所规定的基本要求，要做到有法可依、有法必依，同时，对于一些不成文又长期积淀而成的民族习俗、日常习惯，要以思想道德教育为主、行政管理手段为辅的方法来开展工作。要构建起科学规范、富有层次的校园制度文化体系，使各项工作的开展都有章可循，各个机构都能各得其所、各司其职。

（2）在校园制度文化建设中确立指导思想。技工院校需要建立健全一系列科学、行之有效的规章制度，不断完善和创新常规管理运行机制，形成常规管理的数字化体系，明确学校育人目标、任务、要求及岗位职责，使学校每个人都能自觉履行职责，群体之间、个体之间、家校之间、师生之间形成相互尊重、互相配合、民主平等、互相监督的工作与学习氛围，从而产生强大的校园凝聚力。校园制度文化建设要以习近平新时代中国特色社会主义思想为指导，全面贯彻党的教育方针，坚持社会主义办学方向。要把“坚持中国特色社会主义文化发展道路，激发文化创新创造活力”作为开展一切校园文化活动的根本要求。要高度认同社会主义核心价值体系和核心价值观，准确把握好新时代校园制度文化建设的性质和方向。要树立榜样，充分发挥广大党员、干部的带头作用，用先进人物的模范行为和高尚人格感召师生、带动师生。要把社会主义核心价值观的基本内容和要求融入日常教育教学之中，体现在学校日常管理之中，做到进教材、进课堂、进头脑。要鼓励师生勤学、修德、明理、笃行，自觉践行社会主义核心价值观。要发挥精神文化产品及场景潜移默化的作用，运用各类文化形式，生动具体地表现社会主义核心价值观。

（3）突出技工院校制度文化建设中各主体的地位。在技工校园制度文化建设中，要突出各主体的地位。要能够正确认识教师、学生和各个学校管理层的作用和地位。学生作为校园制度文化建设的主体，应发挥主体性作用，在学习中端正自己的学习态度，积极探寻和发掘知识的无穷奥妙，同时重视自己的校园作风和行为，使自己成为一个积极向上的优秀学生。教师作为校园制度文化建设的主导者，应对学生的学习进行充分指导，在生活中对学生多关心，与学生多交流和沟通，及时帮助学生解决他们解决不了的问题。学校各级管理人员作为校园制度文化建设的重要组成部分，也应明确自己的职责，各司其职为学生和教师提供一个美好的学习和生活环境。总之，只有三者真正做到互相配合，才能促进校园制度文化的发展。

（4）坚持技工院校制度文化建设的可持续发展。首先，应根据时代发展及时更新相关制度，适时进行制度立改废，让制度跟上时代潮流，适应形势变化。其次，注重制度的可持续性。在制订一项校园制度时，要注意在满足当下学生及学校需求时，还应具有一定的前瞻性，对后续的制度制订不产生负面影响。

（5）坚持校园制度必须由管理者和师生共同参与、共同制订、共同执行的原则。条件允许的学校，在制订校园制度时，可按照“来自于师生，用之于师生”的方式，动员全校师生参与，增强制度的可行性和可操作性，并转化为全体教职工主动遵守的动力。学校可以通过教职工代表大会收集教职工对校园制度建设的意见、建议，激发教职工参与的积极性，从而提升制度的科学性、合理性和针对性。

【评价与反思】

一、评价

1. 在校园制度文化建设现状的自查中，是否有明确的自查项目对照清单？查找出问题后，能否根据要求进行整改，提出合理的解决措施？

2. 调查问卷的调查对象是否具有代表性？调查问题的设置是否全面、合理、有针对性？调查结果分析是否科学？对改进校园制度文化建设是否具有指导意义？

3. 现场访谈中，访谈人物的选择是否精准？访谈主题是否围绕校园制度文化建设中的常见问题？访谈记录是否全面，后期分析是否准确？

二、反思

1. 校园制度文化需要整体规划、科学生成、有效执行、不断完善、总结提升，需要左右衔接、上下贯通。

2. 校园制度文化作为制度与文化的结合，必须具备育人功能。同时奖惩激励措施要到位，否则，制度就是一纸空文。

3. 校园制度文化要让全体师生认同，才能更好地贯彻实施。

4. 校园制度文化要加强宣传，形成氛围，汇成主流，达到内化于心、外化于行的目的。

【表单与素材】

表 4–1–1　　学校制度文化建设调查问卷（教师版）

老师，您好！

我们设计此调查问卷，旨在通过调查，了解学校制度文化建设的基本情况。诚挚希望得到您的支持！谢谢合作！（请在您认为符合的评价下面画“√”）

制度层面	问题	评价				
		非常满意	满意	一般	不满意	非常不满意
日常教学制度	1. 理论教学课堂行为规范					
	2. 实习教学课堂行为规范					
	3. 任课教师课堂职责					
	4. 星级教师、班主任评定和奖励办法					
	5. 教师违纪处理办法					

续表

制度层面	问　　题	评　　价				
		非常满意	满意	一般	不满意	非常不满意
个人发展制度	1. 新教师适应期培训制度					
	2. 从教两年以上的教师探索期培训制度					
	3. 成熟教师提升培训制度					
	4. 优秀教师、优秀教育工作者和优秀班主任的评选制度					
	5. “青蓝工程”新教师培训制度					
教育培训制度	1. 骨干教师培训制度					
	2. 以老带新帮扶制度					
	3. 教师外出交流学习研讨培训制度					
	4. 在职继续教育制度					
	5. 鼓励教师参加学术会议制度					

表 4-1-2　　学校制度文化建设调查问卷（学生版）

同学，你好！

我们设计此调查问卷，旨在通过调查，了解学校制度文化建设的基本情况。诚挚希望得到您的支持！谢谢合作！（请在您认为符合的评价下面画“√”）

制度层面	问　　题	评　　价				
		非常满意	满意	一般	不满意	非常不满意
班级管理	1. 学生出勤考核、请销假制度					
	2. 课堂纪律管理制度					
	3. 考场纪律管理制度					
	4. 校外实习管理条例					
	5. 班级建设表彰及奖惩条例					

续表

制度层面	问　题	评　价				
		非常满意	满意	一般	不满意	非常不满意
宿舍管理	1. 星级宿舍管理制度					
	2. 宿舍物品摆放管理办法					
	3. 宿舍卫生管理办法					
	4. 半军事化内务管理办法					
社团建设	1. 社团建设管理办法					
	2. 社团人员管理办法					
	3. 社团活动开展管理办法					
奖惩办法	1. 好人好事奖励办法					
	2. 参加各类比赛获得优秀成绩奖励办法					
	3. 违纪违规处理办法					
	4. 全勤奖励办法					

实施路径二　健全校园制度文化建设体系

【背景描述】

近年来，某交通技师学院立足交通，注重培养人、塑造人、改变人，把不断加强校园制度文化建设摆在重要位置，在全面建设“崇文重技、以德树人”全国一流技师学院的道路上，提出了“校园制度文化建设不是软指标，必须有硬制度”的指导思想，从而保障了教书育人工作成绩的不断提高和校园文化建设的健康发展，被中央精神文明建设委员会办公室授予第五届“全国文明单位”称号，成为第五届全国文明单位中唯一一所技工院校。

【点评】

该校在校园制度文化建设上的成功，取决于对校园制度文化建设内涵能深刻理解，育人目标能准确定位，在组织管理制度建设上能合理设置，在实施过程和后勤保障制度上能深刻把握和精准落实。该校坚持管理就是服务、管理需要制度、制度重在落实的原则，在制度建设中做到教育教学有章可循、合理规范、有条不紊、协调运转，并凝聚成全体师生的追求，从而形成了一种强大的集体力量、精神力量和文化力量，促进了学生、教职工、学校和谐共处和健康发展。

<table>
<tr><td rowspan="3">实施路径二　健全校园制度文化建设体系</td><td>组织管理制度文化建设</td></tr>
<tr><td>实施过程制度文化建设</td></tr>
<tr><td>后勤保障制度文化建设</td></tr>
</table>

【实施路径】

一、组织管理制度文化建设

校园组织管理制度文化建设是管理制度的顶层设计，是学校发展的火车头和领航员，起着统揽全局、科学决策、规范行为、促进发展的引领作用。学校党委和领导班子是校园制度文化建设的领导者和指挥者，负责校园制度文化建设方案的制订、督导和落实，并保障校园制度文化建设的全面执行和顺利实施。

1. 在遵守并执行国家相关方针、政策和上级主管部门规定的前提下，针对学校的实际情况，制订校规校纪，发挥组织机构的政治核心和教育、管理、监督作用，是组织管理层进行制度文化建设的重要责任。

2. 只有科学制订组织管理制度文化建设方案，才能组织好发展规划、年度工作计划和学校规章制度的制订和落实执行，才能不断改善办学条件、组织教育教学和科研活动，最大限度地调动广大师生的积极性和主动性，为教育教学质量和各项工作的顺利开展提供保障。

3. 完备学校的管理制度是学校发展的有力保障。学校要在党组织领导下的校长负责制下，不断完善制度建设，合理配置教育资源，实施监督考核，加强教职工队伍的建设和管理，从而提高教师的业务能力和学校办学水平。

4. 学校党委要一体推进校园制度文化建设，协调、检查、督促各部门抓好制度执行及各项工作计划的全面落实，营造一个民主、和谐和共同管理的良好氛围。

二、实施过程制度文化建设

技工院校实施过程的制度文化建设主要是指师生在教育教学过程中的行为规范、工作细则和奖惩制度。制度的生命力在于执行，只有做到有规必依、执规必严、违规必究，切实维护校园制度的权威性和严肃性，才能规范具体工作中的行为，保障教育教学的正常进行。

1. 实行目标管理，向管理要效益。技工院校要把目标逐层分解细化，把组织目标转化为每个部门、每个教职工的具体目标，构建高效畅通的管理运转模式。要评定目标完成情况，同时将其作为人事考核和奖评的依据，从而实现组织目标和个人目标的统一。

2. 实施教育成本预算和控制的制度建设。实施过程做到资产有效管理，加强教育成本控制，用有限的教育经费创造出最大的办学效益。

3. 建立竞争激励机制，完善绩效考核制度。激励先进，鞭策后进，通过有效激励机制挖掘人的内在潜力，激发工作热情。

4. 提高危机管理意识，重视危机管理能力培养。对具有不确定性、紧急性、舆论关注性的事项建立预防机制，以预防和化解危机。

三、后勤保障制度文化建设

技工院校后勤保障制度文化建设，是保障校园教育教学正常运转的基础。实习实训场地、食堂、运动场、宿舍等是广大师生教学、生活和工作的场所，这些校园基本建设必须有充分的制度保障。

【评价与反思】

一、评价

1. 校园组织管理制度、实施过程制度和后勤保障制度是技工院校校园制度文化建设的三大组成部分，只有把三者科学、有序、协调地建立起来，才能形成一个完整的链条，驱动教育教学的正常运转。

2. 要防止校园组织管理制度、实施过程制度和后勤保障制度文化建设中的短板，任何制度的缺失，都会成为校园文化健康发展的限制因素。

二、反思

1. 校园组织管理制度、实施过程制度和后勤保障制度文化建设是一个复杂、系统、长期的工程，只有从结果上找原因，从问题上对照检查，不断反思改进，才能逐步完善制度文化建设。

2. 对照、检查，实践、改进，再对照、再检查，再实践、再改进，这种不断重复、螺旋上升的过程，是校园制度文化建设的基本规律，只有这样，才能不断进步长足发展。

实施路径三　创新校园制度文化建设的植入形式

【背景描述】

2023 年 4 月 7 日，某技师学院与某生物公司共建的产教融合基地——某生物公司校企合作旗舰店正式启用。作为某生物公司首个产教融合基地，第一次把企业实体店搬进了校园，实现了真实工作场景下的人才培养。该项目的启动是校企双方合作的又一次升级，实现了人才共有、过程共管、成果共享、责任共担，切实提高了学生实习实训质量，拓展了就业岗位。

【点评】

2022年5月1日，新修订的《中华人民共和国职业教育法》正式施行。新职业教育法强调职业教育坚持产教融合、校企合作，鼓励企业举办高质量职业教育，完善了产教融合的制度支撑，为产教深度融合和职业教育发展释放了诸多利好信号。加强产教融合力度，实现校企资源的有机结合和优化配置，成为技工院校教育教学改革的重点。由此，校外教学实习不仅涉及教学、学生管理和校企合作工作，更关系人才培养质量，需要一系列制度保障。

实施路径三　创新校园制度文化建设的植入形式	以职业技能制度为标杆的校园制度文化建设形式
	以企业文化为导向的校园制度文化建设形式

【实施路径】

随着对技能人才需求的急剧增加和国家不断加大对职业教育的政策扶持力度，技工院校迎来了发展的春天，但同时也面临更多的挑战，这就需要更多、更新的校园制度文化建设来保障。

一、以职业技能制度为标杆的校园制度文化建设形式

“以赛促学、以赛促教、以赛促改、以赛促建”的理念是技工院校技能大赛的导向，对技工院校建立相应的校园制度文化起到了引领作用。

1. 利用技能竞赛重构课程体系的制度建设

技工院校参与技能大赛就是重视实训，提高学生技能水平，为社会培养高素质技能型人才。这就要求学校在课程体系和校园制度建设构建上，从职业岗位出发，通过分析岗位工作任务和工作内容，构建系统化的制度建设；在课程结构上，实行具有灵活性的模块化课程建构，体现岗位技能的特定要求，满足学生个性化技能训练需求；在课程内容上，及时吸纳现代科学技术发展的最新成果、生产的最新工艺流程、行业颁布的最新标准，并与职业资格标准相对接。通过课程体系的重构和校园制度建设优化，将上述教育教学的目标完美融合。

2. 借力技能竞赛推动技工院校创新文化制度的建设

技能竞赛的技术含量较高，技能要求的复合度也较高，操作性比较强，小组竞赛对参赛选手的团队合作能力也有一定要求。所以，技能竞赛能引导技工院校的教育教学更加突出实践性及团队攻关。但围绕实践项目强化技能教学、创新教学模式，需要完善的制度建设来保障。技工院校校园制度文化建设需要针对具体的竞赛规则、竞赛内容、选拔机制，结合本校的专业特点，进行相应的制度文化建设，并引导其通过项目设计、计划制订、任务实施、展示评价等环节，培养学生分析问题和解决问题的能力，从而促进职业技能不断提高。

3. 依托技能竞赛促进产教融合、校企“双元育人”制度的建设

实践证明，不论是国家级大赛还是省级大赛，在赛项设计和比赛内容上，都呈现出以下几个特点：一是体现了适应性，适应经济与产业发展需求；二是突出了岗位性，满足职业岗位能力需求；三是彰显了先进性，企业的新技术、新工艺、新规范、新设备在赛项规程中得到应用。这就要求学校推进产教融合、校企合作，搞好相应的制度建设才能办好赛、参好赛，才能更好地展示教育教学成果。校企双方要共同制订人才培养方案，及时将企业的新技术、新工艺和新规范纳入专业教学标准、融入课程标准，及时进行制度更新。在人才培养过程中，坚持知行合一、工学结合，积极开展新型学徒制试点，促进校企“双元育人”制度建设，是技工院校面临的挑战，也是必须破解的难题。

4. 借力技能竞赛配套教师教学创新制度的建设

技能竞赛是对学生职业精神和职业技能的综合检测，也是对学生创新能力的一种检验。这就要求专业课教师不仅要具备高水平的理论教学能力，更要具备高水平的实践操作技能。为此，一些技工院校采取多种措施，切实加强大赛指导团队的制度建设。如组建“双元”结构教师小组，分工协作进行教学；安排教师到企业、高校等接受培训；组织教师到企业挂职锻炼；聘请企业技术人员与学校教师共同担任实习指导教师等。总之，要通过技能竞赛，有力促进技工院校高水平、结构化的教学创新团队的建设和与之相配套的制度建设。

5. 借力技能竞赛促进产教融合型实训基地制度的建设

技能竞赛是以突出操作技能、新设备、新工艺为主导的竞赛活动，它需要最新的实训设备支撑。学校作为长期育人场所，既不能过多淘汰原有设备来适应竞赛的需求，也没有财力支撑设备频繁更新。因此，通过参加技能竞赛，采取校企共建实训基地的方式，可以借机更新设备。为此，一些技工院校依据大赛标准，适应岗位技能的实际变化，在行业企业帮助下引入最新的设备，多渠道增加实验、实习设施的经费投入，大大促进了产教融合实训基地建设和与之配套的制度建设，既有力支撑了技能大赛的顺利举办，又帮助学校实现了实训基地的达标。

鼓励技工院校参与技能竞赛是我国技工教育的重大创新。参与竞赛的技工院校以提升学生技能水平、培育工匠精神为宗旨，以促进教学改革、提高教育教学质量为导向，充分展示了技工教育改革发展的丰硕成果，集中展现了技工院校师生的风采。

二、以企业文化为导向的校园制度文化建设形式

党的十九大、二十大报告中，连续两次提到产教融合，可见产教融合是职业教育很重要的制度。《关于深化产教融合的若干意见》中明确要求，职业院校要走产教融合、校企合作之路，《中华人民共和国职业教育法》也明确指出企业也是办学的主体。技工院校要为技能型社会提供人才支撑，离不开与企业的合作。因此，技工院校的校园制度文化建设中须引进企业文化。

要实现校企文化建设的对接，进一步深化交流互鉴，校企双方要打破彼此之间的观念隔阂。学校要本着服务企业、服务学生就业的理念，而企业也要本着培养未来员工、缩减人力资源成本的积极姿态，共同参与校园制度文化建设。

1. 在人才培养模式上

校企要共同商量探讨，实现专业与职业岗位对接，教学内容与工作岗位内容对接，教学过程与工作过程对接，个人素养与职业素养对接。学校要根据企业人才需求制订相应的教学计划，开展针对性教学；根据企业要求的人才素养，帮助学生树立职业观念、强化职业道德，加强企业文化学习，改

革教学课程，不断创新教学内容，实现学校培养人才与企业所需人才的零距离。

2. 在专业发展目标上

学校与企业共同规划专业发展目标。专业建设最终目标是为企业、社会培养合格的人才。因此，学校专业的设置、拓展及调整应密切对应相关企业、行业发展，依据产业结构和人才需求结构的变化，为企业培养优秀的未来职业人，提高专业对产业发展的敏感度、专业对企业用人的贡献度、专业对职业岗位的覆盖度，提升专业建设的质量，使校企在共建中优势互补、利益共享。

3. 在校园活动建设上

校企要共同建设职业文化活动，通过校企共同开展各种职业性活动来彰显职业精神、职业文化。在活动中，结合学生的专业兴趣，引导学生积极参加，提升学生职业意识、职业情感、职业道德和职业技能。通过与企业合作开办各类专业技能培训、共办校园活动，使企业文化更好地渗透到校园文化当中，实现校企文化无缝对接，让学生在潜移默化中认同企业的职业规范、精神文化，让校园制度文化在润物无声中促成高素质人才的培养。

4. 在企业参与校园制度文化建设的植入形式上

在技工院校制度文化建设上，要借鉴企业管理制度，为学生毕业后适应更严格的企业制度做好心理准备。技工院校可以采取“走出去、请进来”的方式，引进企业制度文化的元素，丰富校园制度文化的内涵。表 4-3-1 为企业文化植入校园制度文化的形式。

表 4-3-1　　企业文化植入校园制度文化的形式

植入点	植入形式
实训室企业文化氛围	按照企业生产标准制度和管理制度管理实训场地，例如使用“7S”管理制度，合理安排和组织学生实训，营造一个完整的企业文化氛围，把学校的实训场地包装成企业“车间”，按照企业生产标准张贴安全标语、生产操作流程、安全操作规程等
班级教室企业文化氛围	在教室或走廊上张贴显示著名企业家的至理名言，培养学生创新创业意识，让学生了解企业理念和企业文化

续表

植入点	植入形式
专业学生职业岗位服装	把学生包装成企业“员工”，强化学生岗位的纪律性，树立服务理念和认真对待工作的态度；按照企业对员工的管理流程对学生进行组织纪律性教育，严格时间观念，不迟到早退
激励制度	企业在管理制度中对于表现优秀的员工会给予嘉奖，在学校也要建立奖励机制，把物质奖励和精神奖励相结合
校企合办文化活动	让学生走出校园到企业学习、参观，更好地了解企业运作的日常，全方位体验企业的生产运作过程，使学生了解企业工作流程、客户案例、经营服务工作环境及员工精神面貌
	每学年内选定一周时间定为企业文化周，广泛邀请众多企业汇聚学校，通过企业展览、专题讲座、技术交流、就业指导等多种活动，展示企业形象，传播企业文化，从而营造校园“职业化”氛围

【评价与反思】

一、评价

1. 以技能大赛为引领，以企业文化为依托，是新时代技工教育的发展方向。技能大赛的成绩及产教融合的深度可以检查技工院校的办学是否体现了“以服务为宗旨，以就业为导向”的办学宗旨，是否突出了技工教育特色，是否重视综合能力特别是动手实践能力的培养。

2. 企业文化的植入推动了技工教育“市场需求驱动”的人才培养模式的变革，实现了技工院校可持续发展。

二、反思

1. 校园制度文化建设是否完善，必须以是否能为国家培养出更多的高素质技术技能型人才为检验标准。

2. 校园制度文化建设必须以就业为导向，以为企业培养出更多技术技能型人才为最终目的。

3. 校园制度文化建设必须为学生提供高水平的技能培养，帮助他们掌握专业知识，提高就业能力。

第五篇

丰富技工院校校园活动文化

实施路径一　结合思政教育开展校园文化活动

实施路径二　依托主题氛围丰富校园文化活动

实施路径三　构建独具特色的校园文化活动体系

【背景描述】

某技工院校在开展校园文化活动中，注重活动的形式和场面，形式丰富多样，场面热热闹闹，学生的参与度也较高，但这些活动究竟给学生带来了什么，起到了什么作用，这些问题一直没有认真总结和反思。另外，该校在开展思想政治教育过程中，以理论为主，开展形式单一的讲座，缺乏感染力和影响力。学校要求学生必须参加，学生兴趣不大，思想政治教育效果欠佳。

【点评】

该校在开展校园文化活动过程中，注重形式，忽视实质，真正富含思想政治教育内涵、有意义的活动少，思想政治教育效果欠佳。校园文化活动在发挥思想政治教育功能时缺乏统一规划，形式较为单一，且多为学校主导，学生被动参与，实效性较差。

校园文化活动是思想政治教育的重要载体和关键途径。技工院校可以结合思想政治教育开展校园文化活动，发挥思想政治育人功能，让校园文化活动真正落到实处，切实落实立德树人的根本任务。

实施路径一　结合思政教育开展校园文化活动

实施路径一　结合思政教育开展校园文化活动	明确思政教育目标，找准校园文化活动方向
	整合思政教育资源，多维度开展校园文化活动
	创新思路和途径，突显思政教育活动特色

【实施路径】

一、明确思政教育目标，找准校园文化活动方向

要实现思政教育与校园文化活动的有效结合，首先要确定校园文化的思政教育目标，以目标为导向，确立校园文化活动的主题，构建活动的内容体

系，开展校园文化活动。思政教育的目标设定要遵循党的教育方针政策，紧扣学校的育人目标，满足学生的成长需求。图 5-1-1 为校园文化活动的思政教育目标的路径示意图。

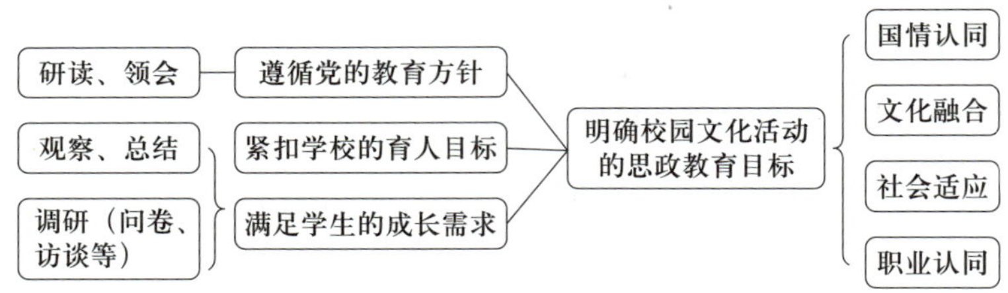

图 5-1-1　校园文化活动的思政教育目标的路径示意图

（一）以党的教育方针政策为指引

我国社会主义教育就是要培养社会主义建设者和接班人，这是党的教育方针的明确要求，是教育工作的根本任务。因此，在明确思政教育目标时，需要以党的方向为方向，以党的意志为意志，认真研读学习相关报告和文件，领会精神内涵，全面贯彻党的教育方针政策。表 5-1-1 为重要教育法规、政策一览表。

表 5-1-1　重要教育法规、政策一览表

发布机构	法律、政策名称	内　容
中共中央、国务院	《中国教育现代化 2035》	系统勾画了我国教育现代化的战略愿景，明确教育现代化的战略目标、战略任务和实施路径
中共中央、国务院	《加快推进教育现代化实施方案（2018—2022 年）》	将教育现代化远景目标和战略任务细化为五年的具体目标任务和工作抓手，指导推进五年教育改革发展，确保新时代教育现代化建设开好局、起好步
国务院	《国家职业教育改革实施方案》	把奋力办好新时代职业教育的决策部署细化为若干具体行动，提出了 7 个方面 20 项政策举措

续表

发布机构	法律、政策名称	内　　容
人力资源社会保障部 国家发展改革委 财政部	《关于深化技工院校改革 大力发展技工教育的意见》	为深入贯彻习近平总书记大力发展技工教育重要指示精神，落实党中央、国务院决策部署要求，针对深化技工院校改革，促进技工教育实现高质量发展，进一步加强创新型、应用型、技能型人才培养提出实施意见
人力资源社会保障部	《技工教育“十四五”规划》	全文共7个部分23条，提出“十四五”期间技工教育发展的总体要求，明确主要目标和重点任务
第十三届全国人民代表大会常务委员会第三十四次会议	《中华人民共和国职业教育法》	为了推动职业教育高质量发展，提高劳动者素质和技术技能水平，促进就业创业，建设教育强国、人力资源强国和技能型社会，推进社会主义现代化建设，根据宪法制定的法律，自2022年5月1日起施行
中共中央、国务院	《关于加强新时代高技能人才队伍建设的意见》	全文共6个部分19条，提出全面实施“技能中国行动”，打造一支爱党报国、敬业奉献、技艺精湛、素质优良、规模宏大、结构合理的高技能人才队伍

（二）与学校的育人目标相一致

开展校园文化活动，进行校园文化建设，最终是为了实现学校的育人功能。校园文化活动的思政教育目标是学校育人目标的一部分，在与学校的育人目标方向保持一致的前提下，可分级细化目标。学校的育人目标体现在学校发展的纲领性文件、校训、办学方向、办学理念上。

（三）与学生成长需求相结合

要了解学生的思想动态，抓住学生思想工作的难点和日常行为的痛点，针对学生当前出现的问题开展有针对性的活动。要重视学生的需求和感受，以学生为出发点，紧紧围绕学生的成长需求明确活动的目标。在实际操作中，可以根据实际情况灵活运用座谈会、问卷调查、访谈法等各种调研方法，准确把握学生需求，组织开展针对性活动。

二、整合思政教育资源，多维度开展校园文化活动

在明确校园文化活动的思政教育目标后，要把目标贯穿校园文化活动的全过程，把控校园文化活动的方向。充分挖掘思政教育资源，构建校园文化活动的思政内容体系，多维度开展校园文化活动，确保思政教育目标的实现。

（一）构建开展校园文化活动的思政内容体系

根据思政教育目标定位，把思政元素嵌入校园文化活动中，以思政教育为核心，以校园活动为载体，在活动中实现春风化雨、润物无声的思政育人效果。表 5–1–2 为开展校园文化活动的思政内容体系。

表 5–1–2　　　　开展校园文化活动的思政内容体系

<table>
<tr><th>目标</th><th>思政元素</th><th colspan="2">具体内容</th></tr>
<tr><td rowspan="8">国情认同</td><td rowspan="4">新时代中国特色社会主义伟大实践</td><td colspan="2">新时代中国特色社会主义道路</td></tr>
<tr><td colspan="2">新时代中国特色社会主义理论</td></tr>
<tr><td colspan="2">新时代中国特色社会主义制度</td></tr>
<tr><td colspan="2">新时代中国特色社会主义文化</td></tr>
<tr><td rowspan="4">国际国内时政热点</td><td colspan="2">“一带一路”</td></tr>
<tr><td colspan="2">中国共产党第二十次全国代表大会</td></tr>
<tr><td colspan="2">乡村振兴</td></tr>
<tr><td colspan="2">“两会”</td></tr>
<tr><td rowspan="9">文化融合</td><td rowspan="4">社会主义先进文化</td><td colspan="2">中国特色社会主义共同理想和共产主义远大理想</td></tr>
<tr><td colspan="2">马克思主义中国化的制度和理论成果</td></tr>
<tr><td colspan="2">社会主义核心价值观</td></tr>
<tr><td colspan="2">以爱国主义为核心的民族精神</td></tr>
<tr><td rowspan="3">传统文化</td><td>道德规范</td><td>“仁、义、礼、智、信”</td></tr>
<tr><td>人文精神</td><td>“文以载道、以文化人”</td></tr>
<tr><td>政治思想</td><td>“以民为本”“恤民为德”</td></tr>
<tr><td rowspan="2">革命文化</td><td colspan="2">“五四”精神</td></tr>
<tr><td colspan="2">井冈山精神</td></tr>
</table>

续表

目标	思政元素	具 体 内 容
文化融合	革命文化	长征精神
		红船精神
		延安精神
		西柏坡精神
	地域文化	地域文化精神
		地域文化特色
社会适应	社会主义法制	养成守法意识
		培育法治观念
		践行法治理念
	公民道德	社会公德
		传统美德
		职业道德
		个人品德
职业认同	工匠精神	执着专注
		精益求精
		一丝不苟
		追求卓越
	劳动教育	马克思主义劳动观
		劳动习惯
		劳动精神
		劳动能力

（二）根据思政内容体系，挖掘校园文化活动的思政资源

根据校园文化活动的思政内容体系，积极挖掘和整合各种资源，充分利用思政资源开展校园文化活动。校园文化活动思政资源主要从主体资源、环境资源、网络资源等方面来挖掘。

1．挖掘主体资源

思政主体资源指在学校思想政治教育过程中所参与的所有人力资源之和。

在大思政的格局下，要积极挖掘开展思政活动的主体资源，联合学校思政活动的个体和群体，统一协调，分工合作，实现全员育人。学校的党组织、学生科、团委、学生社团、班主任以及企业和社会人员等都是优质的主体资源，可以把思政活动的主体资源进行统一整合，由党委统一领导，思政部门统筹，联合各个部门和群体，实现资源共享。

【参考案例】

某技师学院为了增强学生的职业认同和职业信心，培育学生的工匠精神，开展了“工匠进校园”系列活动，由学校思政中心统筹规划，联合学生科、团委、班主任、劳动模范、工匠大师、优秀毕业生等主体资源共同开展思政活动，让学生在活动中体验工匠精神的内涵，立足专业自觉践行工匠精神。表 5–1–3 为某技师学院“工匠进校园”系列活动内容。

表 5–1–3　某技师学院“工匠进校园”系列活动内容

序号	活动项目	活动内容	主体资源
1	开幕：工匠报告会	邀请当地劳动模范、工匠进校园，围绕工匠精神主题组织报告会，帮助学生深刻理解工匠精神的内涵，树立正确的人生观、价值观和职业观	思政中心、当地劳动模范、工匠
2	工匠论坛	各系部邀请本专业相关的工匠、行业大师、优秀毕业生与学生面对面交谈，诠释工匠精神	各系部
3	工匠技能展示	现场教学展示精湛技艺，学生拜师学艺	各系部
4	成立工匠大师工作室	邀请劳动模范、优秀工匠、优秀毕业生、本校优秀教师成立工匠大师工作室	思政中心
5	学习工匠精神主题班会	学生围绕前面系列活动谈感想，落实到实际行动上	学生科、各系部、班主任
6	弘扬工匠精神演讲比赛	以工匠精神为主题在全校开展演讲比赛	团委
7	闭幕：表彰大会	对系列活动进行总结，对表现优秀者进行表彰	思政中心

2. 挖掘环境资源

思政环境资源是校内外蕴含思想政治教育元素、适合开展思想政治教育活动的空间和平台，如红色革命遗址、烈士陵园、具有当地特色的公园等生态场所等。学校开展思政活动时，要充分利用校内外环境资源开发思政活动的场地，建立校园文化活动的实践基地，并结合重要的时间节点开展活动。

【参考案例】

某技师学院为深入学习贯彻习近平新时代中国特色社会主义思想，全面落实《关于全面加强新时代大中小学劳动教育的意见》，开展了“青春践行中国梦·携手建功新时代”暑期社会实践活动。在这个活动中，该学院充分挖掘当地适合劳动教育实践的环境资源，结合当前的时政热点、围绕学生的专业特色，系统开展思政教育相关的社会实践活动。表 5–1–4 为某技师学院开展暑期社会实践活动内容。

表 5–1–4　　某技师学院开展暑期社会实践活动内容

“青春践行中国梦·携手建功新时代”暑期社会实践活动		
序号	活动项目	活动内容
1	理论普及宣讲活动	以庆祝建党 102 周年为主线，重点围绕乡村振兴、实现跨越发展的主题内容，依据党的二十大报告内容，结合市人社工作规划和学院发展规划，到乡镇、社区等地开展以宣讲报告、学习座谈、调查研究为主要形式的理论宣讲活动
2	国情社情观察实践活动	重点围绕本市取得的成绩和成就，特别是乡村振兴发展情况，开展参观考察、国情调研、交流座谈、学习体验等形式的社会实践活动
3	科技支农帮扶实践活动	重点围绕乡村振兴战略，开展科普讲座、电商知识下乡、彩绘乡村文化墙及农村环境治理等形式的社会实践活动
4	教育关爱服务实践活动	重点围绕“七彩假期”青年志愿者关爱农村留守儿童志愿服务项目和“情暖童心”关爱保护农村留守儿童工程，依托相关阵地开展国学课堂、学业辅导、亲情陪伴、自护教育、素质拓展等形式的精准关爱志愿服务，并结合学院的实际，展示校园文化、专业特色，扩大学院的社会影响力
5	文化艺术服务实践活动	重点围绕培育和践行社会主义核心价值观，深入乡村开展艺术创作、惠民展演、文化普及等形式的社会实践活动

3. 挖掘网络资源

思政网络资源是指在互联网上的具有思政教育元素的信息资源的总和，如电视节目《辉煌中国》《这就是中国》等呈现中国特色社会主义建设伟大成就的视频素材；优秀的党课、团课等优质公开课资源；感动中国人物、全国道德模范等人物素材。各活动主体要善于挖掘并利用好这些优质的网络思政资源，建立共享资源平台，把网络思政资源融入到校园文化活动中，开展形式多样的思想政治教育，弘扬主流价值观。

【参考案例】

某技师学院充分利用当地的红色革命遗址数据库，整合思政环境资源和网络资源，开展系列爱国主义教育实践活动。数据库以图片、文史资料、视频、三维全景等形式展示了革命遗址和纪念设施，既可看到详细全面的史实资料，也可360度全景体验红色遗址。依托红色革命遗址数据库，他们组织学生开展“云”游红色遗址，让党史学习教育变得有声有色，丰富了党史学习教育的内容和形式。表5-1-5为某技师学院利用当地红色资源开展爱国主义教育实践活动内容。

表5-1-5　某技师学院利用当地红色资源开展爱国主义教育实践活动内容

序号	活动项目	活动内容	活动主体
1	开幕：追忆“东江三杰”传承红色基因专题讲座	以当地革命人物“东江三杰”的故事为主题，引导学生弘扬革命精神	思政中心
2	“‘云’游红色遗址，弘扬革命精神”主题班会	利用红色革命遗址数据库，组织学生“云”游当地红色遗址，听革命故事，学习革命精神	学生科、各系部、班主任
3	“走进××红色基地，追寻红色回忆”暑假社会实践活动	组织学生利用暑假寻找家乡的红色基地，听革命故事，撰写实践报告	思政中心
4	闭幕：红色革命情景剧大赛	以暑假社会实践为基础，组织学生进行情景剧表演比赛，演绎红色革命故事	校团委、思政中心

（三）整合思政资源，实现思政和活动的有机融合

在确定活动的主题内容后，可以将思政资源有机地融入校园文化活动中，选择恰当的活动形式和时机，有序开展活动。一是结合重大事件的时间节点、时政热点，围绕思政主题，通过形式多样的活动载体供活动参与者学习、领会、实践，促使思政教育落地。二是把思政元素巧妙融入校园文化活动中，实现思想政治教育的功能。例如在开展文艺晚会时，为了激发青年学生担当的使命精神，邀请当地的抗疫英雄上台接受采访，并进行朗诵、唱歌等文艺演出。在开展校运会时，为了加强学生对当地文化的认同，激发热爱家乡的情感，加入当地传统运动项目。表 5–1–6 为思政教育活动的形式示例。

表 5–1–6　　思政教育活动的形式示例

活动形式	活动示例
知识竞赛	“学习民法典，护航新生活”民法典知识竞赛 “学党史铭党恩”党史知识竞赛
社会实践	“弘扬五四精神，勇担时代重任”主题教育实践活动 青年团员“不忘初心、牢记使命”主题教育实践活动
沙龙	“党在我心中”团员沙龙活动
报告会	“新时代、新技能、新梦想”世界技能大赛先进事迹巡回报告会 “英雄事迹感人心，红色精神永传承”主题教育专题报告会
知识讲座	思政大讲坛系列讲座
比赛	“青春心向党，强国勇担当”思政微课大赛 “匠心筑梦，砥砺前行”弘扬工匠精神演讲比赛
情景剧	“弘扬和践行爱国主义精神”思政课情景剧大赛

【参考案例】

某技师学院开展“校园越野闯关”爱国主义教育活动，加深师生爱国情感。通过在校园里设计 5 个定点打卡任务，让学生分小组闯关。校园越野闯关比赛以爱国主义教育为内容，实现了思政教育和校园文化活动的深度融合，创新了校园文化活动的形式。表 5–1–7 为某技师学院“校园越野闯关”爱国主义教育活动内容。

表 5-1-7　某技师学院"校园越野闯关"爱国主义教育活动内容

序号	项目	活动内容
1	"党史问答"闯关	小组齐心协力完成党史知识问答，知识问答题目可以从中共一大的开天辟地到中共二十大的踔厉奋发启征程中选择
2	"过草地"闯关	模拟红军过草地的场景，小组成员分别踩在木板上，手提拉绳，齐心协力通过沼泽地
3	"飞夺泸定桥"闯关	团队可分到道具 6 个，必须利用仅有的 6 个道具，在有限的时间内穿越一道 20 米的鸿沟
4	"极速排序"闯关	小组合作在规定时间内按照时间顺序完成图片排序，拼图内容围绕新中国成立以来取得的伟大成就
5	"你唱我猜"闯关	通过"你唱歌曲旋律，我猜红色歌曲"的活动形式，猜出 5 首红色歌曲

（四）分解任务，有序开展校园文化活动

在开展思政教育校园文化活动过程中，按照时间顺序可划分为活动准备阶段、活动实施阶段、活动收尾阶段，把每个阶段的活动任务进行分解，制订方案，明确每个阶段的责任人和任务，把握细节，确保活动顺利开展。图 5-1-2 为开展校园文化活动任务分解图。

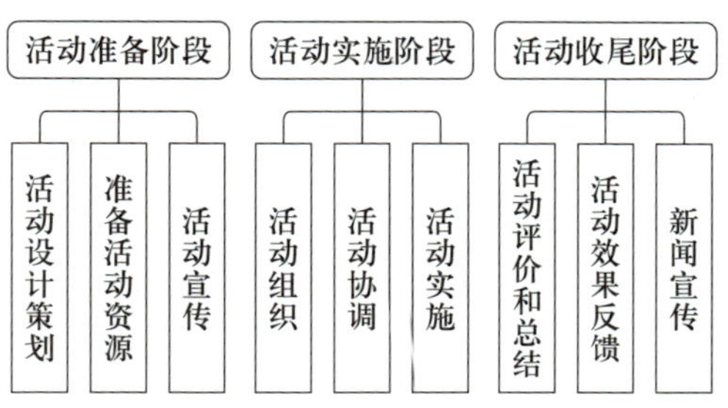

图 5-1-2　开展校园文化活动任务分解图

三、创新思路和途径，突显思政教育活动特色

（一）党建＋校园文化活动，提升活动高度

党建工作是校园文化建设的政治生命线，保证校园文化建设沿着正确的方向发展。结合思政教育开展校园文化活动，可充分发挥基层党支部的战斗

堡垒作用和党建引领作用，积极拓展思路，开展特色党建活动，突显思政教育活动特色。将党支部党日活动与校园文化活动相结合，既发挥了校园文化活动的思想政治教育功能，又丰富了党日活动形式。

【参考案例】

某技工学校以庆祝建党 101 周年为契机，进一步增强党组织的凝聚力和战斗力，激励广大党员干部、教师、青年学生坚定理想信念，激发历史责任感，举行庆祝建党 101 周年“六个一”活动，见表 5–1–8。

表 5–1–8　　某技工学校建党 101 周年“六个一”活动内容

序号	活动内容
1	建一条党建长廊，记录 101 年的光辉历史
2	写一篇深刻的思想汇报，讲述入党以来的心路历程
3	来一场红歌比赛，歌颂党恩
4	画一面手绘墙，画出对党的热爱
5	开一次面对面座谈会，坚定对党的忠诚
6	办一场晚会，讴歌党的丰功伟绩

（二）新媒体 + 校园文化活动，拓展活动宽度

随着新媒体技术的普及和广泛运用，给校园文化活动的开展带来了新的契机。结合思政教育开展校园文化活动，既要坚持政治的引导性，又要结合创新的技术形式，提高活动的多样性和实效性。利用新媒体技术开展思政活动，创新活泼的形式可以提高学生的参与度，增强学生的认同感，提升思想政治教育的效果。表 5–1–9 为利用新媒体技术创新思政教育活动示例。

表 5–1–9　　利用新媒体技术创新思政教育活动示例

序号	新媒体技术	活动
1	快闪	拍摄红色教育快闪视频
2	5G +VR 技术	体验红军长征、体验改革开放等系列 VR 思政教学实践活动
3	抖音、快手等 App	践行社会主义核心价值观的微视频、微电影比赛

（三）专业＋校园文化活动，凸现活动亮度

校园思政教育活动与专业的结合，既能提升活动的吸引力，又能进一步突出专业特色，强化专业建设，打造专业品牌。设计的思路是以思政元素为内容载体，以专业技能的实践为活动载体，实现二者的有机结合。

【参考案例】

某技师学院积极拓宽思路，鼓励各专业教师立足于专业实际，开展专业与思政教育结合的活动，拓展活动的深度和广度，提升活动思政育人效果。表 5–1–10 为某技师学院专业与思政相结合的活动内容。

表 5–1–10　　某技师学院专业与思政相结合的活动内容

序号	专　业	活 动 内 容
1	广告设计专业	以“建党 101 周年”为主题，组织创意海报设计、创意 Logo 设计、创意绘画设计系列活动
2	导游专业	组织“红色小导游”活动，让学生讲解当地的红色旅游景区
3	汽车维修专业	成立汽车维修党团员志愿服务中心，开展汽车维护系列志愿服务
4	幼师专业	红歌合唱比赛、“师德”讲故事大赛
5	电子商务专业	“乡村振兴、电商助农”直播比赛
6	服装设计专业	民族服饰设计大赛
7	烹饪专业	“品红色佳肴，忆革命岁月”烹饪比赛
8	计算机网络应用专业	党的二十大精神网页设计大赛

【评价与反思】

一、评价

1. 在开展校园文化活动时，是否明确了校园文化活动的思政教育功能？是否充分结合党的教育方针政策、学校的育人目标和学生的成长需求明确活动思政目标？

2. 在开展校园文化活动时，是否结合本校的实际情况构建活动的内容体系？是否把思政资源有机融入校园文化活动中，选择恰当活动形式有序开展活动？是否旗帜鲜明地开展思政主题明确的校园文化活动？是否结合传统节庆日、重大事件和毕业典礼、开学典礼等，采用知识竞赛、讲座论坛、学术沙龙、社会实践等形式开展思政教育活动，寓思政教育于活动之中？是否结合中国特色社会主义的伟大实践成果、国际国内时事、社会主义先进文化、工匠精神、当地地域特色、法律、传统文化、劳动教育等思政内容，实现活动和思政教育有机融合？

3. 在开展校园文化活动时，是否从党建团建、多媒体技术、结合专业特色等思路创新，开展特色活动？

二、反思

在结合思政教育开展校园文化活动过程中，可以结合以下几点进行反思：

1. 是否通过整合学校现有的校园文化体系，融入思政元素，构建出有本校特色的活动体系？有什么方法可以保证这个体系的科学性和完整性？

2. 是否跳出传统的思维模式，采用学生喜闻乐见的活动方式开展校园文化活动？是否把思政元素渗透进校园文化活动中，让学生在活动中潜移默化地接受了思政教育？如何紧跟时代的要求，实现线上线下活动相结合，显性教育和隐形教育相结合，实现全方位育人？

3. 开展活动后，如何构建科学的评价体系评价活动效果？如何评价活动的思政育人效果？如何更好地改进活动，以免出现形式主义或效果甚微的情况？

【表单与素材】

某技师学院关于开展思政微课大赛活动方案

为学习贯彻党的二十大精神，进一步推进学院思政课改革建设，打造以学生为主体的思政课堂，充分发挥学生朋辈引领的作用，经研究，学院决定开展思政微课大赛暨学生思政宣讲员公开选拔赛，具体事项如下：

一、活动主题

青春心向党，强国勇担当。

二、活动意义

（一）进一步强化对学院青年学生的思想政治引领，唱响主旋律、弘扬正能量、传播好声音。

（二）加深青年学子对中国共产党的认识和理解，激发学生的历史责任感和使命感，让更多的优秀青年向党组织靠拢。

（三）大赛旨在选拔一批政治觉悟高、理论功底好、表达能力强的在校生参与到思想政治教育工作与政治理论学习宣讲中，带动一批学生、辐射身边学生、影响全校学生。

三、选拔对象

学院全体学生。

四、选拔时间

初赛：××××年××月××日—××月××日。

决赛：××××年××月××日。

决赛地点：学院图书馆报告厅。

五、比赛要求

（一）参赛类别：参赛选手根据大赛拟定的四类主题分类准备参赛作品，并在所选类别中自主选择切入点开展讲课。

1. 红色教育类

讲述党史、党领导中国青年运动的光辉历程；宣讲中国共产党的奋斗历程、初心使命、宝贵经验、百年探索等。继承和发扬伟大“建党精神”“井冈山精神”“延安精神”“抗美援朝精神”“‘两弹一星’精神”等革命精神；讲述英雄人物、英雄事迹。

2. 时事政策类

讲述党的二十大精神；讲述我国重要时事政治热点；讲述党和国家的重要方针政策。

3. 发展成就类

全方位展现中国特色社会主义制度优越性；反映党的十八大以来的历史性成

就、历史性变革；全面展示社会主义现代化强国建设进程中所取得的丰硕成果。

4. 青春成长类

展示广大青年在新时代新征程中奋勇争先建功立业的风采；展示身边的“真善美”，讲述身边优秀同学的动人故事，展示美丽健康的校园生活。

（二）展示时间限定在每人 5 分钟，结合 PPT 进行，独立完成。

（三）初赛由各系自行组织，每个系部选拔出 3 名选手参加学院决赛，并于 ××月 ××日下班前将报名表、微课 PPT（视频、背景音乐等）统一压缩，（以系部名字命名）发送到邮箱 ×××@qq.com。

（四）每位指导老师指导一名参赛选手，全程指导选手比赛。

六、评选规则

（一）学院组成评选委员会进行评选，根据《思政微课比赛评分表》（见附件）打分，去掉最高分和最低分，取平均分。

（二）本次比赛设置一等奖 2 名、二等奖 4 名、三等奖 6 名，颁发奖状、奖杯；优秀奖若干名，颁发奖状。

附件：思政微课比赛评分表

思政微课比赛评分表

选手号：　　　　　　　　　　　　　　　　　总分：

序号	项目	评分要点	分值	得分
1	授课内容（30 分）	思想内容能紧紧围绕主题，观点正确、鲜明，内容充实具体，格调积极向上	10	
		材料真实，事例生动，反映客观事实，具有普遍意义，体现时代精神	10	
		讲稿结构严谨，文字简练流畅，具有较强思想性	10	
2	PPT 制作（20 分）	紧扣主题，完整清晰，能准确表达内容，重点突出	10	
		结构合理，逻辑顺畅，过渡恰当，风格统一	10	
3	语言表达（30 分）	普通话标准，语言规范，吐字清晰，声音洪亮圆润	10	
		能脱稿演讲，表达准确、流畅、自然	10	
		语言技巧处理得当，语调、语速、语气符合思想感情的起伏变化，具有较强的感染力和号召力	10	
4	综合表现（20 分）	举止自然得体，能较好地运用动作、手势、表情	10	
		时间控制在 5 分钟内	10	

实施路径二　依托主题氛围丰富校园文化活动

【背景描述】

某技工院校重视主题校园文化活动，把它作为学校思想政治教育的重要载体和完成人才培养目标的重要形式。该技工院校校园文化活动经过多年的摸索和实践，其内容和形式总体上呈健康、向上的发展态势，但存在的问题也不容忽视：校园文化活动内容浮于表面的文体娱乐类项目；活动形式偏于传统，极少结合时下科学技术和时代元素；组织参与校园文化的主体和层次较为单一；校园文化活动主题没有突出学校特色和紧扣时政热点。

【点评】

进入新时代，技工院校主题校园文化活动的内涵及形式迎来了新的挑战，主题校园文化建设的主体既有教师也有学生，并且需要有创新、有文化内涵。所以，我们需要对校园文化活动的主题、举办形式以及实施主体、活动过程管理进行精心策划，层层把关。

实施路径二　依托主题氛围丰富校园文化活动	科学合理设定校园文化活动主题
	精心组织主题校园文化活动
	提升主题校园文化活动品质

【实施路径】

一、科学合理设定校园文化活动主题

1. 依据学生现状调查确定校园文化活动主题

技工院校是为国家、社会培养各类技能人才的主阵地，有调查显示，技工院校的学生思维活跃，对新鲜事物有强烈的好奇心，但又缺乏持久性；他们精力充沛，兴趣爱好广泛，但又博而不专；他们富于幻想，有强烈的求知

欲，但又不喜欢抽象空洞的说教。因此，主题校园文化活动设计要充分考虑到技工院校学生的这些特点，开展形式多样的活动，把德育渗透在活动中。

从学生的整体情况来看，各地技工院校学生既具有一定的共性，但不同地域、不同学校里的学生又存在差异性。所以，很多学校在组织策划活动前采取了广泛搜集信息的做法，以了解在校学生的总体思想状况和不同年级、不同专业学生的现状。在此基础上，策划切合本校学生实际的主题教育活动。

图 5-2-1 为某技师学院新生问卷调查——“使用手机的目的”调查结果。从调查结果可以看出，学生使用手机用于聊天和看视频听音乐占比较大，分别是 78.62% 和 74.49%，玩游戏也占到了半数以上（52.79%），由此可以反映该院大部分学生使用手机的目的是出于娱乐以及网络社交。该技工院校值班领导和相关部门在检查学生自习课时发现，有些院系学生玩手机现象非常严重，个别班级甚至全班同学一起打联机游戏。根据这份调查结果我们可以考虑专门策划以“摆脱手机依赖”为主题的专题教育，引导学生合理使用手机。

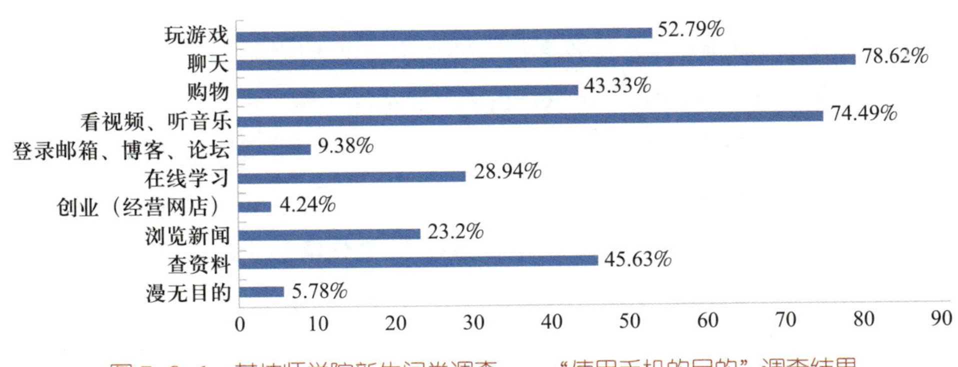

图 5-2-1　某技师学院新生问卷调查——“使用手机的目的”调查结果

图 5-2-2 为某技师学院新生问卷调查——“如何对待面临的压力或烦心事”调查结果。从调查数据可以看出，当面临压力或烦心事时，选择“憋在心里不说，慢慢消化”的学生占比 34.56%。这是我们需要特别关注的群体。靠自我调节缓解压力和烦心事，不是所有学生都有这个能力，学校和教师要引导学生选择健康的方式进行自我调适以应对压力、舒缓压力。在经济高速发展、获取资讯便捷、文化价值多元化的社会环境中，学生个性张扬，思维

活跃，求新求变，往往不安于现状。他们深受网络媒体影响，存在明显的孤独感。学生鲜明的特殊性、复杂性要求学校教师要准确把握学生的心理行为特点，根据学生的心理需求有针对性地开展心理健康主题活动，给予学生足够的人文关怀和心理健康教育，帮助他们快乐、健康地学习和生活。

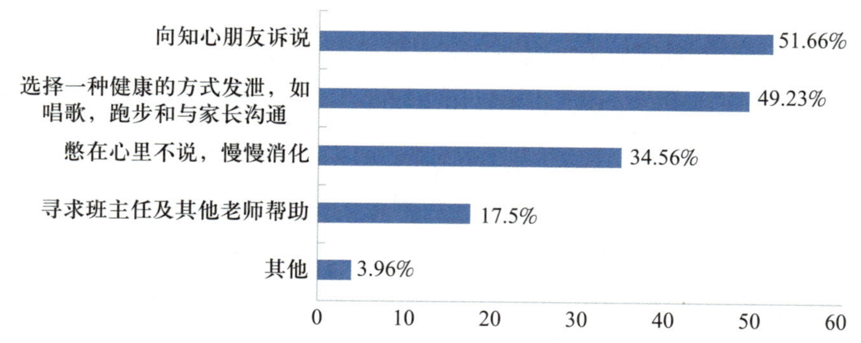

图 5-2-2　某技师学院新生问卷调查——“如何对待面临的压力或烦心事”调查结果

从这两份新生调查数据我们可以发现，只有掌握学生的实际情况，才能有针对性地组织开展校园文化活动，才能有的放矢确定活动的主题。也就是说，学生的现状调查是确定校园文化活动主题的重要依据。

2. 依据学校育人工作重点确定校园文化活动主题

为党育人、为国育才，培养一批又一批担当民族复兴大任的时代新人，培养一代又一代德智体美劳全面发展的社会主义建设者和接班人，是党和国家赋予技工院校的崇高使命。技工院校的校园文化活动主题要针对学生成长的阶段特征和身心健康发展，依据技工院校的办学方针和目标来确定，从而使活动更具针对性和实效性。如针对刚入学的新生，可开展新生入学教育活动，进行心理调适，使之尽快适应新的学校生活。接着便可进行习惯养成和文明礼仪教育活动。在学生毕业前夕，可进行毕业生文明离校方面的情感教育，激发学生对母校培育的感激之情，让广大毕业生充满对母校的眷恋和感恩。这样，既给母校留下好的印象，也给低年级学生树立好的榜样。因此，主题校园文化活动应该围绕学校的德育工作、育人计划展开。表 5-2-1 为某技师学院第一学期、第三学期班会主题安排，表 5-2-2 为某技师学院第二学期、第四学期班会主题安排。

表 5-2-1 某技师学院第一学期、第三学期班会主题安排

<table>
<tr><th>时间</th><th>主　　题</th><th>班级</th><th>主　　题</th><th>班级</th></tr>
<tr><td>第 1 周</td><td colspan="4">入学安全教育（三防两讲）</td></tr>
<tr><td>第 2 周</td><td>学校规章制度专题学习</td><td rowspan="3">新生</td><td>（目标）抓住技校生活的尾巴</td><td rowspan="3">老生</td></tr>
<tr><td>第 3 周</td><td>（专业）我的未来我做主</td><td>（职业）我与职业人</td></tr>
<tr><td>第 4 周</td><td>（目标）新的征程，请锁定你远航的灯塔</td><td>（自信）世界上独一无二的我</td></tr>
<tr><td>第 5 周</td><td colspan="4">规范教育（没有规矩，不成方圆）</td></tr>
<tr><td>第 6 周</td><td>（方法）技校生活如何起航</td><td>新生</td><td>自尊自爱</td><td>老生</td></tr>
<tr><td>第 7 周</td><td colspan="4">爱国主义教育（奔流不息民族魂）</td></tr>
<tr><td>第 8 周</td><td colspan="4">如何融入集体生活</td></tr>
<tr><td>第 9 周</td><td colspan="4">安全教育主题周（交通、网络交友、诈骗等）</td></tr>
<tr><td>第 10 周</td><td>（立德）立德成人</td><td rowspan="2">新生</td><td>（理想）不要平庸的生活</td><td rowspan="2">老生</td></tr>
<tr><td>第 11 周</td><td>（立技）立技成才</td><td>（挫折）梅花香自苦寒来</td></tr>
<tr><td>第 12 周</td><td colspan="4">感恩教育（为了父母的微笑）</td></tr>
<tr><td>第 13 周</td><td>（宽容）换位思考，律己宽人</td><td rowspan="5">新生</td><td>（心态）态度决定一切</td><td rowspan="5">老生</td></tr>
<tr><td>第 14 周</td><td>（集体）我为班级代言</td><td>（礼仪）礼仪知识知多少</td></tr>
<tr><td>第 15 周</td><td>（情绪）做情绪的主人</td><td>（责任）心中有自己，心中有他人</td></tr>
<tr><td>第 16 周</td><td>（法律）无知者才无畏</td><td>（沟通）沟通 100 分</td></tr>
<tr><td>第 17 周</td><td>（恋爱）叩问爱情</td><td>（自律）从小事做起，以德律己</td></tr>
<tr><td>第 18 周</td><td colspan="4">期末安全教育</td></tr>
</table>

表 5-2-2 某技师学院第二学期、第四学期班会主题安排

<table>
<tr><th>时间</th><th>主　　题</th><th>班级</th><th>主　　题</th><th>班级</th></tr>
<tr><td>第 1 周</td><td colspan="4">入学安全教育</td></tr>
<tr><td>第 2 周</td><td>（总结）曾经的我</td><td rowspan="2">新生</td><td>（规划）未来之路</td><td rowspan="2">老生</td></tr>
<tr><td>第 3 周</td><td>（展望）150 天后的我</td><td>我离“职业人”还有多远</td></tr>
<tr><td>第 4 周</td><td colspan="4">（招生动员）3 月招生主题班会（我为学校做贡献）</td></tr>
</table>

续表

<table>
<tr><th>时间</th><th>主　　题</th><th>班级</th><th>主　　题</th><th>班级</th></tr>
<tr><td>第 5 周</td><td>（习惯）培养良好的行为习惯</td><td rowspan="4">新生</td><td>（职业）我与目标的距离</td><td rowspan="4">老生</td></tr>
<tr><td>第 6 周</td><td>（诚实守信）诚实起步，
守信前行</td><td>岗位实习主题讲座
（系 / 二级学院）</td></tr>
<tr><td>第 7 周</td><td>（竞争）适者生存</td><td>（职业）实习安全主题教育</td></tr>
<tr><td>第 8 周</td><td>（生命）有生命就有一切可能</td><td>（职业）企业需要吃苦耐劳</td></tr>
<tr><td>第 9 周</td><td colspan="4">禁毒教育（珍爱生命，远离毒品）</td></tr>
<tr><td>第 10 周</td><td colspan="4">安全主题教育周</td></tr>
<tr><td>第 11 周</td><td>（手机）不做手机的奴隶</td><td>新生</td><td>岗位实习动员会（班级）</td><td>老生</td></tr>
<tr><td>第 12 周</td><td colspan="4">（招生动员）4 月招生主题班会（推送微信公众号等）</td></tr>
<tr><td>第 13 周</td><td>（幸福感）幸福就在身边</td><td rowspan="2">新生</td><td>（职业）理想职业与职业理想</td><td rowspan="2">老生</td></tr>
<tr><td>第 14 周</td><td>（朋友）杜绝损友，严防网友</td><td>回顾我的两年技校生活</td></tr>
<tr><td>第 15 周</td><td colspan="4">（招生动员）5 月招生主题班会（母校的发展离不开你的支持）</td></tr>
<tr><td>第 16 周</td><td>（心理）让愤怒从心头
静静走开</td><td rowspan="2">新生</td><td>填写岗位实习要求</td><td rowspan="2">老生</td></tr>
<tr><td>第 17 周</td><td>（用钱）不要心安理得地花
父母的血汗钱</td><td>岗位实习动员大会
（系 / 二级学院）</td></tr>
<tr><td>第 18 周</td><td colspan="4">期末安全教育</td></tr>
</table>

3. 依据传统节日、重大活动确定校园文化活动主题

中国传统节日是在几千年的灿烂文明中逐步发展沉淀下来的宝贵历史文化遗产，具有丰富的文化底蕴，包含着中华民族的理想信念、价值取向、伦理道德等精神文明和文化精髓。如端午节开展爱国主义活动、重阳节开展孝心活动等，通过开展形式多样的纪念活动，让学生在参与活动中感受传统节日的文化熏陶。主题教育活动的开展亦可充分利用纪念日、社会重大活动。如利用国庆节、青年节、劳动节、世界读书日等重要时机，举办知识竞赛、文艺演出、演讲比赛等各种活动，让学生的思想情感得到熏陶、精神生活得到充实、道德境界得到升华。表 5–2–3 为中国传统节日活动示例。

表 5-2-3 中国传统节日活动示例

节日	时间	主题活动
清明节	阳历四月五日前后	文明祭祀、烈士陵园扫墓等活动
端午节	五月初五	包粽子、诗词比赛、手工做艾草包等活动
中秋节	八月十五	吃月饼、赏月、给家人发送“爱的悄悄话”等活动
重阳节	九月初九	登高、户外清洁志愿者等活动

除上面提到的各种重要纪念日外，亦可结合地域传统文化及民族节日，根据学校自身的实际情况，设计和开展一些主题教育活动，让学生在接受中华优秀传统文化教育的同时，也接受爱国爱家、集体主义以及懂感恩、知奉献等教育。

4. 依据学校办学特色确定校园文化活动主题

党的二十大擘画了全面建设社会主义现代化强国，以中国现代化全面推进中华民族伟大复兴的宏伟蓝图。新目标、新征程给技工院校带来新的机遇和挑战，一些技工院校适应新发展要求找到了新定位。一所学校的发展方向定准了，就有了生存发展活力，就容易形成特色，在发展中拥有强大的生命力。如何让学校更具活力、更具特色，是技工院校校园文化活动确定主题时需要着重考量的因素。表 5–2–4 为校园特色主题活动示例。

表 5-2-4 校园特色主题活动示例

特色主题	活动内容
告别不文明行为相关主题教育活动	节约粮食、文明考试、无手机课堂等倡议活动，万人宣言、相关主题的征文、演讲以及话剧表演比赛等
百团展才艺相关主题活动	社团纳新、周末大舞台、社团周周演、社团文化节等
技能文化艺术节主题活动	技能文化艺术节、技能文化体验活动、技能文化线上线下宣传投票活动、技能文化节直播活动等
表彰模范主题活动	优秀学生表彰大会、各类竞赛表彰大会、各类活动表彰大会
开展劳动教育相关活动	种植劳动、校园墙壁绘画、感谢恩师推拿、清洗空调、清洗汽车、到社区开展急救知识讲座等
开展具有地域特色或者学校特色的相关主题活动	非遗文化体验活动、助农电商直播活动、景区研学体验活动、粤菜师傅研学活动、振兴乡村彩绘活动等

二、精心组织主题校园文化活动

1. 丰富活动宣传形式，营造主题校园文化活动的良好氛围

首先，主题校园文化活动要顺利开展，必须要做好前期的宣传工作。主题活动前氛围的营造可以利用传统媒体如海报、横幅、宣传栏、广播等。传统媒体在校内具有强制传播的天然属性，具有新媒体不可替代的优势。技工院校在毕业季、开学季等时间节点，可通过悬挂横幅、海报等形式营造浓厚的主题校园文化活动氛围。图 5–2–3 为某技师学院传统媒体示例。

图 5–2–3　某技师学院传统媒体示例

其次，传统校园媒体要主动适应新媒体环境，提升宣传覆盖面。传统校园媒体若在传播形式上不适应新媒体语境，在内容传播广度上将受到限制。传统校园媒体通过新媒体的线上传播途径，能够扩大校园文化活动宣传覆盖面，让师生和社会人士更便捷地接触信息，有效增加消息内容的触达率。例如：某技师学院设立学院学生电视台，节目在教师的指导下，全程由学生参与选题、采访、摄像、录制，并在学校教室及公共区域滚屏播放。这样，校园文化活动的延伸范围就更加广阔。图 5–2–4 为某技师学院团委用抖音宣传各种主题活动。

图 5-2-4　某技师学院团委用抖音宣传各种主题活动

最后，校园媒体要线上线下联动，打造高质量校园文化品牌。科技的发展丰富了媒体形式，打造校园文化品牌要尽量使用各种媒体，特别是新媒体，如抖音、微博、贴吧。因为新媒体有着传播广度和传播时效性上的优势，传统媒体则在营造校园景观和丰富信息传递渠道上提供全面支撑。线上线下全面运营校园媒体，能够有效打造具有技工院校特色的校园文化品牌，促进技工院校校园文化的内涵发展。

2. 探索校系二级管理，提升主题校园文化活动的有序化

主题校园文化活动是一项“全校、全员、全程”的工作，仅仅依靠校级层面的管理和实施是远远不够的，需要学校各部门的密切配合。主题校园文化活动的举办不能局限于学生科和团委，还应充分发挥学校图书馆、宿舍管理中心、体育运动管理中心、思政建设中心（马克思主义学院）等系部（二级学院）管理部门的作用，采取“大中型活动系部承办”的校系两级管理模式。图 5-2-5 为某技师学院校园文化互动管理主体示意图。

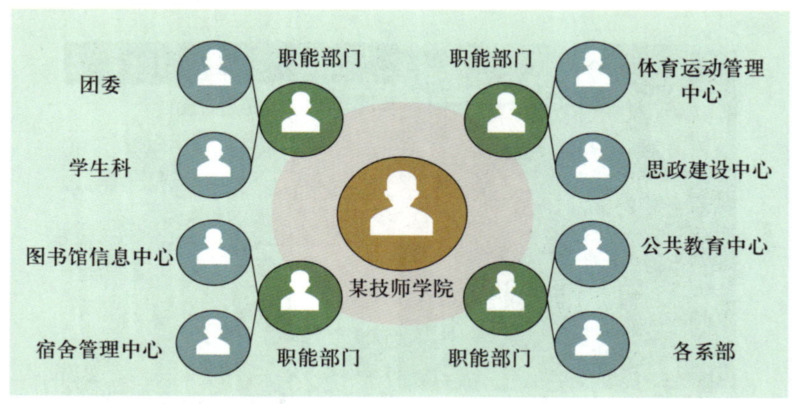

图 5-2-5 某技师学院校园文化互动管理主体示意图

系部（二级学院）围绕主题校园文化活动总体安排和工作重点，结合本系（二级学院）特点和实际状况，自主选择可举办的大中型活动，学生科和团委负责校级层面的督查和协办工作。某技师学院每年都会举办“心理健康节”系列活动，根据“大中型活动系部承办”的原则，学院层面只负责制订总方案并负责举办一场全校性的心理健康讲座，其余各个活动项目则根据各系部（二级学院）特点分配下去，系部（二级学院）结合本系的专业特色、育人特色具体组织开展活动。表 5–2–5 为“心理活动节”各系（二级学院）结合专业特色开展的活动。

表 5–2–5 “心理活动节”各系（二级学院）结合专业特色开展的活动

专业	活动内容
幼儿教育专业	幼儿教育专业所在系部（二级学院）负责“画笔描绘生活、心灵感悟人生”漫画设计大赛
广告设计专业	广告设计专业所在系部（二级学院）负责“爱自己，从心开始”心理健康徽标设计大赛
电商专业	电商专业可开展心理健康公益广告海报设计评比活动
室内设计专业	室内设计专业的学生动手能力强，又经常进行建筑制图，对画面的光感、角度等把握较好，可让其负责“最美微笑”校园摄影大赛活动

实施校系（二级学院）两级管理模式，从根本上讲，就是对学校现有资源进行优化整合，这样不仅能有效解决学校层面人手不够的问题，还能结合

系部（二级学院）学生特点，让学生感受到这些活动是为其量身打造的，针对性强，激发其参与活动的积极性和主动性。学校相关部门在活动实施过程应全面掌控活动，并不是把任务布置下去就万事大吉了，而应充当活动的监督者、指导者和联络员的角色，确保活动方向正确、过程流畅并达到理想效果。

3. 依托社团参与实施，创新主题校园文化活动学生管理模式

学校学生社团是学生自我塑造、自我管理、自我服务的有效形式，是技工院校校园文化建设的重要载体。某技师学院结合学生思想政治教育实际和学院专业特点推进社团建设，鼓励支持社团活动，并对社团进行统一管理和指导。各社团根据自身特点打造形式多样的品牌活动，形成吸引力和影响力。在学院党委统筹下、团委指导下，各社团各显神通积极开展各种活动，内容涵盖科技创新、人文社会、文艺体育、学科知识等方面，丰富了学生课余生活，活跃了校园气氛，促进了学生学科知识、专业技能、综合能力的拓展。表 5–2–6 为社团可举办活动类型示例。

表 5–2–6　　社团可举办活动类型示例

社团	活动类型
文学社团	征文比赛、文学刊物编印、文学讨论会等活动
摄影协会	摄影展、摄影大赛等活动
音乐舞蹈协会	文娱活动以及相关技能培训活动
体育性社团	体育竞技类活动，甚至是学校的体育文化节等大型活动
志愿者协会	与各区域志愿者协会、敬老院、福利院等相关机构联系，组织学生利用专业优势到相关区域开展志愿者活动

有些技师学院在依托社团开展主题校园文化活动时大胆创新，引进竞争机制，采用活动方案招投标方式锻炼提升学生职业能力。学校在每年进行活动总体规划时拿出一定数目的活动作为竞投项目，通过招投标的方式让社团取得活动的举办权，学校给予竞投项目一定的资金补贴。图 5–2–6 为活动项目招投标模式的基本流程示意图。

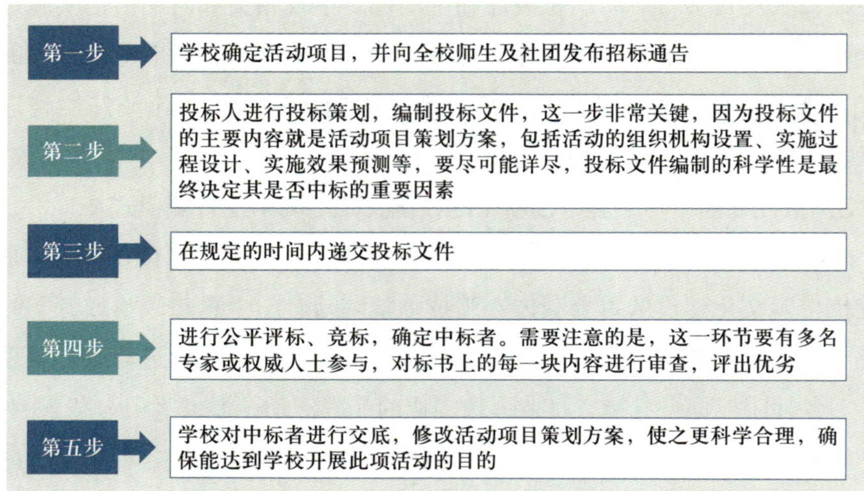

图 5-2-6　活动项目招投标模式的基本流程示意图

社团竞标成功后，按照项目策划方案自行招募人员，组成团队，全权负责活动的开展。学校安排教师对活动的开展过程进行监督，对偏离活动目的的行为要及时纠正。活动项目招投标模式的实施既体现了对学生的充分信任，又能让学生的组织能力和团队合作能力得到最大限度的发挥。

4. 运用新媒体及科技，创新主题校园文化活动开展方式

随着新媒体技术的不断发展，当代技工院校学生的交往和群体参与模式已发生了很大改变，社交类网站已成为学生网上集中活动和聚集的平台。学校应顺应学生的行为特点，充分利用互联网及新媒体的优势，创新主题校园文化活动的方式和途径。

当代学生的认知方式、思维方式和价值观念正在被新媒体改变着，学生已习惯通过网站、微博、微信和 QQ 等工具来获取各类信息。在活动中融入文化、艺术、时尚等技工院校学生喜爱的时代元素，使主题校园文化活动既有实际教育意义，又生动吸引人。通过网络新媒体平台，既可以让学生对主题活动有全面、及时的了解，也可以让教师随时掌握学生的思想动态，便于跟进开展工作。表 5-2-7 为某学校图书馆开展毕业季活动内容。

表 5-2-7　某学校图书馆开展毕业季活动内容

依托网络平台	活动内容
微博、抖音、博客、网络直播、公众号、论坛	1. 毕业墙留言板；2.“来自 ×× 的星星”展板：写下自己心目中 ×× 学校最亮的学霸、男神、女神；3.“学长如是说”海报：展示过往学长的毕业情怀、论坛上人气爆棚的老师们的感悟；4.“秀出你的梦想”拍照板：选择符合你梦想的那个拍照板，尽情地拍照留念；5.“书·时光”毕业纪念卡：在精美的纪念卡上印制属于你的个性化借阅历史；6. 图书漂流 / 换书大集
	1. 毕业生赠书；2. 征集有关毕业主题的视频、海报、照片（通过网络平台展示）；3. 读过的青春：为毕业生提供查询并装订借阅历史服务
	收集整理读者在校期间的阅读记录，呈现一份毕业阅读清单（通过网络平台展示，并在论坛展开讨论）
	到图书馆封存逝去的青春：存储你的 ×× 学校记忆，封存在校期间的信件、日记、图稿、照片等值得记忆的小物品（做成展览）

5. 拓宽活动实践阵地，延伸主题校园文化活动内涵

某技师学院在积极开展“走下网络、走出宿舍、走向操场”活动的同时，也创建了具有该校特色的新“三走”体系，即学习走出课堂，技能实践活动走向社会，社会实践走进农村。

（1）学习走出课堂。在日常技能学习教育中，除了正常的学习课程安排，可以增加到企业参观学习、红色经典回顾、团学干部素质拓展等活动，帮助学生提前了解行业文化、增强爱国情怀、学会团结互助。这种走出单一课堂说教的创新教学模式，既大大激发了学生的学习兴趣，又充分体现了马克思主义的实践特征。图 5-2-7 为某技师学院团学干部参观红色基地。

（2）技能实践活动走向社会。学校通过劳动教育强化美育，以劳育美、以美育人，让青少年在劳动中感受美的各种形式，感受冷盘热炒的色香味俱全，感受手工艺品的款式各异，感受科技发明的精巧匠心，也让学生明白“劳动不仅创造美，劳动本身就是美”，明白辛勤耕耘、皮肤黝黑的农民最美，明白寂寂无闻、日晒雨淋的工人最美，明白坚守岗位、默默奉献的劳动者最美。

图 5-2-7　某技师学院团学干部参观红色基地

（3）社会实践走进农村。某技师学院在积极开展日常实践活动和志愿服务活动的同时，鼓励团学干部将社会实践和志愿服务活动走进农村，走进山区。学院每年寒暑假组织“三下乡”实践服务时经常选择乡镇和山村学校，开展助农收割、维修家电、手绘墙、敬老服务等志愿活动和劳动实践，让学生切实感受劳动创造美好生活，树立正确的劳动观。图 5-2-8 为某技师学院师生共同为某村完成的墙绘，图 5-2-9 为某技师学院师生到某村开展“三下乡”社会实践活动。

图 5-2-8　某技师学院师生共同为某村完成的墙绘

图 5-2-9 某技师学院师生到某村开展“三下乡”社会实践活动

三、提升主题校园文化活动品质

1. 坚持立德树人，厚植活动的文化底蕴

技工院校肩负着培养大国工匠的历史重任，因此在校园文化活动中，必须坚持立德树人，必须融入社会主义核心价值观，打造出具有自身区域或专业特色的主题校园文化活动品牌。表 5-2-8 为挖掘活动内涵示例。

表 5-2-8 挖掘活动内涵示例

活动类型	活动内涵
歌舞类比赛活动	以“青春红歌献给党”“民族舞蹈炫展示”“歌舞剧本我创作”等为主题，结合时政特点、传统文化、地域资源，对歌舞表演赋予更深层次内涵
演讲、征文比赛	依托节日、教育主题开展相关比赛后，加强比赛后续的影响力和渗透力，如“感恩母亲”主题演讲比赛结束后，可以动员全校学生开展相关系列活动，如“写给母亲的一封信”“录给母亲的一句悄悄话”“我给母亲展技能（用专业技能展示）”等，延伸活动的影响力
体育竞技类活动	在传统比赛活动中加入更多时代元素，如接力赛跑改成趣味寻宝，以班级或者系部为单位，在体力竞技的基础上加入阅读、推理等比赛内容，阅读和推理内容可以融入各种学科知识或者学校校史，让选手通过提示到校园各处寻找宝物，宝物可以兑换成奖品

2. 坚持与时俱进，提高活动的时代效应

“欲知明日之社会，须看今日之校园。”校园文化活动必须紧跟时代发展和教育改革的步伐，根据学校自身实际情况，把最新的教育思想与当前教育重点结合起来，凸显新时代技工院校的时代担当。表 5–2–9 为提高校园文化活动时效性的方法。

表 5–2–9　提高校园文化活动时效性的方法

校园活动重点	活动设计
思想形态	把当下最新思想政治、意识形态内容融入主题校园文化活动中
科学技术	把当下最新科技元素融入主题校园文化活动建设中
学生动态	结合当下最新的学生现状调查报告开展主题校园文化活动
理念创新	以当下倡议的新教育理念为依据开展主题校园文化活动

3. 打造“一院一品”，形成品牌效应

习近平总书记在文艺工作座谈会上指出：“文艺创作有高原缺高峰。”这也需引起学校的反思。以“高原为盼，高峰为瞻”，是校园文化活动建设的质量要求。所以在校园文化活动品牌打造时，一是要融入育人元素，发挥活动育人的功能；二是要融入校史校情元素，展现校园文化的厚重内涵；三是要融入现代科技，发挥传承与创新的结合作用；四是要融入本地区文化特色，融合民族、区域、文化的特色，最终实现校园文化活动品牌的辐射与带动效应。图 5–2–10 为打造“一院一品”工作流程。

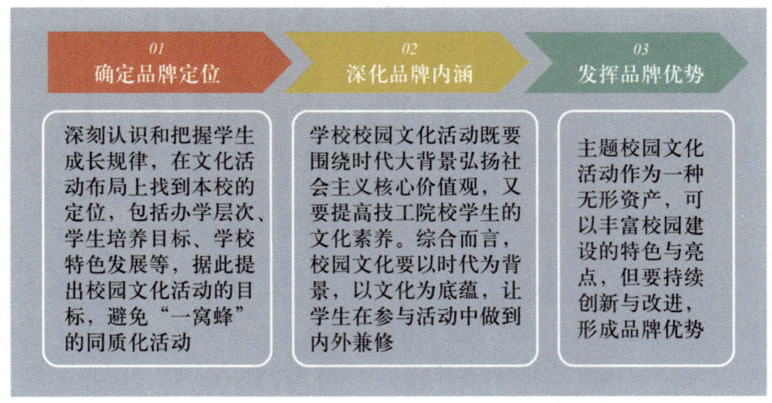

图 5–2–10　打造“一院一品”工作流程

【评价与反思】

一、评价

1. 开展主题校园文化活动的时候有无考虑活动主题是否契合学生当下需求？是否了解当代学生的心理活动特征，并有针对性地开展相关主题活动？是否结合当下时政热点、传统文化、本校办学特色等开展相关主题活动？

2. 开展主题校园文化活动的时候有没有重视前期的宣传工作，并结合网络平台和工具营造活动氛围？开展活动的主体是否综合考虑到各个行政部门？活动的开展是否给学生足够的空间展示和锻炼？开展活动是否与当下最新科技相结合？

3. 开展主题校园文化活动是否流于形式？是否形成了本校活动品牌？

二、反思

1. 个别学校没有将主题校园文化活动的开展放在整体办学方向、办学特色和人才培养目标的大背景下来实施操作，有的由宣传部、学工部和团委包办，缺乏校内资源的整合，人为割裂教育渠道、师资指导、教学科研、后勤服务等环节，缺乏立意高度和较广的学生受益面，限制了校园文化品牌的培育和功能发挥。

2. 个别学校忽略了校园文化“润物无声”的功能，过于注重总结、包装、凝练，不在实效上下功夫，而是在总结上做文章，将品牌概念化、虚拟化，违背了校园文化品牌创建的初衷，失去了品牌建设的意义。

3. 立德树人始终是教育的根本任务，师生是校园文化品牌建设的活力所在。在校园文化品牌建设中，必须做到两个坚持，即坚持以育人为本，坚持以学生为主体。只有把学生主体性和教师主导性很好地结合起来，才能调动积极因素，让学生在多重覆盖和广泛参与的过程中受到教育和熏陶。

【表单与素材】

一、社团指导老师管理规定

某技师学院社团指导老师管理规定

为了进一步规范学生社团的管理，加强学生社团指导力量，推动校园文化繁荣发展，提高学生综合素质，根据学院相关文件精神，制定如下规定：

一、学院社团指导老师聘任条件

（一）思想作风端正，具有高度的责任心和敬业精神，关心学生成长；

（二）具有较丰富的专业知识，有专业技能特长；

（三）具有一定的学生工作经验，热爱学生社团工作；

（四）愿意接受社团管理部门的监督管理。

二、工作职责

（一）关心学生社团的发展，指导学生社团制订工作计划，确定工作重点并做好工作总结。

（二）指导学生社团的组建、章程制订及修改，必要情况下提出解散学生社团的建议。

（三）定期组织社团工作例会，为学生开设专题讲座、培训，组织学生开展丰富多彩的社团活动。

（四）了解掌握学生社团的思想动态及素质培养情况，加强与校团委联系，指导学生解决在社团工作中遇到的困难和问题，维护学生正当利益。

（五）关心社团干部的成长，注意加强与学生社团干部的联系沟通，协助做好社团考核及各种评选。

（六）指导社团开展课外活动，同时负责学生社团外出活动的安全管理和监督。

三、聘任程序

（一）社团聘请的指导老师须由学生社团或教师本人提出申请，由团委审核批准。团委也可以根据社团工作需要，为社团指定指导老师。

（二）经团委批准的学生社团指导教师需填写《社团指导教师登记表》，由团委备案。

（三）聘期期满时，续聘及改聘工作按上述步骤进行。特殊情况下如需解聘，由学生社团或指导教师本人提出，经团委批准。

（四）社团指导教师聘任工作在每届任期期满前后进行，由学院颁发聘书。

四、待遇及考核奖励

（一）社团指导老师考核工作由团委负责，按月进行考核。

（二）每学期开学初社团指导老师要指导社团制订学期工作计划和月活动计划（含经费预算），报校团委审批。每月工作要填社团指导工作记录。

（三）团委每学年对指导老师工作情况进行考核，考核合格者，按月发放×××元奖励。对考核优秀者，颁发“优秀社团指导老师”荣誉证书和发放×××元奖励。

五、附则

（一）社团以聘请1名指导老师为原则。每位老师以指导1～2个社团为原则。

（二）社团指导老师聘期为2年。

（三）未尽事宜由团委负责解释。

二、学生社团活动执行记录表

表5-2-10为某技工学校学生社团活动执行记录表。

表5-2-10　某技工学校学生社团活动执行记录表

活动时间		活动地点	
活动名称		负责人	
指导老师		记录人	
活动形式		参加人数	应到人　　实到人
活动过程记录	（具体流程、总体氛围、效果等，一定要附上活动照片，不够可以附页）		

续表

活动反思	（可取之处和不足、建议等）
指导教师签名确认：	
团委（盖章）确认：	

注：此表由社团负责人负责填写，一式两份，另一份交指导教师。活动结束后，上交至团委，作为社团指导老师工作量化津贴发放的依据。

实施路径三　构建独具特色的校园文化活动体系

【背景描述】

为丰富学生的第二课堂，提升学生的综合素质，某技工学校开展形式多样的校园活动，如迎新晚会、五四晚会、元旦晚会、社团文化节等。除此之外，还有很多趣味活动和竞赛，如校园十大歌手大赛、技能节等。因为校园活动较多，一些专业教师忙于教学，便把一些活动的组织工作交给了系部团组织和学生干部。学生们刚开始兴致高涨积极参与，但时间一长，渐渐失去了积极性，满意度评价也不高。校领导们纳闷：我们费尽心思开展丰富的校园活动，为何学生们越来越不喜欢参与、效果也越来越不好了呢?

【点评】

该技工学校校园活动丰富多彩，但存在学生参与度不高、满意度不高、效果不明显等问题。究其原因，一是校园活动育人目标不明确，一些活动的设计没有明确具体目标。二是校园活动项目内容繁多，缺乏整体规划，在活动育人方面的作用没有得到有效体现。三是没有建立和完善良好的组织协调、实施调控和评价、激励机制。活动的指导性不足，造成大量活动低水平重复运行。学生逐渐对活动产生了应付甚至抵触心理，影响了校园活动文化育人效果。活动开展效果如何，没有得到及时反馈，优点得不到巩固提升，缺点也没有及时纠正，慢慢就会被弱化甚至忽略，最后形成一种为活动而活动的费力不讨好现象。

<table>
<tr><td rowspan="4">实施路径三　构建独具特色的校园文化活动体系</td><td>明确校园文化活动的育人目标</td></tr>
<tr><td>确定校园文化活动的项目内容</td></tr>
<tr><td>建立校园文化活动的激励机制</td></tr>
<tr><td>构建独具特色的校园文化活动体系</td></tr>
</table>

【实施路径】

以校园文化活动为载体的综合素质教育是不断提高技工院校人才培养质量、提升生产一线技能人才综合素质的重要途径。校园文化活动内容需涵盖基本能力、通用能力、专业知识和技能、职业能力、创新创业能力等多个方面。面对社会发展对技工教育提出的人才培养要求，按照职业发展方向和需求，技工院校要在挖掘本校特色上下功夫，精心筛选活动项目，提高活动质量，促使学生在参与校园文化活动中全面提高自身综合素养，从而培养出适应社会发展需要的高素质技能型人才。因此，首先，要明确校园文化活动的育人目标。其次，要紧扣校园文化内涵，整合现有资源，确定校园文化活动的项目内容，进而建立起良好的运行机制和激励机制，确保校园文化活动有效开展，活动效果得到及时反馈和巩固。最后，要不断丰富和创新校园活动的内容和形式，构建独具特色的校园文化活动体系，打造校园文化活动品牌。

一、明确校园文化活动的育人目标

可以通过以下步骤和方法明确校园文化活动的育人目标，建立适合本校实际情况的目标体系。图 5–3–1 为明确校园文化活动的育人目标路径示意图。

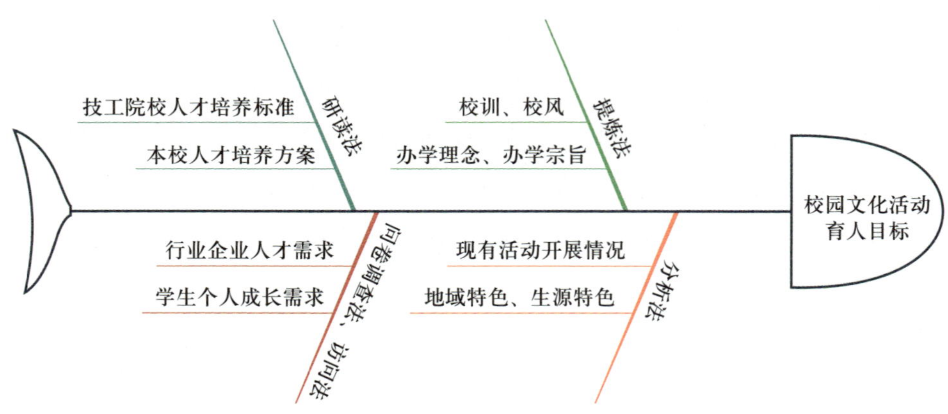

图 5-3-1 明确校园文化活动的育人目标路径示意图

二、确定校园文化活动的项目内容

通过调查研究，分析行业企业用人需求情况、学生个人成长需求，并对技工院校人才培养目标、校园文化活动育人目标进行对比分析，再紧扣校园精神文化内涵，系统整合筛选现有校园活动资源，确定校园文化活动项目内容。表 5-3-1 为校园文化活动项目内容。

表 5-3-1 校园文化活动项目内容

育人目标	具体指标	项目内容
基本能力	社会主义核心价值观的践行力	社会主义核心价值观活动、志愿服务、社会实践、党团活动等
	通识知识的广泛运用	读书月、人文素质大讲堂、文化艺术活动、社团活动
	健康合格的身心	心理健康月、趣味体育节、运动会、体育竞赛、市马拉松赛等
通用能力	职业规划能力	职业规划大赛、拓展训练、文艺活动、志愿服务、社会实践、社团活动等
	团队协作能力	
	社会活动能力	
	解决问题能力	
	自主学习能力	

续表

育人目标	具体指标	项目内容
专业知识和技能	具备从事某种具体职业或岗位所需的系统化知识或较高水平的操作技能	技能竞赛、社会实践、志愿服务、社团活动等
职业能力	具备从事某种具体职业或岗位所需的职业礼仪、职业道德和职业认同	校企竞赛、社会实践、技能竞赛、礼仪竞赛、礼仪培训、社团活动等
创新创业能力	具备不断产生新的工作想法并将其付诸行动的能力	创新、创意、创业竞赛，创新、创业培训，社团活动等

三、建立校园文化活动的激励机制

（一）运行机制

运行机制包括建立健全组织机构和实施机构。成立以校领导、相关职能部门（如校团委、学生科）及二级院系分管领导为主的组织机构，设立校园活动指导委员会，主要职能是制订校园文化活动育人目标，审核活动方案。实施机构为校团委，主要负责督促校园活动方案的实施、协调校园活动资源、保障校园活动质量。其下设校园活动实施小组，主要负责组织开展活动、记录并评价活动情况、及时反馈活动效果。

（二）激励机制

激励机制包括建立健全评价体系和考核体系。评价体系主要是通过学分制或多元评价方式，对学生的参与度及其在育人目标培育下综合素质的提高度进行综合评价。考核体系是以项目制或导师制为主，通过给予项目经费的方式，激励教师更好地组织、指导学生积极参与，以期达到激励学生在体系内根据自己的兴趣爱好有针对性地参加活动，在活动中增长见识，提高专业技能和综合素质。图 5–3–2 为校园文化活动体系运行及激励机制路径（参考）示意图。

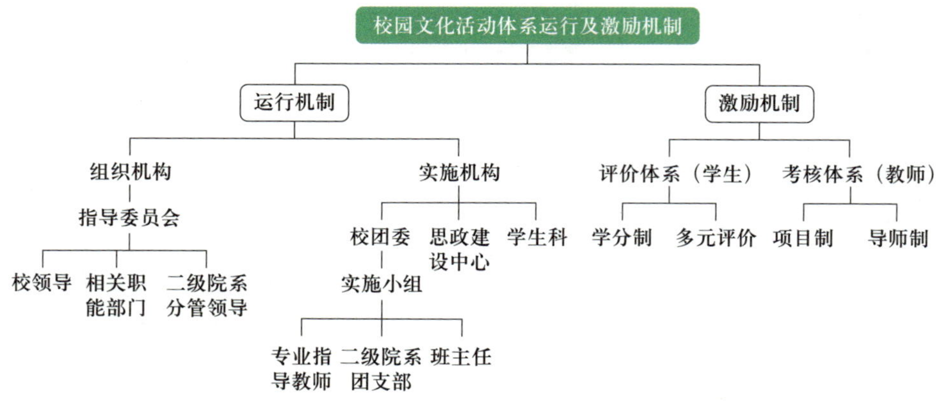

图 5-3-2 校园文化活动体系运行及激励机制路径（参考）示意图

四、构建独具特色的校园文化活动体系

校园文化活动体系包括目标体系、活动体系、时间体系、课程体系、管理体系、评价体系和考核体系。

（一）制订方案、拟定标准

成立校园文化活动指导委员会，在研读技工院校人才培养标准和本校人才培养方案后，精心筛选符合本校实际情况的活动项目，制订活动方案，并邀请专家对方案进行审核。

（二）培训引领，形成共识

校园文化活动指导委员会以“校园文化活动体系的构建”为专题，分层次对管理队伍、教师队伍和学生进行培训，引导全校达成共识，形成统一行动力。

（三）行动研究，实践创新

以时间节点为期限进行校园活动实践和创新研究，定期反馈活动体系运行效果，及时更新体系内容，直至形成契合本校实际的校园文化活动体系。

【参考案例】

“文化塑心·活动育人”校园文化活动体系的构建

某学院地处客家族聚集区域，深受客家传统文化“风雅传统、家国意识、大爱情怀”的熏陶。学院坚持“以人为本、以德为先、以能为重、以文化人”的办学理念，秉承“立德允能”的校训，根据地方经济特色和行业企业对高技能人才的实际需求，系统整合校园文化活动资源，突出校园文化活动的职业指向性，构建以“有德、有礼、有规、有文、有信、有格、有为、有志”为目标的“文化塑心·活动育人”校园文化活动体系（见表 5-3-2），运用“四位一体”多元评价体系（见表 5-3-3 至表 5-3-6），对学生的综合素质进行评价。对指导教师的考核则参照学院的奖励制度实施。

表 5-3-2 “文化塑心·活动育人”校园文化活动体系

<table>
<tr><th colspan="2">目标体系</th><th>活动体系</th><th>时间体系</th><th>课程体系</th><th>管理体系</th></tr>
<tr><td rowspan="10">有德之人</td><td rowspan="10">加强学生热爱祖国、热爱家乡、热爱学校、热爱集体、孝敬父母、尊敬师长、团结互助等传统美德的教育，教育学生不学坏，做有德之人</td><td>班会活动：国情国史比赛</td><td>每学期</td><td>专题讲座：中国近现代史纲要和当代中国国情概论</td><td>学生科、教学部</td></tr>
<tr><td>新生军事训练</td><td>新生入学</td><td>专题讲座：我国的国防基础知识</td><td>学生科、班主任</td></tr>
<tr><td>主题班会：时事直通车</td><td>不定</td><td>专题讲座：时事政治</td><td>学生科</td></tr>
<tr><td>每周晨会</td><td>每学期</td><td></td><td>团委、学生会</td></tr>
<tr><td>铭记国难、情系灾区——爱心募捐活动</td><td>不定</td><td></td><td>团委、班主任</td></tr>
<tr><td>主题班会：我是客家人</td><td>每学期</td><td>专题讲座：客家文化</td><td>学生科、旅游服务系</td></tr>
<tr><td>实地参观企业或参观企业文化主题馆</td><td>不定</td><td></td><td>教学部、企业文化主题馆</td></tr>
<tr><td>客家山歌歌咏比赛/客家菜烹饪大赛</td><td rowspan="2">技能节</td><td rowspan="2">专题：客家文化</td><td>教务科、教学部</td></tr>
<tr><td>客家名人故事演讲比赛</td><td>团委、教学部</td></tr>
</table>

续表

目标体系		活动体系	时间体系	课程体系	管理体系
有德之人	加强学生热爱祖国、热爱家乡、热爱学校、热爱集体、孝敬父母、尊敬师长、团结互助等传统美德的教育，教育学生不学坏，做有德之人	校园导游大赛	技能节	专题讲座：我爱我的学校	教务科、学生科
		专业介绍／优秀毕业生经验谈	新生入学及毕业生离校前夕		招生就业科、班主任
		美丽的校园——校园摄影（DV）大赛	不定		团委、教学部
		主题班会：技能竞赛或其他比赛动员会	班会课	专题讲座：技能节的喜悦	学生科、班主任
		我的班级我的家，我参与我管理——班歌、班规、班徽、班服设计大赛	新生入学后1个月内		教学部、班主任
		课室文化设计大赛、宿舍文化节	每年九月和四月		学生科、班主任、生活指导老师
		德育量化考核	每学期		班主任
		节日祝福系列活动	适时	专题讲座：中华民族的传统美德	学生科、团委、班主任
		学习《弟子规》主题月活动	当年十月及次年四月		学生科、教学部、班主任
		评选校园节约之星、理财之星	适时		团委
		宿舍文化节	不定	专题讲座：学会交往	学生科、拓展训练馆
		三下乡	暑假		团委、教学部、思政建设中心

续表

<table>
<tr><th colspan="2">目标体系</th><th>活动体系</th><th>时间体系</th><th>课程体系</th><th>管理体系</th></tr>
<tr><td rowspan="4">有礼之人</td><td rowspan="4">加强学生文明礼仪教育，让学生学会问好，学会礼貌待人，学会基本的生活礼仪和职场礼仪，有良好的社会公德，做有礼之人</td><td>主题班会：做有礼之人</td><td>每学期</td><td>专题讲座：礼行天下——职场成功从礼仪开始</td><td>学生科、团委、公共教育管理中心</td></tr>
<tr><td rowspan="2">仪容仪表专项整顿活动</td><td rowspan="2">不定</td><td rowspan="2">专题：形象训练活动月</td><td>形象训练馆</td></tr>
<tr><td>学生科、班主任、生活指导老师</td></tr>
<tr><td>礼仪之星评选活动</td><td>四月</td><td>专题讲座：你的形象价值百万</td><td>学生科、团委、旅游服务系、形象训练馆</td></tr>
<tr><td rowspan="8">有规之人</td><td rowspan="8">加强学生法纪法规教育，让学生学会遵纪守法，学会按规矩办事，培养学生强烈的规矩意识，做有规之人</td><td>主题班会：做懂法之人</td><td>秋季开学初</td><td rowspan="2">专题讲座：法律常识、安全教育；
课程：职业道德与法律</td><td rowspan="2">学生科、公共教育管理中心</td></tr>
<tr><td>6·26国际禁毒日暨禁毒专题系列教育活动</td><td>六月</td></tr>
<tr><td>安全教育</td><td>适时</td><td></td><td>学生科、教学部、班主任</td></tr>
<tr><td>主题班会：校规校训我心</td><td>每学期</td><td>专题讲座：学习学校规章制度</td><td>学生科、教学部、班主任</td></tr>
<tr><td>1. 德育量化考核；
2. 主题班会：安全教育</td><td>每学期</td><td></td><td>学生科、教学部、班主任</td></tr>
<tr><td>主题班会：做惜时之人</td><td>适时</td><td>专题：珍惜时光，健康生活</td><td>学生科、班主任、生活指导老师</td></tr>
<tr><td>《中华人民共和国民法典》</td><td>适时</td><td>专题：《中华人民共和国民法典》</td><td>教务科、思政建设中心</td></tr>
<tr><td>班会活动：谁是最讲原则的人</td><td>每学期</td><td>专题：学会处世、学会办事</td><td>学生科、教学部、班主任</td></tr>
</table>

续表

<table>
<tr><th colspan="2">目标体系</th><th>活动体系</th><th>时间体系</th><th>课程体系</th><th>管理体系</th></tr>
<tr><td rowspan="15">有文之人</td><td rowspan="15">加强学生人文素养的培养，让学生学会辩证思考，有丰富内涵，知识面广，兴趣爱好健康广泛，做有文之人</td><td>校园十佳学生事迹报告会</td><td>六月</td><td></td><td>团委、学生会</td></tr>
<tr><td>主题班会：学习经验交流会</td><td>每学期</td><td>专题：读书的方法、技巧和艺术</td><td>学生科、教学部、班主任</td></tr>
<tr><td>班会活动：图书馆或阅览室体验日</td><td>每学期</td><td></td><td>学生科、教学部、班主任</td></tr>
<tr><td>人文素质大讲坛</td><td>每学期</td><td></td><td>学生科、公共教育管理中心</td></tr>
<tr><td>辩论赛</td><td>技能节</td><td rowspan="2">专题讲座：文学常识、哲学常识等</td><td>教务科、公共教育管理中心</td></tr>
<tr><td>“好书”分享会</td><td>不定期</td><td>团委、教学部、班主任</td></tr>
<tr><td>办好学校广播站“技师倾听”栏目</td><td>每学期</td><td></td><td>团委、广播站、心灵港湾主题馆</td></tr>
<tr><td>班级图书漂流活动</td><td>每学期</td><td></td><td>学生科、教学部、班主任</td></tr>
<tr><td>班会活动：图书馆或阅览室体验日</td><td>适时</td><td></td><td>图书馆、班主任</td></tr>
<tr><td>“我感受的校园人文精神”主题征文比赛</td><td>适时</td><td rowspan="6">专题讲座：人文精神</td><td>团委、允能文学社</td></tr>
<tr><td>“学会尊重”演讲比赛</td><td>适时</td><td>班主任、生活指导老师</td></tr>
<tr><td>《弟子规》咏诵比赛</td><td>四月中旬</td><td>各部团总支、各班团支部</td></tr>
<tr><td>名言警句书法大赛</td><td>适时</td><td>公共教育管理中心</td></tr>
<tr><td>拓展训练</td><td>不定</td><td>学生科、团委</td></tr>
</table>

续表

目标体系		活动体系	时间体系	课程体系	管理体系
有文之人	加强学生人文素养的培养，让学生学会辩证思考，有丰富内涵，知识面广，兴趣爱好健康广泛，做有文之人	社团文化节	十月至十一月		团委、社团联合会
		学生干部培训会	不定		团委、各部团总支
		主题班会：自觉抵制不良信息和嗜好	每学期		班主任、生活指导老师
有信之人	加强学生诚实守信教育，教育他们为人处事要重承诺守信用，做有信之人	主题班会：诚信很重要	适时	专题讲座：关注自己	学生科、心灵港湾主题馆
		校园主持人大赛	十二月		团委、演讲与口才协会
		心灵港湾主题馆开放日	每学期		学生科、心灵港湾主题馆
		以“诚信”为主题的演讲比赛	不定	专题讲座：诚信值千金	学生科、教学部
		主题班会：如何保护秘密和隐私	不定		
		诚信考场	考试期间		教务科、科任教师
		拓展训练	不定		学生科、拓展训练馆
		诚信的力量	不定		各教学部

续表

<table>
<tr><th colspan="2">目标体系</th><th>活动体系</th><th>时间体系</th><th>课程体系</th><th>管理体系</th></tr>
<tr><td rowspan="5">有格之人</td><td rowspan="5">加强学生心理健康教育和引导，尊重学生的个性人格，培养学生良好的心理品质和健全的人格，做有格之人</td><td>校运会和课外健身活动</td><td>不定</td><td></td><td>团委、各社团、体育管理中心</td></tr>
<tr><td rowspan="2">1. 心理健康教育活动月；
2. 个体心理咨询或团体心理辅导等；
3. 心灵港湾主题馆体验日活动</td><td rowspan="2">适时</td><td>课程：心理健康教育</td><td rowspan="2">学生科、心灵港湾主题馆、思政建设中心</td></tr>
<tr><td>专题讲座：心理学常识</td></tr>
<tr><td>1. 形象训练馆开放日；
2. 心灵港湾主题馆开放日</td><td>适时</td><td>专题讲座：做一个有内涵的技能人</td><td>学生科、思政建设中心、心灵港湾主题馆、形象训练馆</td></tr>
<tr><td>时装秀</td><td>技能节</td><td>时装设计展</td><td>教务科、旅游服务系</td></tr>
<tr><td rowspan="8">有为之人</td><td rowspan="8">加强学生就业指导，帮助学生树立正确的就业观，提高学生职业素养和就业创业能力，做有为之人</td><td>模拟招聘训练馆开放日</td><td rowspan="3">八月</td><td rowspan="3">课程：就业指导课
专题讲座：就业指导讲座</td><td rowspan="3">教务科、学生科、招生就业科、模拟招聘训练馆</td></tr>
<tr><td>就业指导报告会、交流会</td></tr>
<tr><td>就业与择业指导专题讲座</td></tr>
<tr><td>优秀毕业生风采集</td><td>每年三月</td><td>优秀毕业生风采集</td><td>班主任、招生就业科</td></tr>
<tr><td>模拟签订劳动合同</td><td rowspan="3">六月</td><td rowspan="3">课程：就业指导课
专题讲座：如何制作简历</td><td rowspan="2">思政建设中心、模拟招聘训练馆</td></tr>
<tr><td>简历制作大赛</td></tr>
<tr><td>1. 校园模拟招聘会
2. “职场之星”评选活动</td><td>模拟招聘训练馆</td></tr>
<tr><td>创业训练馆</td><td>长期</td><td>专题讲座：SYB培训</td><td>学生科、创业训练馆</td></tr>
</table>

续表

目标体系		活动体系	时间体系	课程体系	管理体系
有志之人	加强学生职业生涯规划能力培养，帮助学生树立远大的人生奋斗目标，做有志之人	自我管理和自主学习	第四学期	课程：自我管理、自主学习	公共教育管理中心
		自我认知和职业测评	适时	课程：心理健康教育	心灵港湾主题馆、思政建设中心
		班会活动：我的职业生涯我设计 参观模拟招聘训练馆	每学期	专题讲座：职业生涯规划设计 课程：就业指导课	教务科、学生科、思政建设中心、模拟招聘训练馆
		阶段性实习	不定期	实习总结	教务科、各系部

某技师学院“四位一体”德育多元评价体系

“四位一体”多元评价模式是坚持以人为本，以学生为主体，遵循学生身心发展特点和规律，全方位评价学生在“文化塑心·活动育人”校园文化活动体系培育模式下的综合素质情况。

“四位一体”德育评价包括学生自评、家长评价、教师评价和企业评价。通过调查问卷的形式发放给学生、家长、班主任和企业管理者，从“德、礼、规、文、信、格、为、志”八个方面对学生进行综合性评价。学生自评、家长评价和教师评价为每学期一次，共评四个学期。企业评价为顶岗实习一个月后评价，只评一次。评价应客观、真实，提出的建议应科学、可行。

学生自评

亲爱的同学：

您好！很高兴您选择了 ×× 学校就读，现已顺利完成了一学期的学习、生活，感觉如何？那么，请您回顾一下：本学期都做了什么？学了什么？获得了什么？然后对照我们的问卷，逐一检验并如实填写（在选项里打“√”）。

表 5-3-3　　“四位一体”多元评价体系之一——学生自评表

序号	指标体系	指标内容	选项	
			做到了	没做到
1	有德之人	我每天都会利用微博、电视等媒体了解时事新闻		
2		在升旗仪式时，我会不自觉地默唱中华人民共和国国歌		
3		我能说出中国历史上至少 5 位名人的故事		
4		我能说出当地 3 个传统文化故事		
5		我了解当地部分企业的信息		
6		我会唱 2 首以上当地特色歌曲		
7		我能说出至少 2 个以上当地名人的故事		
8		我能说出班上所有同学的姓名、家乡、喜好等		
9		我为班级、宿舍建设提出了 1 条以上的建议		
10		我清楚知道我所学专业的就业方向和所需掌握的课程		
11		我知道在校学习期间所需要考取的资格证书		
12		中秋、元旦、端午等节日时，我会给亲人、老师发祝福短信		
13		我能熟练背诵《弟子规》		
14		我和班上同学能和谐相处，没有争吵		
15		我每个月的花费不超过同学之间的平均水平		
16	有礼之人	我会使用“请”“谢谢”等礼貌用语与人交谈		
17		我会微笑对待每个人		
18		我会用双手给长辈、老师、同学递送东西		
19		我没有乱扔垃圾、随地吐痰的行为		
20		我没有给同学起绰号		
21		我进入别人的宿舍、老师的办公室，都会先敲门		

续表

序号	指标体系	指 标 内 容	选项	
			做到了	没做到
22	有礼之人	我不会讲粗口		
23		我的穿着打扮符合学校要求		
24		我没有穿拖鞋、吊带裙、短裤进入教室		
25		我没有染发、烫发		
26		我的生活习惯很好，饭前便后都会洗手		
27		我会主动向老师、长辈问好		
28		我参加学校各种集会时，不会玩手机，不会吵闹		
29		我知道并能做好餐桌礼仪、介绍礼仪等		
30		在图书馆、阅览室、实操房，我都会遵守纪律，礼让同学		
31	有规之人	我熟知《中华人民共和国劳动合同法》《中华人民共和国民法典》等法律知识		
32		我对毒品的危害比较清楚		
33		我没与人打架		
34		我遵守交通规则，没有无证驾驶的行为		
35		我清楚学校的规章制度、班规		
36		我没有吸烟、喝酒、顶撞老师的行为		
37		我没有旷课、迟到、早退的行为		
38		我没有毁坏学校的公共设施，没有在宿舍使用大功率电器		
39		我没有到江河湖泊里游泳		
40		我没有鲁莽行事的经历		
41	有文之人	我有一套自己的学习方法		
42		上课时，我能坚持认真听讲，不玩手机，不睡觉		
43		我有良好的学习习惯，会定时去阅览室看书		

续表

序号	指标体系	指标内容	选项	
			做到了	没做到
44	有文之人	我聆听了至少2次以上的人文素质讲座		
45		我至少5次到阅览室看书		
46		我至少3次在图书馆里借书		
47		我懂得如何调节自己的心态		
48		我参加了至少1个社团，并积极参与社团活动		
49		我一周上网的时间不超过38小时		
50		我能听取别人给予我的建议		
51	有信之人	我会勇敢地在班级、宿舍表达自己对事物的看法		
52		我没有对父母、老师、同学说谎，是一个诚实的人		
53		我知道自己的优点和缺点		
54		我答应同学的事情，一定会做到		
55		我会保守同学的秘密，不说给别人听		
56		我有很好的时间观念，与人约会从不迟到		
57		我会自觉自主完成作业，不抄袭作业		
58		我对老师或长辈承诺的事情一定会做到		
59		我会主动承担班级、社团的一些工作		
60		我是一个守时、守信的人		
61	有格之人	我坚持每天运动30分钟		
62		我参加了学校组织的运动会、篮球比赛等体育竞赛		
63		我一个月就适应了学校的生活		
64		我会采用正确的方法及时宣泄自己的不良情绪		
65		我了解心理健康知识，懂得心理健康的重要性		
66		我参加了学校组织的心理健康教育活动		

续表

序号	指标体系	指标内容	选项	
			做到了	没做到
67	有格之人	我遇到心理问题时，会主动寻求心理老师或班主任的帮助		
68		我能控制自己玩手机、上网的时间，该上课时就上课，该休息时就休息，是个自控力强的人		
69		我有自己的一套思维方式		
70		我有意识地培养自己的内涵，是一个有深度的人		
71		我具备果断、执行力等优良品质		
72	有为之人	我对自己未来的就业方向很清晰		
73		我的就业观念是“先就业，后择业”		
74		我主动参与志愿活动		
75		我参加学校组织的社会实践，了解社会		
76		我知道怎么制作求职简历		
77		我对就业面试颇有信心		
78		我知道如何运用法律来保障自己的权益		
79		我知道如何获取就业信息		
80		我参加过创业类的讲座和活动		
81		我了解职业素养是怎么回事		
82		我知道如何提高自身素养		
83		我参加过模拟面试等活动，成绩还不错		
84	有志之人	我掌握了自我管理和自主学习的方法		
85		我做过自我认知测评和职业测评		
86		我了解自己适合哪种职业		
87		我参观过模拟招聘训练馆		
88		我设计过职业生涯规划书		
89		我有长远的奋斗目标		
90		我为自己的奋斗目标做好了规划		
91		我正在为自己的目标努力奋斗着		

（评分等级：做到 82 项及以上为优秀；73 ~ 81 项为良好；55 ~ 72 项为合格；0 ~ 54 项为不合格。）

请您数一数，我们让您回忆了（　　）项事情，做到了（　　）项事情，没有做（　　）项事情。鉴于此，您将自己本学期的表现归为哪个等级呢？（　　）（A. 优秀；B. 良好；C. 合格；D. 不合格。）

您打算下学期将如何改进自己的学习、生活呢？请简单给自己的假期和下学期的学习、生活做一个简单的计划吧。

假期计划：

下学期计划：

谢谢您的填写！祝学业进步，天天开心！

教师评价

尊敬的班主任：

您好！一个学期的工作即将结束，您辛苦了！首先，请允许我们代表学校，对您用心带班表示衷心感谢。其次，请您回忆一下您班的学生都参与了什么活动？对学生起到了怎样的教育作用？现在，请您对照问卷，如实填写该学生的表现（在选项里打“√”）。

表 5-3-4　　“四位一体”多元评价体系之二——教师评价表

序号	指标体系	指标内容	选项	
			做到了	没做到
1	有德之人	当我给学生播放新闻联播或讲述新闻事件时，他（她）很认真，并且会与我互动		
2		他（她）在升旗仪式上表现得很好，尊重国旗		
3		他（她）会给班上同学讲述历史名人的故事		
4		他（她）对班上同学的情况了如指掌		
5		他（她）为班级、宿舍建设提出过建议		
6		他（她）知道所学专业的就业方向，以及需要考取哪些职业资格证书		
7		他（她）会在节假日给我送来祝福		
8		他（她）能背诵《弟子规》		
9		他（她）和班上同学相处融洽，没有打架、争吵行为		

续表

序号	指标体系	指标内容	选项	
			做到了	没做到
10	有德之人	据我所知，他（她）每个月的花费不超过同学的平均水平		
11	有礼之人	他（她）对老师、同学说话都很有礼貌，会主动问好		
12		他（她）不会给同学起绰号		
13		他（她）不会讲粗口		
14		他（她）的穿着很符合学校要求		
15		他（她）没有穿拖鞋、吊带裙、短裤进入教室的行为		
16		他（她）没有染发、烫发		
17		他（她）在开大会时，不会玩手机，不会吵闹		
18		他（她）懂得礼仪方面的知识，并能做到		
19	有规之人	他（她）对《中华人民共和国劳动合同法》《中华人民共和国民法典》等法律知识比较熟悉		
20		他（她）没有与人打架的行为		
21		他（她）没有无证驾驶的行为		
22		他（她）对学校的规章制度、班规都很熟悉		
23		他（她）没有吸烟、喝酒、顶撞老师的行为		
24		他（她）没有旷课、迟到、早退的行为		
25		他（她）没有毁坏学校的公共设施，没有在宿舍使用大功率电器		
26		他（她）没有到江河湖泊里游泳		
27		他（她）为人不会冲动，不会鲁莽行事		
28	有文之人	上课时，他（她）不会玩手机，不会睡觉		
29		他（她）会定时去阅览室看书		
30		他（她）去听了至少2次以上的人文素质讲座		
31		他（她）会在教室、宿舍阅读课外书籍，增长见识		
32		他（她）参加了1个社团，并积极参加社团活动		
33		他（她）能听取老师、同学的建议		

续表

序号	指标体系	指标内容	选项	
			做到了	没做到
34	有信之人	他（她）在班会上会勇于发言，表达自己对某些事物的看法		
35		他（她）是一个很诚实的人，没有对老师说谎		
36		他（她）能清楚认识自己，知道自己的优缺点		
37		他（她）很守信用，答应老师和同学的事情一定会做到		
38		他（她）会主动承担班级、宿舍的一些事情		
39		他（她）很有时间观念，聚会、上课等都不会迟到		
40	有格之人	他（她）是个喜欢运动的学生，每周都会跑步或打球		
41		他（她）积极参加学校组织的体育比赛		
42		他（她）的适应能力很强，很快适应学校生活		
43		他（她）的心态很健康，言行不偏激		
44		他（她）的自控力很好，能控制上网的时间		
45		他（她）的思维方式很特别，很有条理		
46	有为之人	他（她）对自己未来的就业方向很清晰		
47		他（她）知道如何获取就业信息、制作简历等		
48		他（她）认真学习了《职场成功需要职业素养》		
49		他（她）参加了班级模拟面试比赛，表现还不错		
50	有志之人	他（她）掌握了自我管理和自主学习的方法		
51		他（她）做过自我认知测评和职业测评		
52		他（她）了解自己适合哪种职业		
53		他（她）参观过模拟招聘训练馆		
54		他（她）设计过职业生涯规划书		
55		他（她）有长远的奋斗目标		
56		他（她）为自己的奋斗目标做好了规划		
57		他（她）正在为自己的目标努力奋斗着		

（评分等级：做到 52 项及以上为优秀；46 ~ 51 项为良好；35 ~ 45 项为合格；0 ~ 34 项为不合格。）

请您数一数，您的学生都做到了（　　）项事情，没有做（　　）项事情，鉴于此，您给他（她）本学期的表现归为哪个等级呢？（　　）（A. 优秀；B. 良好；C. 合格；D. 不合格。）

您给他（她）的评价和建议是：

谢谢您的填写！祝您工作顺利，桃李满天下！

家 长 评 价

尊敬的家长：

您好！感谢您对我校的信任，将您的孩子交给我们来教育。现在，一个学期过去了，您的孩子是否有所进步？请您对孩子在这半年里的表现进行评价，对照下面问卷里的描述，逐一检验并如实填写（在选项里打“√”）。

表 5-3-5　“四位一体”多元评价体系之三——家长评价表

序号	指标体系	指标内容	选项	
			做到了	没做到
1	有德之人	我的孩子在家会看新闻联播，关心国家大事		
2		我的孩子会与我谈论时事热点话题		
3		我的孩子会关注地方经济发展的信息		
4		我的孩子对家乡的情况很熟悉		
5		我的孩子会做菜给我们吃		
6		我知道我的孩子所在宿舍同学的情况		
7		我知道我孩子的班主任姓名和手机号码		
8		我清楚知道孩子所学专业的就业方向和所需掌握的课程		
9		我知道孩子要考取什么职业资格证书，以便将来就业		
10		我的孩子每周都会与我通电话，说说学校的事情		
11		我的孩子能熟练背诵《弟子规》		
12		我的孩子与左邻右舍的人相处融洽		
13		我的孩子每个月的花费不超过同学的平均水平		
14	有礼之人	我的孩子讲礼貌，经常用“请”“谢谢”等词		
15		我的孩子不会与我顶撞，十分尊重我		

续表

序号	指标体系	指标内容	选项	
			做到了	没做到
16	有礼之人	我的孩子在家会收拾东西、搞卫生等		
17		我的孩子不会讲粗口		
18		我的孩子的穿着打扮符合学校要求		
19		我的孩子没有染发、烫发		
20		我的孩子讲卫生，饭前便后都会洗手		
21		我的孩子会主动向长辈问好		
22		我的孩子会帮我一起招呼客人，给客人倒茶		
23		我的孩子不会边吃饭边玩手机		
24		我的孩子会礼让他的兄弟姐妹，不与他们争吵、打架		
25	有规之人	我的孩子遵守交通规则，没有无证驾驶的行为		
26		我的孩子会与我讲一些法律知识		
27		我的孩子不酗酒、不抽烟		
28		我的孩子很尊重老师，不会与老师发生冲突		
29		我的孩子认真上课，不会旷课、迟到、早退		
30	有文之人	我的孩子在家会帮忙干活，较少玩手机		
31		我的孩子在家会看看书		
32		我的孩子在家不会总是上网玩游戏、看电视等		
33		我的孩子会购买一些书籍到家中阅读		
34		我的孩子能听我的教诲		
35	有信之人	我的孩子会将他对某些事物的看法和建议坦率告诉我		
36		我的孩子很诚实，没有对我说谎		
37		我的孩子对自己认识比较清楚，知道自己的优缺点是什么		
38		我的孩子很有时间观念，在家能按时就寝		
39		我的孩子答应我的事就一定会做到		
40		我的孩子会主动承担家里的一些家务		

续表

序号	指标体系	指标内容	选项	
			做到了	没做到
41	有为之人	我的孩子不会总是宅在家里，会出去做一些如跑步、散步之类的运动		
42		我的孩子心态不错，身心健康		
43		我的孩子有心事的时候会向我倾诉		
44		我的孩子自控力较强，能控制自己玩的时间等		
45		我的孩子对自己未来就业的方向很清晰		
46		我的孩子对自己将来的职业道路有清晰的认识和初步的计划		
47		我的孩子知道就业需要准备什么，对于制作简历、面试等都有清晰的认识		
48		我的孩子懂得《中华人民共和国劳动合同法》的相关内容		
49		我的孩子在校参加过模拟面试，成绩还不错		
50		我的孩子有“先就业，后择业”的就业观念		
51	有志之人	我的孩子有自我管理和自主学习的能力		
52		我的孩子自我认知准确		
53		我的孩子有明确的职业方向		
54		我的孩子有远大的奋斗目标		
55		我的孩子为自己的奋斗目标做好了规划		
56		我的孩子正在为自己的目标努力奋斗着		

（评分等级：做到 52 项及以上为优秀；46 ~ 51 项为良好；35 ~ 45 项为合格；0 ~ 34 项为不合格。）

请您数一数，您的孩子有（　　）项事情是做到了，又有（　　）项事情是没有做到的，您认为他（她）这半年的成长，用一个等级来表示，是哪一个等级呢？（　　）（A. 优秀；B. 良好；C. 合格；D. 不合格。）

您希望学校从哪些方面去教育您的孩子呢?

谢谢您的填写！祝您身体健康，万事如意！

企 业 评 价

尊敬的企业领导：

您好！很高兴您选聘了我校学生到贵公司顶岗实习，现他已工作一个月，请您根据对他（她）的了解做出评价（在选项里打“√”)。

表 5-3-6　“四位一体”多元评价体系之四——企业评价表

序号	指标体系	指标内容	选项	
			做到了	没做到
1	有德之人	他（她）关心公司的发展，会主动了解本单位的信息		
2		他（她）关注时事新闻，能与同事聊政治、聊经济		
3		他（她）能很快适应公司节奏，认识公司同事		
4		他（她）敢于向上级领导提建议		
5		在节假日，他（她）会给同事送上祝福		
6		他（她）能很好地与同事相处		
7	有礼之人	他（她）会主动向公司领导、同事问好		
8		他（她）是一个很讲礼貌的人，总是面带微笑		
9		他（她）说话斯文有礼，穿着打扮符合职业人形象		
10		他（她）具备一定的礼仪知识		
11	有规之人	他（她）在公司表现良好，没有与人争吵、打架的行为		
12		他（她）能遵守公司的各项规章制度		
13		他（她）没有旷工、迟到、早退的行为		
14		他（她）没有顶撞上司、同事的行为		
15		他（她）不会鲁莽行事，不会冲动		
16	有文之人	他（她）会虚心向同事请教问题，以解决工作上的难题		
17		他（她）在工作时，积极认真，不会开小差		
18		他（她）的心态很积极，充满了正能量		
19		他（她）会积极参加公司的各项活动		

续表

序号	指标体系	指标内容	选项	
			做到了	没做到
20	有信之人	他（她）是一个很有主见的人		
21		他（她）是一个很诚实的人		
22		他（她）能够保守公司的秘密		
23		他（她）是个说到做到的人		
24		他（她）会主动承担公司的一些任务		
25	有格之人	他（她）很快就适应了公司的节奏和环境		
26		他（她）的执行力很强，在工作上不讲条件		
27	有为之人	他（她）清楚自己的岗位职责是什么		
28		他（她）懂得用《中华人民共和国劳动合同法》来与我们谈合同		
29		他（她）的职业素养不错		
30		他（她）在面试时表现很好		
31	有志之人	他（她）有自我管理和自主学习的能力		
32		他（她）对自我认知很清晰		
33		他（她）清楚自己适不适合未来的职业		
34		他（她）有远大的奋斗目标		
35		他（她）为自己的奋斗目标做好了规划		
36		他（她）正在为自己的目标努力奋斗着		

（评分等级：做到 32 项及以上为优秀；28 ~ 31 项为良好；25 ~ 27 项为合格；0 ~ 24 项为不合格。）

请您数一数，他（她）做到了（　　）项事情，没有做（　　）项事情，鉴于此，您给他（她）在贵公司的表现用一个等级来表示，是哪一个等级呢？（　　）（A. 优秀；B. 良好；C. 合格；D. 不合格。）

您觉得学校应该加强哪方面的教育，培养的学生才能更适合贵公司的需求？

感谢您抽出宝贵时间填写我们的问卷！祝您万事顺意！

综 合 评 价

尊敬的班主任：

您好！请您与您的学生坐下来，一起来看看前面四份评价表，聊聊学生自评、教师评价、家长评价及企业评价是否有区别？有何区别？请您根据本学期的班级德育量化统计一下：

该学生总共迟到（　　）次，早退（　　）次，旷课（　　）次。学生德育量化考核成绩为（　　），获奖情况是（　　）。

综合上述评价，我们认定该生本学期的综合素质评价等级为（　　）。（A. 优秀；B. 良好；C. 一般；D. 较差。）

如果一个孩子生活在批评之中，他就学会了谴责；如果一个孩子生活在敌意之中，他就学会了争斗；如果一个孩子生活在友爱之中，他就学会了这世界是生活的好地方。

——多蒙茜洛诺尔特

再次感谢你们的真实评价，感谢成长路上有你们的鼓励与支持！

【评价与反思】

一、评价

在构建校园文化活动体系过程中，可以从以下几个方面进行反思，以改善相关工作。

1. 在确定校园文化活动育人目标时，对技工院校人才培养标准是否研读准确？本校的人才培养方案定位是否准确？是否对企业的人才需求和学生的成长成才需求进行了充分调查研究和科学分析？所选取的调查对象是否具有代表性？应紧紧围绕校园文化核心，系统整合现有的活动资源，在此基础上，结合地域特色、生源特色等深挖本校特色，确立育人目标。

2. 校园活动项目内容的选取上，是否能充分体现育人目标？活动设置兼具多样性的同时做到精简，尽量做到每月一个主题活动，每学期至少有一个亮点主题活动，逐渐树立起本校的品牌活动。

3. 校园文化活动体系运行机制的设置是否科学合理？是否充分发挥每一位教师的专业特长？对学生的评价要及时准确，对指导教师的奖励要实施到位，激励师生积极参与。

4. 顶层设计决定特色校园文化活动的价值取向、目标、实施步骤，并能宏观掌控、及时调整体系培养方向，有力推进活动的实施，保证活动效果。独具本校特色的校园文化活动体系能很好地打造本校品牌活动，树立品牌形象。在校园精神文化的指导下，可持续发展和创新体系，不断完善活动内容，与时俱进地更新育人技能，使体系具有独特性、灵活性，保证活动效果。

二、反思

1. 在学生活动评价方面，校团委可以在学期初给学生发放《校园文化活动记录册》，由指导老师和班主任填写，详细记录学生的出勤情况，对学生在活动中的表现进行评分，实行学分制和多元评价并进。

2. 如果激励机制中针对活动指导教师的奖励体系没有独立成文，在实际操作中可在学校层面逐步建立配套的政策措施，将指导老师的报酬与活动的指导效果挂钩，并将活动指导效果纳入教师的业绩考核和职称评定中，从而更好地激励教师带动学生积极参与。

3. 要明确校园文化活动体系学分的必修要求，形成详细的学分认定实施方案，结合《校园文化活动记录册》，做好详细的学分记录。可选取某个平台，将学分记录形成成绩单，让学生、教师、家长和企业都可以随时查看，实时跟进学生综合素质的变化。

【表单与素材】

行业企业人才需求调查问卷（参考样式）

尊敬的企业领导：

您好！为了进一步了解企业对技工院校技能型人才的需求，深化校园文化活动培养模式改革。在此，需要您的大力支持！谢谢您抽出宝贵的时间帮助我们完成此次问卷调查。

请您在适合的答案上打“√”，谢谢。

第一部分　企业基本情况

1. 贵企业的行业门类是：

A. 加工制造类　B. 信息技术类（含 IT 类）

C. 财经类　D. 服务类

E. 其他类型

2. 贵企业的性质是：

A. 国有企业　B. 国内私营企业

C. 外资企业　D. 合资企业

E. 其他类型

3. 贵企业最需要招聘的人员是：

A. 社会人员　B. 中职生

C. 大专生　D. 本科生或以上

4. 贵企业一线人员的月工资收入是：

A. 1 500 ~ 2 500 元　B. 2 500 ~ 3 500 元

C. 3 500 ~ 4 500 元　D. 4 500 元以上

5. 您在企业的任职部门是：

A. 行政、人事部　B. 生产、技术部

C. 供应、销售部　D. 培训发展部

6. 您在企业的职位是：

A. 高层管理　B. 中层管理

C. 基层管理　D. 员工

第二部分　员工职业素质

7. 贵企业招聘员工时最看重的是：

A. 学历层次　B. 工作经验

C. 专业技能　D. 团队精神

E. 其他

8. 您认为目前技工院校毕业生主要存在哪些问题？（可多选）

A. 专业技能不强，不能直接上岗

B. 职业素养不高，缺乏爱岗敬业精神

C. 工作不安心，流失率高

D. 缺乏社会经验，人际关系处理不好

E. 其他（请说明）

9. 您认为技工院校毕业生需要具备的能力是：（可多选）

A. 专业知识技能　　B. 团队合作沟通能力

C. 职业道德修养　　D. 发展创新能力

E. 自我管理和自主学习能力　　F. 其他

10. 您认为技工院校要培养合格的企业员工，需要改进哪些方面？（可多选）

A. 加强专业技能培养　　B. 加强职业道德教育

C. 加强与企业需求的对接　　D. 更新专业理论教学

E. 其他（请说明）

再次感谢您帮助我们完成此次调查，祝您工作顺利，心想事成！

学生个人成长需求调查问卷

亲爱的同学们：

为更好地开展我校校园文化活动，帮助同学们成为德才兼备的高技能人才，特设计此调查表，请您根据实际情况如实填写。本次调查的所有信息仅供我校教育教学参考，我们保证您的信息不外流。谢谢您的配合！

请认真阅读题目（见表 5–3–7），对符合情况的选“是”，对不符合情况的选“否”，不清楚的就选“不知道”，在对应的空格里填写“√”。

表 5–3–7　　学生个人成长需求调查问卷（参考样式）

基本信息					
性别		班级			
序号	题目	是	不知道	否	
1	我们的祖国地大物博，有 14 亿人口，34 个省级行政区				
2	网贷是非法的，且具有极大风险				
3	我经常说“请、您好、谢谢、对不起、再见”这几个礼貌用语				

续表

序号	题　　目	是	不知道	否
4	上下楼梯时，我坚持走右边，从不推推挤挤			
5	我清楚《中华人民共和国未成年人保护法》《中华人民共和国民法典》等法律常识			
6	K 粉、摇头丸、吗啡都是毒品，不可以吸食			
7	我有一套自己的学习方法			
8	我每周会看课外书 2 小时以上			
9	我从来没说过谎			
10	在同学中间，我很善于表达自己的观点和看法			
11	平时，我会积极参与打篮球、跑步等体育项目来锻炼身体			
12	不管是学习还是生活上，遇到了困难，我都能独立解决			
13	我赞同“先就业，后择业”的就业观			
14	我不赞成“要有广博的知识面才可以顺利就业”的观点			
15	我能描述当地特色文化			
16	我能说出好些中国历史			
17	在没人看到时，我会将果皮纸屑随手扔在地上			
18	去老师办公室时，我一定会先报告、敲门			
19	我只要会骑摩托车，就可以骑车上学			
20	班干部扣了我的德育量化分，我会去了解原因			
21	学校开设讲座，我都会积极参与，以拓宽视野			
22	我认为，作为一名技校生，艺术类的课程与我们无关			
23	我很清楚自己的优点和缺点，能积极面对学习、生活			
24	答应别人的事情我一定会做到			
25	与同学争吵后，我会好几天都不开心			
26	我不喜欢的人，他做什么，都让我讨厌			
27	我对未来的职业角色有清晰的认识			
28	我愿意参加社会实践，来提高自己的职业素养			
29	我校创建于 ×× 年，其校训是“……”			

续表

序号	题　　目	是	不知道	否
30	在与人交谈时，我会很开心地向别人推荐我的母校			
31	我不喜欢与讲粗口的同学交往			
32	我认为染头发没什么大不了的，爱美之心人皆有之			
33	我已经满 16 周岁了，可以吸烟喝酒			
34	我的宿舍里有大功率电器			
35	我尊重身边的每个人，包括清洁阿姨			
36	在与人交谈时，我会虚心听取别人的意见			
37	在班级里，我乐于承担各项任务，从不推脱			
38	同学告诉我的秘密，我绝对不会告诉别人			
39	我一有心事，就会向朋友、老师倾诉，以缓解自己的压力			
40	朋友们说什么东西好，我就觉得什么东西好			
41	我相信我可以安心地在一家公司干上 1 ～ 3 年			
42	我对面试技巧、写简历一窍不通			
43	我从未参加过学校组织的技能竞赛或文体活动			
44	我热爱我所在的班级、宿舍，大家相亲相爱			
45	夏天天气很热，我可以穿背心、短裤进入公共场所			
46	升国旗时，我可以和旁边的同学讲话，或玩手机			
47	对于班规，那只是班主任定的规矩，可以不遵守			
48	同学之间发生口角，唯一解决方法就是打架			
49	我有自己的人生格言和座右铭			
50	我参加了一个社团，并培养发展我的兴趣爱好			
51	考试时，我会作弊			
52	我喜欢散播各类小道消息，特别是同学间的八卦			
53	我无法控制自己玩手机、上网的时间			
54	在决定要做一件事情时，我总会犹豫			
55	我不清楚《中华人民共和国劳动合同法》的细则			
56	我知道如何通过网络、招聘会、报纸等途径进行求职			

续表

序号	题　　目	是	不知道	否
57	我清楚我所选择的专业的就业前景和方向，并正在努力学习，以考取职业资格证书			
58	我很感恩我的父母、老师、同学，故十分赞同《弟子规》的说法			
59	在饭堂排队打饭时，我从来不插队			
60	在就寝休息后，遇到非常开心的事，我会大声喧哗，与舍友分享			
61	看见宿舍发生恶性事件后，我不会告诉班主任			
62	心情不好时，我会对着消防栓打上几拳			
63	我愿意和侃侃而谈的人交流，这样可以让我获得更多信息			
64	面对困难，我从不退缩			
65	我上课从不迟到、早退			
66	我参加了一个社团，没过几天，就想退出			
67	在心情不好时，我知道如何宣泄情绪			
68	我希望自己是一个有气质内涵的人			
69	希望接受创业方面的培训，以帮助我未来自主创业			
70	对于就业创业，我需要接受更多的教育培训和指导			
71	我有自我管理和自主学习能力			
72	我有非常清晰的自我认知			
73	我知道自己适合哪一类职业			
74	我想学会做职业生涯规划			
75	我能根据实际情况设定奋斗目标			
76	我会为了目标坚持不懈地努力			

第六篇
创新技工院校校园网络文化

实施路径一　打造校园新媒体平台，树立学校品牌形象

实施路径二　建设二级院系新媒体平台，宣扬优良校风学风

实施路径三　开放资源共享平台，提升师生综合素养

【背景描述】

“看见娃军训那个认真劲儿，真骄傲！”“校长亲自给刚入学的孩子们点朱砂，心里真为他们自豪！”……某年开学季，因校园直播，河北某技工学校倍加不同凡响。开学典礼上，他们用航拍在抖音、快手等平台直播，全方位、多角度向社会展示了校貌、校风，刷新了人们的认知，满足了家长们的关切。当天直播页面点击次数高达 46 174 次，活跃用户数达到 6 792 人，创该校校园文化活动观看历史纪录。

其实，在开学季的校园直播中，不仅有开学典礼、迎新礼，还有校庆、运动会、文艺汇演、军训、精品课、培训会、画展等，涉及的内容十分丰富。近年来，他们将直播引入学校，将学生的真实生活、学习展现给家长，成为学校塑造优秀品牌、传播校园文化、加强家校互动的方式之一，也成为学校与外界沟通的桥梁和展示的窗口。

【点评】

当下，微博、微信、QQ、抖音、快手、今日头条等新媒体平台更是迎合了时间碎片化的需求，满足了人们随时随地互动性表达的需要。目前，新媒体平台已经成为技工院校对内、对外宣传的重要途径和校园文化建设的重要平台。因此，要有效建设和管理以微博、微信为代表的新媒体平台，为广大师生、家长及时提供优质信息服务，积极回应其合理诉求，有效处置热点舆情事件，主动占领新媒体舆论阵地，最大限度地发挥新媒体的积极作用，树立学校良好的品牌形象。

实施路径一　打造校园新媒体平台，树立学校品牌形象

实施路径一　打造校园新媒体平台，树立学校品牌形象	校园新媒体使用现状调查
	校园新媒体组织机制建设
	校园新媒体内容建设
	校园新媒体舆论阵地建设

【实施路径】

一、校园新媒体使用现状调查

为更有效地使用新媒体平台，树立学校品牌形象，要对校园新媒体平台使用现状开展调查。通过问卷调查形式，多层次、多角度了解学生对新媒体的认知程度、使用频率、获得信息的渠道和所产生的积极或消极的影响。然后科学分析调查结果，认真讨论，提出具有针对性的校园新媒体平台建设的对策，推进校园文化建设的进程。表 6–1–1 为校园新媒体平台现状问卷调查操作步骤。

表 6–1–1　校园新媒体平台现状问卷调查操作步骤

步骤	操　作
第一步	创建问卷（如问卷星），设置问题及选项，生成链接
第二步	转发链接，使被调查群体获知本问卷
第三步	结果统计分析
第四步	下载原始答卷与分析报告

调查问卷可从以下几方面设计问题：

第一，学生对新媒体的认知程度、使用频率。

第二，新媒体对学生的积极影响。

（1）对物质建设方面的校园新媒体基础设施建设的积极影响。

（2）对精神建设方面的校园文化活动的积极影响。

（3）对行为文化建设方面的学生在获取信息、学习、人际交往、思维的积极影响。

（4）对制度文化建设方面的校园管理、教师教学的积极影响。

第三，新媒体对学生的消极影响。

（1）对精神文化建设中技工院校学生主流思想观念和社会认知的消极影响。

（2）对制度文化建设中校风建设的消极影响。

（3）对学生行为文化建设中人际关系的消极影响。

学生对新媒体的使用情况及认识调查问卷详见【表单与素材】。表 6–1–2 为某技师学院师新媒体平台使用现状问卷调查及结果分析。

表 6–1–2　某技师学院师新媒体平台使用现状问卷调查及结果分析

序号	调查项目	结果分析
1	学生对新媒体的认知程度、使用频率	新媒体在校园的普及率和使用率较高，新媒体已成为学生最关注的校园媒体，但大部分学生对新媒体的了解还不够深入
2	新媒体对学生的积极影响	新媒体对校园文化建设的人才培养具有重要的积极影响。新媒体硬件技术扩展了校园文化建设的平台，丰富了校园文化活动的内容，拓展了技工院校学生获取信息、学习、沟通、思维的方式
3	新媒体对学生的消极影响	新媒体对校园文化建设存在着消极影响。新媒体的使用削弱了学生对社会主流文化认同感，消减了传统媒体的主导地位，加大了学校教育与管理的难度，加剧了学生对社会不良现象的片面认识，导致学生人际关系疏远及思考能力下降

无论是积极影响还是消极影响，都是学校客观存在的现实，技工院校的管理者和教育工作者应该认真研究和解决这些问题。

二、校园新媒体组织机制建设

1. 机构设置

技工院校应成立专门的新媒体运维机构，由宣传部门牵头，引导舆论导向。其主要职能是：组织协调全校新媒体的运行，引导学校师生群体舆论，使学校新媒体管理更加规范；围绕学校中心工作做好宣传工作；为学校各职能部门、二级院系、社团等二级单位新媒体提供认证服务和技术帮助。

学校可以依靠现有资源有效设置新媒体运维机构。将各二级院系的微博、微信平台管理机构作为学校新媒体运维机构的分支，逐步完成新媒体管理上的梯队建设，最终形成以校级新媒体管理为中心，构架学校多级别、多层次的新媒体管理机构矩阵。

按照受众群体、开办单位（个人）的不同，技工院校新媒体平台可以分为 4 类：校级官方新媒体平台、职能部门新媒体平台、二级院系新媒体平台、校园自媒体平台。表 6–1–3 为多级别、多层次的新媒体管理机构矩阵。

表 6–1–3 多级别、多层次的新媒体管理机构矩阵

分类	开办单位	受众群体	特征分析
校级官方新媒体平台	一般由党委宣传部开设并负责管理和运维	全社会	代表学校发布官方消息，主要内容为优良校风、学风、重大事件，风格稳健、大气
职能部门新媒体平台	由党委学工部、校团委、教务处、图书馆、后勤服务中心等职能部门开设	全体师生	提供具有部门特色的资讯、政策及服务，风格中规中矩，服务属性强
二级院系新媒体平台	由各教学单位开设	本院系师生、校友和家长	提供管理和信息服务，发布本院系新闻推文
校园自媒体平台	由学生社团、班级或师生个人开办	因平台建设目的不同而具有很大差异	内容建设与平台的目标定位有关

2. 队伍建设

习近平总书记指出，新形势下宣传思想工作人员要自觉承担起举旗帜、聚民心、育新人、兴文化、展形象的使命任务。要建好一支新媒体工作队伍，新媒体工作人员要善于学习，主动实践，不断提高政治站位、思想觉悟和行动自觉。表 6–1–4 为新媒体工作人员综合素质要求。

表 6-1-4　　新媒体工作人员综合素质要求

人员组成推荐	■ 具有丰富的媒体管理经验的教师或传统媒体管理者 ■ 公开招募、选拔优秀的学生干部兼职担任新媒体管理员 ■ 对在各类新媒体平台上敢于公开发表意见、具备正确价值取向的学生要重点培养，使其成为学生代表层意见领袖
技术能力要求	■ 具备较强的文字编辑能力 ■ 具有美化新媒体平台的能力 ■ 能够抓住技工院校学生的学习、生活以及校园内外的热点新闻，并对所获得信息进行筛选、编辑，编写出符合技工院校学生思想文化的新媒体内容 ■ 具有媒体专业素养，能够用客观、公正的态度传播信息，一定程度上可以引导舆论朝正确的方向发展，使校园新媒体在师生中获得影响力
监管与培训	■ 成立校园新媒体监管小组，负责新媒体平台的监管工作，设主要负责人 1 名，可以由教师或者学生干部担任 ■ 加强新媒体运维团队在宣传内容、舆论导向、危机应对、新媒体信息传播等方面的培训指导，提高信息传播有效性，及时提供优质信息服务，避免网络群体性事件的发生

3. 制度保障

结合微博、微信等新媒体特点建立相应的平台和队伍管理办法，确保新媒体做到内容信息权威性、日常更新规律性、内容发布正式化、语言风格校园化、舆情应对流程化。通过制度化管理，使新媒体团队成员在新闻捕捉能力、语言写作能力、新媒体把握能力、活动策划能力等方面有所提升。

三、校园新媒体内容建设

技工院校新媒体要围绕学校中心工作，打造符合学校办学方针的交互性、开放性平台，大力宣传优良校风、学风，营造良好的育人氛围，帮助学校树立品牌形象。

可通过设置多样化的栏目宣传各种活动，提供各类信息服务，积极回应学生的合理诉求，并合理利用时间节点和热点事件强化宣传效果。

1. 栏目设置

校园新媒体要做好栏目设置。表 6–1–5 为某技师学院校级官方新媒体平台重点栏目及特色内容。

表 6–1–5　　某技师学院校级官方新媒体平台重点栏目及特色内容

<table>
<tr><th>校级官方新媒体平台</th><th>重点栏目</th><th>特色内容</th><th>平台特点</th></tr>
<tr><td rowspan="7">校园官网</td><td>校园新闻</td><td rowspan="7">校园新闻、学校工作动态等</td><td rowspan="7">权威性、公信力</td></tr>
<tr><td>通知公告</td></tr>
<tr><td>党建动态</td></tr>
<tr><td>教学科研</td></tr>
<tr><td>院系风采</td></tr>
<tr><td>媒体看学院</td></tr>
<tr><td>官方移动终端 App 导航</td></tr>
<tr><td rowspan="3">校园微信公众平台</td><td>校园资讯</td><td>校园新闻、学校工作动态、校园最新公告、校园学术讲座或者演讲、校园文艺活动、校园招聘、校内校外知识竞赛或科技比赛等信息</td><td rowspan="3">权威性、公信力</td></tr>
<tr><td>学生资讯</td><td>学生成绩、获得荣誉，学生就业、创业动态，自习室、阅览室、学校周边娱乐、美食等最新资讯</td></tr>
<tr><td>教学管理</td><td>国内外优秀课堂展示、教师个人魅力展示、互动教学评价模块</td></tr>
<tr><td rowspan="4">校园官方微博</td><td>校园新闻动态</td><td rowspan="4">举办“读书分享会”“优秀学生评选”“魅力教师”等活动，营造良好的学习风气；
开展“微活动”“我眼中的校园”“老人跌倒，扶不扶”“我的正能量”等宣传活动，对学生进行正确引导</td><td rowspan="4">具有便捷性、原创性、交互性、追踪性等特点，加强学校、教师、辅导员与学生的交流互动。
微博平台上放松、趣味、平等的氛围可使交流变得更加融洽</td></tr>
<tr><td>历史文化</td></tr>
<tr><td>校园生活</td></tr>
<tr><td>就业信息</td></tr>
</table>

续表

校级官方新媒体平台	重点栏目	特色内容	平台特点
数字移动图书馆	资源导航	主要包括图书推荐，提供热门图书排行榜，图书、期刊的分类导航	通过在手机、平板等移动媒体上安装客户端，就可以随时随地实现快速查询、阅读，还可以查询个人借阅记录、图书馆的书籍类型，实现在线阅读与互动
	我的空间	主要包括个人借阅历史情况、预约借书界面、个人图书检索历史记录，咨询界面等	
	信息发布	主要包括图书馆开馆、闭馆、讲座、会议等工作通知，借书到期提醒界面	
手机端视频平台	通过抖音、快手、微信视频号、腾讯、优酷、爱奇艺等手机 App，以视频的方式重点进行学校品牌宣传		

2. 把握推送时机

把握师生群体阅读习惯与时间规律，有助于扩大宣传的影响力。据腾讯大数据显示，中午十二点左右和晚上十点左右是页面访问高峰期，通过用户口碑扩散的移动页面，其访问热度一般持续两天左右。因此，在日常运营中要注意消息的推送时间和频率。宣传中，要以声音、图像、H5 动态等多种形式为载体，采用贴近学生生活的语言，在最短的时间内通过新媒体大规模、快速地将正确的思想传达给受众。

3. 抓住时事热点

要充分发挥新媒体的传播优势，抓住时事热点，加强有内涵、有影响力的校园文化活动的策划与宣传，深挖校园文化元素，着力宣扬本校特色文化。

【参考案例】

某技师学院按照时间节点开展校园文化活动，并通过新媒体平台进行运作，扩大活动影响力，提高活动实效。表 6–1–6 为某技师学院按照时间节点通过新媒体平台运作校园文化活动。

表 6-1-6 某技师学院按照时间节点通过新媒体平台运作校园文化活动

时间节点	热点事件	校园文化活动	新媒体平台运作
3 月 5 日	学雷锋纪念日、中国青年志愿者服务日	学雷锋月、志愿服务月	线上公益活动打卡、最美志愿者线上评选表彰活动、“新时代的雷锋故事”宣传活动
4 月 23 日	世界读书日	“书香满校园”读书月主题活动	共读一本好书接力、经典书籍网络推送、最美读书瞬间网络评选
5 月 25 日	心理健康日	“关爱心灵，向阳成长”心理健康主题活动	学生自制优秀心理健康情景剧展播、心理健康科普知识推送、心理健康教育教师讲微课、心理公益宣传片、树洞、心理问卷、心理征文
农历五月初五	传统节日：端午节	端午节传统文化活动	网络直播端午诗会，“为你写诗”“为你读诗”线上征集活动，端午知识有奖问答

4. 生产优质内容

近年来，以短视频为代表的新移动传播方式流行，“拍一拍”“抖一抖”“晒一晒”已成为人们日常生活。这种新的传播方式满足了用户参与式体验，真正体现了以用户为中心的传播生态。

【参考案例】

某技师学院鼓励各院系自主建设视频号，创作优质内容，用学生喜闻乐见的方式讲好新时代故事，形成了展示专业建设成果、推动教育教学改革、凝聚师生奋进动力、宣传学校良好形象的多元化窗口和平台，取得了很好的效果。图 6-1-1 为某技师学院用微信视频号形式讲好新时代故事。

图 6-1-1 某技师学院用微信视频号形式讲好新时代故事

四、校园新媒体舆论阵地建设

校园网络舆论形成于校园，对学生的思想行为具有较大影响。若不能及时有效对校园网络舆论进行监控和引导，有可能导致网络舆论危机，从而对学校造成负面影响。

1. 舆情的判断

从近年发生的校园舆情来看，食堂、宿舍、师生言论、教学管理等领域已成为舆情多发地。舆情发生后，师生非常关注学校能否及时发布处理结果，以及对事件起因、过程、后续措施等细节的公开。

【参考案例】

近年来，某技工院校先后出现了3起网络舆情事件，都得到了很好的处理。表6–1–7为某技工院校网络舆情发展要素，见证了其舆情从爆发到消散的主要过程。

表6–1–7　某技工院校网络舆情发展要素

舆情发展要素	事件1	事件2	事件3
首发媒介	网友新浪微博爆料	微博、微信群	知乎
传播渠道	微博微信传播 主流媒体跟进	微博热搜话题 主流媒体跟进，引发强烈关注	知乎热搜话题 延伸至微信朋友圈、微博等
舆情回应	各二级学院微信平台进行情况通报，并及时通报进展情况，随后学校官方微信公众号进行通报	学校官方微信公众号和学校新闻网站及时进行情况通报，随着事件进展随后进行后续情况通报	教务部门回应； 相关部门与学生交流； 校内自媒体公布信息； 畅通反馈渠道
舆论引导	线上回应、线下解决； 及时通报、协助采访； 新媒体平台发布，多渠道联动	4小时内发布通报，抢占先机； 持续跟进，校内师生广泛传播； 主动向媒体通报情况； 早发声，掌握舆论主动权	主要通过线下解决 校领导倾听学生反馈； 召开专项工作会议解决问题； 畅通反馈渠道
传播效果	权威媒体正面引导，舆论转向； 不同类型的新媒体差异化发声，回应诉求，获普遍谅解	校内师生以知情人士身份回应，广泛转载学校解决措施，获得网友信任； 巧借主流媒体报道，负面事件正向传播	话题热度下降

校园传播媒介的多样化和学生对热点舆情事件的迅速反应，易导致舆情产生。学校微信公众号因传播速度快、关注人群聚焦应该成为舆情回应的首选，因此，要及时发挥校园新媒体的舆论导向作用，把握舆论主动权，做好网络舆论引导。

2. 引导力量共同体建设

要运用“靶心模式”，构建网络宣传员、网络评论员、意见领袖、网络文明志愿者在内的引导力量共同体，一体化分层分类开展舆论引导。要做好优质内容的生产，创新媒介运用和话语表达，合理动态地设置议题，通过媒介融合开展好舆论引导。图 6–1–2 为校园网络舆论引导的“靶心模式”。

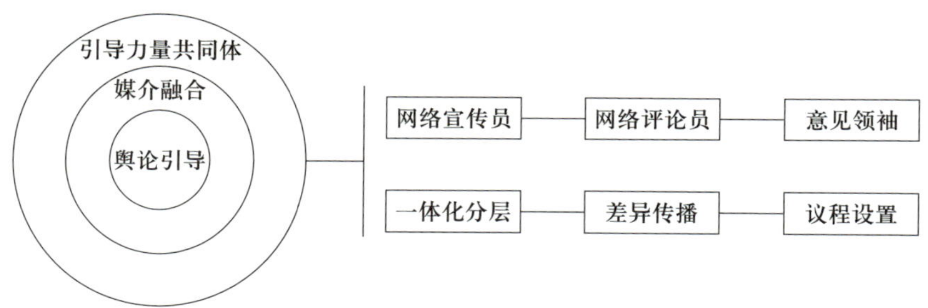

图 6–1–2 校园网络舆论引导的靶心模式

在“靶心模式”下，舆论引导是目标，引导力量共同体是基础，媒介融合是手段，通过共同体建设与媒介融合，实现人员与手段的一体化分层分类引导。

由网络宣传员、网络评论员与意见领袖组成的舆论引导力量共同体，具有线下地域的高度集中性。表 6–1–8 为技工院校校园舆论引导力量共同体的组成及职责。

表 6–1–8 技工院校校园舆论引导力量共同体的组成及职责

层次		人员组成	主要职责
第一层次	网络宣传员	学校宣传部门负责舆情的教师及二级单位办公室宣传干部担任	处于引导力量的统筹负责环节。负责各层级网络舆情处理方案的制订；对舆情线索进行收集、研判；进行舆情引导策略的制订；负责具体舆情的处理与信息报送

续表

层次		人员组成	主要职责
第二层次	网络评论员	学校行政管理干部、教师、辅导员及学生骨干	实时观察校内外网络舆情动态并上报相关情况；针对导向错误的网络言论及事件，以及与校园生活密切相关的舆情，进行网上舆论引导
第三层次	意见领袖	能够较好地进行朋辈引领和榜样示范的圈内人物	为主流舆论的进一步传播提供坚实力量；同属性群体的思想引导与网络舆情事件的信息收集
第四层次	网络文明志愿者	一般为青年团员群体的集合，由学校、学院团委进行管理	多针对特定时间或特殊事件的舆论引导，负责网络跟帖

学校通过社交媒体、网络宣传员、意见领袖等渠道发现舆情，要根据事件严重程度及时采取相应措施。根据事件内容可将校园网络舆情分为三级。表 6–1–9 为校园网络舆情分级表。

表 6–1–9　校园网络舆情分级表

舆情等级	内容概要
三级	一般性询问、诉求、反馈、质疑类
二级	涉及学校某突发事件或社会热点、敏感问题的恶意炒作或传播等，造成校内外一定的情绪波动及影响
一级	在校内外造成广泛影响，网络转载评论较多，引发较大社会议论

对于可能引发二级、三级舆情的一般性事件，由具体业务单位负责跟进处理，根据事件性质，可开展小圈层的舆论引导或集体性宣传，业务单位网络宣传员直接处理或者报送结果至校级网络宣传员备案。比如，对学校食堂饭菜卫生问题的舆情处理。

对于可能引发一级舆情的重要事件，则由校级网络宣传员研判并报送学校领导，统筹研究应对策略。开展校内外相关方的意见沟通，发动网络评论员发表各类文章和帖子，网络文明志愿者跟进发声，阐明事由，从总体上澄清事件。比如，对学校重大安全责任事故的舆情处理。

意见领袖开展团体舆论引导，影响与己相关的同类群体。图 6-1-3 为校园引导力量共同体网络舆情处理常规流程。

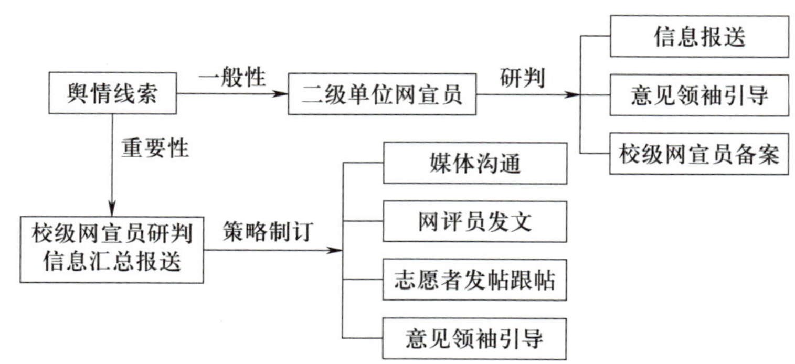

图 6-1-3　校园引导力量共同体网络舆情处理常规流程

3. 校园新媒体融合中的舆论引导

与传统媒体简单的信息发布不同，互联网有信息传播的时效性、广泛性等特点，因此，及时通过校园新媒体进行舆论引导非常重要。

（1）及时回应关切，通过情感共鸣形成认同感

对于已发生的舆情事件，学校应充分做好细节核实，确保不造谣不传谣。

在此基础上，先声夺人，及时回应校内外关切，起到“定海神针”的作用。对社会热点、引发广泛热议的事件，首先，要做好全面深度的报道，有理有据，还原事件背景、过程等细节；其次，要旗帜鲜明亮态度，通过网络评论员等群体广泛发表各类言论，现身说法，增强实效性。

在这种参与式互动中，要与受众平等沟通，也为舆情的收集和研判提供充足的信息支持。情感共鸣是一种感性体验，是把受众的感知和心灵触点相联系，从而影响受众的情感、情绪，引起他们的共鸣。在“后真相时代”，诉诸情感与信仰比客观事实更能影响公众舆论。情感传播具有无可比拟的优势，其发展的高阶是实现情感共鸣。这种共鸣是舆论引导的基础性力量，只有及时回应关切、赢得用户喜爱和关注，才能形成认同感。

（2）把脉话题节奏，动态设置议题提升引导力

分析近年校园网络舆情，大多由新媒体引爆，最终发展成为公众热议话题。从不同阶段的舆论话题设置，可窥见舆情发展态势与引导策略。

按照舆情三个层级，每个层级对应不同的议题设置方式，见表6–1–10。在日常的网络舆论引导中，要加强话题策划，利用各种媒体的差异化特征和适配的话语模式开展整合传播，实现负面舆论“减压”、正面声音“放大”，构建清朗网络空间。

表6–1–10　不同网络舆情级别对应的舆论引导策略

舆情等级	舆论引导策略
三级	相关部门针对性处理，根据热度决定是否由新媒体发布详情
二级	主动及时发声，发布初步情况通报和处理进度，回应热点关注
一级	内外媒体联动，同频共振发声，寻求正面细节，消减负面舆论，线上线下联动，冲散负面流量

【评价与反思】

一、评价

1. 已存在的校园新媒体的运行是否规范合理？有何积极和消极作用？

2. 能否快速正确地判断舆情的级别及初步采取的应对措施？

3. 校园网络舆论建设是校园网络文化建设的重点，能否成立专门团队动态应对舆论？能否及时、正确地回应舆情事件，以正视听？

二、反思

1. 更新传播理念

全面认识、准确把握新媒体背景下新闻生产的特点以及舆论环境的“变”和“不变”，是增强校园文化品牌共识和凝聚力的重要途径。所谓的“变”，是在文化品牌上不断创新；所谓的“不变”，是校园文化传播面对复杂的信息舆论环境时，要以社会主义核心价值观为出发点，对全校师生的思想基础予以巩固。

2. 创新宣传推广

要通过网络平台与移动终端等新媒体推广校园文化品牌，利用其对视频、图文的精心剪辑，使“即视感”和“冲击力”进一步加强，让听觉与视觉效果达到最佳，从而拓宽校园文化的覆盖范围，提高师生的参与度和认可度。

3. 加强品牌管理

要立足宏观，科学统筹，长远规划，鼓励全校师生一起传播、管理校园文化，调动他们的积极性、主动性，对校园文化品牌进行深入挖掘和创新。

4. 建立舆情监控机制

要设置专门的网络管理机构，负责规划、建设、管理以及维护学校校园网络，强化制度建设，保障校园网络信息安全。要安排专职教师对校园网络舆情进行及时监控，形成良好的校园网络舆情监控机制。

【表单与素材】

某技师学院学生对新媒体的使用情况及认识调查问卷如下：

学生对新媒体的使用情况及认识调查问卷

您好！很高兴您愿意填写这份问卷，您将协助一项关于新媒体使用习惯的调查研究。问卷内容不涉及个人隐私，答题结果只供调查分析，绝不对外公开，谢谢您的参与与配合！请将正确选项填在（　　）里。

一、基本信息以及对新媒体的认知情况

1. 您的性别：（　　）

A. 男　　B. 女

2. 所在的年级：（　　）

A. 一年级　　B. 二年级　　C. 三年级　　D. 三年级以上

3. 您对新媒体了解么？（　　）

A. 非常了解　　B. 知道一些　　C. 不清楚　　D. 完全不了解

4. 您最关注哪种校园媒体：（　　）

A. 校园广播

B. 校园报纸

C. 宣传栏、海报、黑板报、条幅

D. 校园网

E. 校园论坛、微博、微信、LED 大屏幕

5. 您在学校生活、学习中会经常使用以手机和电脑为终端的新媒体应用软件（手机微信、QQ、论坛、手机视频软件等）吗？（　　）

A. 经常使用，依赖性强　　B. 偶尔使用，依赖性不强

C. 需要时会用　　D. 几乎不用，没什么必要

6. 您经常接触或者使用的新媒体基础设施有哪些？［多选］（　　）

A. 电子阅览室　　B. 自助图书查询机

C. 多媒体教室　　D. 数字媒体大屏幕

7. 您主要通过哪种方式获取校内外新闻资讯？（　　）

A. 手机媒体

B. 网络媒体

C. 传统媒体（报纸、宣传栏、广播）

D. 同学告知

8. 您最喜欢的沟通交流方式是：（　　）

A. 电话、短信　　B. 微信、微博、QQ

C. 面对面交流　　D. 写信

E. 其他

9. 您是否支持学校利用新媒体平台宣传校园文化？如果支持，您会选择关注微博、微信公众号吗？（　　）

A. 支持，会关注　　B. 不支持

C. 支持，不关注

10. 您利用电脑、手机、平板电脑等工具做什么呢？［多选］（　　）

A. 看书、学习、查找资料　　B. 看电影、听音乐

C. 浏览微博、网页　　D. 聊天、购物

E. 游戏、娱乐　　F. 其他

11. 您是否经常通过手机或者电脑观看西方国家的影视文化作品？（　　）

A. 经常观看，每周一次或一次以上

B. 偶尔观看，两周或三周一次

C. 很少观看

D. 从来不看

二、关于新媒体对技工院校学生积极影响的调查

12. 您是通过何种方式了解到学校标志性建筑的历史背景？（　　）

A. 学校官方网站　　B. 学校的微博、微信公众号

C. 实地参观了解　　D. 同学、老师告知

E. 校报、广播

13. 在新媒体上举办学术讲座、微摄影、微公益等校园文化活动，您认为是否有意义？您会去参加吗？（　　）

A. 很有意义，很愿意参加这种活动

B. 意义不大，但是愿意尝试

C. 没意义，不会参加

14. 如果您选择参加，那么对您有什么积极影响？［多选］(　　)

A. 丰富了业余生活

B. 增长见识和开阔视野

C. 加强了与其他同学的互动交流

D. 激发了创造力

E. 没什么影响

15. 您认为新媒体给您的学习带来的积极影响有哪些？［多选］(　　)

A. 打破时间和空间的局限，随时随地学习

B. 学习途径增多

C. 可以和其他人进行交流学习

D. 新媒体提供丰富的学习资料

E. 没什么积极影响

16. 您认为新媒体平台的交流方式对您的人际关系有什么积极影响？［多选］(　　)

A. 方便联系新老朋友　　B. 使自己感到更轻松、自然

C. 能够充分展示自我　　D. 宣泄不良情绪的最佳途径

17. 您认为新媒体对您的思维方式有什么积极影响？［多选］(　　)

A. 会使自己思考更多的东西　　B. 改变自己对社会的看法

C. 开阔了自己的眼界　　D. 没什么积极影响

18. 如果您选择关注学校的微博、微信公众号等新媒体平台，您最希望获取什么信息？［多选］(　　)

A. 校园新闻　　B. 就业信息

C. 考试公告　　D. 校园文化活动

E. 奖励公告　　F. 其他

19. 您经常通过网络媒体平台学习吗？（　　）

A. 经常　　B. 不太经常

C. 偶尔　　D. 从来没有

20. 如果利用手机或者电脑，通过网络直播或者网络课堂的方式代替部分传统的课堂教学，您是否愿意？（　　）

A. 愿意，创新了教学模式

B. 不愿意，效果不如传统课堂

三、关于新媒体对技工院校学生消极影响的调查

21. 您在浏览贴吧、论坛、微博、微信公众号等媒体界面时是否收到过不良信息？对您有何影响？（　　）

A. 经常收到，政治观念易受到影响

B. 偶尔收到，易对社会、他人产生怀疑

C. 经常收到，对我没什么影响

D. 偶尔收到，对我影响不大

E. 从未收到这些不良信息

22. 您认为西方国家影视文化中所倡导的价值观、生活观、消费观对您有影响吗？（　　）

A. 有很大影响，十分崇尚西方文化

B. 影响不是很大，较认同西方文化

C. 影响不大，还是认同中国传统文化

D. 没什么影响

23. 您在使用新媒体浏览信息、新闻时，是否有意识地识别它们的真实性？（　　）

A. 会，会有意识地去识别

B. 会，但也只是想想，不会深究

C. 很少会，认为基本上是真实客观的

D. 完全不会，觉得都是真实的

E. 一般都是持观看态度

24. 如果您的思政老师在微博或微信等新媒体平台上与您互为好友或互相关注，您在发布消息时会怎样选择？（　　）

A. 无所谓，直接发布

B. 有些消息会故意屏蔽老师，不让他们看到

C. 不发布任何关于个人心情的消息

D. 另行开通其他账号，回避老师

25. 您在浏览新闻时，对其中消息或者观点产生质疑时，您更倾向于信任哪一方？（　　）

A. 校园广播、校报等传统主流媒体

B. 微博、微信公众号、论坛等新媒体平台的“意见领袖”

C. 官方微博、微信公众号等权威发布

D. 根据自己对信息的了解做出判断

26. 您新媒体平台上曾接收过以下哪些不良信息？［多选］（　　）

A. 诈骗　　B. 谣言

C. 暴力、色情　　D. 虚假广告

E. 不良图片与视频　　F. 邪教

27. 您曾接收到不良信息的主要媒体渠道有哪些？（　　）

A. 电话、短信　　B. 微博、微信等新媒体

C. 街边小广告

28. 随着新媒体的发展，与之前相比，社会上的各种性质（无论好坏）的事件曝光率都大大提高，加之来自各方的事件评论，您对社会的看法为：（　　）

A. 社会弊端太多，很多时候会有失望甚至绝望的消极态度产生

B. 好坏共存，但总体而言还是觉得社会好人好事居多

C. 对于新媒体的新闻持旁观态度，没有怎么影响原来的社会看法

29. 如果您在微博、微信上转发或评论一些未经证实的消息，主要是出

于什么考虑？（　　）

A. 觉得传闻是无稽之谈，转发以提醒他人不要上当

B. 无法确定传闻真伪，转发以求证

C. 认为传闻本身的事件很重要，自己感到恐慌或者是愤怒，转发以引起关注

D. 认为传闻吸引眼球，转发可以提高人气

30. 您在学习过程中遇到困难，首先想到的是？［多选］（　　）

A. 图书馆查询资料　　B. 向老师请教

C. 与同学交流　　D. 使用搜索引擎

E. 在各种平台上（微博、论坛）发帖求助

31. 在虚拟空间的交流对您的现实人际关系有哪些消极影响？［多选］（　　）

A. 与他人交流时感到害羞、胆怯

B. 无法与他人深度交流

C. 现实交流中不知道该说什么

D. 感觉自己不被人理解

E. 能很好适应虚拟和现实交流的方式

实施路径二　建设二级院系新媒体平台，宣扬优良校风学风

【背景描述】

近日，某技师学院材料与化学工程学院（以下简称“材化学院”）官方微信公众号以“分享资讯、传播文化、服务师生”为宗旨，致力于推送二级学院优质信息，展现学院风采，传播校园文化，弘扬积极进取、乐观向上的时代精神。当前，材化学院微信公众号开设了“才华园”“才华汇”“微生活”三个主菜单，其中“才华园”下设四个子菜单，主要功能是传递学院有关资讯；“才华汇”是对学院各种特色活动、材化达人等方面的介绍；“微生活”则是为师生提供生活服务信息，诸如美食、美景、学术知识以及社会观点等。

【点评】

二级院系作为技工教育的主要执行者，是促进教育效果下沉的重要保障。一方面，二级院系与学生接触更加紧密，能够直接掌握学生的一手信息，获取学生的思想动态，把握学生发展方向；另一方面，二级院系是学生工作的主体，具备一手的信息资源，是落实校园文化建设工作的重要平台。因此，校园网络文化建设应该充分调动二级院系资源，在校级官方平台的主流引导下，充分发挥院系平台的同频共振作用。要建设院系二级网络平台，对外展现二级院系良好形象，对内服务师生，传播校园信息、校园文化，促进校风学风建设。

实施路径二　建设二级院系新媒体平台，宣扬优良校风学风	二级院系新媒体平台建设的功能定位
	二级院系新媒体平台建设的内容规划
	二级院系新媒体平台的运营维护
	二级院系新媒体平台的队伍建设

【实施路径】

一、二级院系新媒体平台建设的功能定位

面对新媒体平台迅速流行的趋势，各个部门纷纷在不同的平台进行各自的新媒体建设。然而，各部门对多个平台的运营缺乏有效的统一领导与合理规划，忽略了不同平台信息受众的差异性，发布的内容和发布的时间存在较多重复。这样，不仅不利于信息与资源整合，而且高频率、高信息量的宣传也对相同受众构成一定的信息疲劳，给宣传工作带来了负面影响。因此，二级院系进行新媒体平台建设时，需要具有明确的发展定位，体现个性发展，防止出现重复建设现象。

【参考案例】

某技师学院商学院（二级学院）官方微信公众平台定位为一个综合服务平台，对内服务系部师生，及时传播校园动态，对外作为展现系部风采的窗口，全方位提供各类信息和服务。平台以“服务全系师生，展现商务魅力”为发展目标，以“传播正能量、构建和谐校园”为宗旨，正确引导

校内舆论，营造良好的学习环境，紧跟时代发展步伐，打造系部品牌形象。表 6-2-1 为商学院官方微信公众平台拟设栏目。

表 6-2-1　　商学院官方微信公众平台拟设栏目

一级栏目	二级栏目	三级栏目内容	负责部门
系部风貌	系部简介	对系部历史、文化、师资、教学、科研、实训、发展等进行详细介绍	系办公室
	专业设置	对系部各个专业进行详细介绍	系办公室
系部动态	班级风采	对系部优秀班级进行宣传	系学生记者团
	新闻直通车	学院及系部的新闻通讯	系办公室
更多精彩	商务魅力	含会计动态、电商前沿、趣味营销案例、微课教学等与系部日常教学相关内容	各专业教研室
	不止不止	含杂谈、阅读、旅行、电影、音乐等陶冶学生情操的内容	系学生记者团
适时推送	新生特辑	萌新入学：对即将入校新生进行助学贷款、学校生活、入学报到等方面的介绍 军训特辑：对系部新生军训进行采访报道	系学生记者团
	政策宣传	及时宣传行业、专业、就业信息	系办公室
	思政教育	围绕社会主义核心价值观和新时代精神进行宣传报道，弘扬爱国主义精神，激发青年学子爱国热情，帮助他们树立正确的人生观、世界观和价值观	系党总支
	招生就业	适时发送招生动态、企业介绍、就业信息、就业指导、创业创新教育等内容	系学管办公室

二、二级院系新媒体平台建设的内容规划

二级院系在建设新媒体平台时应合理规划内容，有针对性加强内容规范性建设，并将其作为校园网络文化建设的重要抓手。

1. 依托专业、党建、思政、团学工作开设专栏，突出本院系工作亮点

各二级院系可选择本院系专业特色作为栏目内容，突出亮点。

【参考案例】

二级院系新媒体平台不仅要发布学院新闻动态，还要贴近学生专业实际

设置突出专业特色的栏目，使学生在浏览新闻的同时，达到专业学习和便利生活双兼顾的目的。表 6–2–2 为二级院系根据专业开设的新媒体栏目。

表 6–2–2　　二级院系根据专业开设的新媒体栏目

二级院系	专业特色栏目	专栏主题	推送周期
农学院	农语天地	推送“植物图鉴”，推文中介绍植物的学名、花语、生长环境、种植方法、药用价值等	每周
化学学院	新元素来了	按照元素周期表制作每种元素的推文	每周
文学院	文化晓站	推送一本好书、一部励志电影、一首现代诗	每天
计算机广告学院	广告七点半	由教师、学生共同分享广告设计与制作技能的公益视频号，周周不同主题，是学生技能学习的加油站	每周

另外，二级院系的党建、思政、共青团和学生会工作的动态也可作为二级院系多媒体平台的特色栏目，不但可以宣传院系日常工作，也可进行品牌宣传。

2. 结合校园时政热点设置栏目或议题，提升院系新媒体平台的生活气息

二级院系新媒体平台可结合校园时政热点，从便利学生生活、多角度宣传等方面设置一些功能性栏目，从而提升院系新媒体平台的生活气息。表 6–2–3 为二级院系新媒体平台的功能性栏目。

【参考案例】

表 6–2–3　　二级院系新媒体平台的功能性栏目

功能性栏目	功能
微社区	微社区功能，对接第三方平台（如微信小程序等），可以增强用户之间的沟通。可实现意见反馈、失物招领、跳蚤市场等诸多的生活功能
时光轴	时光轴功能，用文字和图片记录二级院系发展史，将历年精彩记忆串成最美时光，有助于展现院系风貌
360°全景	360°全景校园功能，全面展现院系风格，更好实现校园文化传播
系部微视	定期或不定期制作系部短视频，用微视频传播校园文化、展现系部魅力，视频内容选材宽泛
社团风采	开展优秀社团展播，让学生们正确了解社团，真正找到属于自己的位置。新生在平台看到社团介绍的同时，可实现社团微信报名

续表

功能性栏目	功　　能
有奖竞答	通过提问与学校、系部、学生、学习等有关的问题，让用户在平台内寻找答案，加深用户对平台的了解，回答正确的用户可以获得奖品奖励
微信大转盘	微信大转盘是线上活动的重要手段，能够极大提高用户和公众平台之间的黏度

在新生入学、军训、运动会、开学典礼、毕业典礼等重要节点、重要节日、重大活动中策划热点议题，通过网站、微信、微博、微视频等多平台发布、征集、评选和展示，可以持续引发师生的关注和转发，进一步营造积极正面的校园文化氛围。

3. 开辟“真人秀”互动平台，拉近本院系师生距离

在新媒体平台上开辟优秀学生面对面、心理倾诉、点歌祝福等栏目，开辟“真人秀”互动平台，拉近本院系师生距离。表 6–2–4 为二级院系新媒体平台“真人秀”栏目。

表 6–2–4　　二级院系新媒体平台“真人秀”栏目

栏目	内　　容
娇子论坛	以报道优秀毕业生为主、优秀在校生为辅，以图文的形式呈现，旨在发现与展示身边的榜样，展现学生风采
微声点歌	为加强平台的互动性及趣味性，平台搭建了微声点歌，通过此功能用户可以为另一用户点歌，说出对他的祝福
电台之声	声的传播，心的交流
心理树洞	心理“树洞”的匿名性、隐秘性为学生提供了便捷的倾诉和心理咨询方式，学生可放心倾诉内心的苦恼，释放压力，净化心灵

三、二级院系新媒体平台的运营维护

二级院系新媒体平台主要面向院系师生、已毕业校友和家长，一般不需要从社会上吸纳粉丝，但维持粉丝阅读频率、提高转发率就需要借鉴一些商业新媒体的运营手段。

1. 活动改为线上、线下相结合

二级院系每年都要开展各类评优评先、征文、文体活动等，如果将评选活动由传统的线下征集、专家评选模式改为线上征集、展示、粉丝投票的形式，会有效增加活动参与人数，扩大活动的影响力。

2. 学生实习、实践期间开展在线评选展示活动

学生实习、实践期间，院系新媒体可以结合专业知识和实习单位的情况，开展有奖问答、在线发布实习日志、晒实习成果等活动，督促学生相互学习、共同提高。

3. 熟悉用户使用习惯，增强双向互动

据对二级院系官微受众使用行为特征（例如阅读推送的时间，比较喜爱的推送频率和数量）调查分析，并非推送频率越高数量越多越好，而符合大多数师生使用习惯的推送频率更为合适，如图 6-2-1 所示。

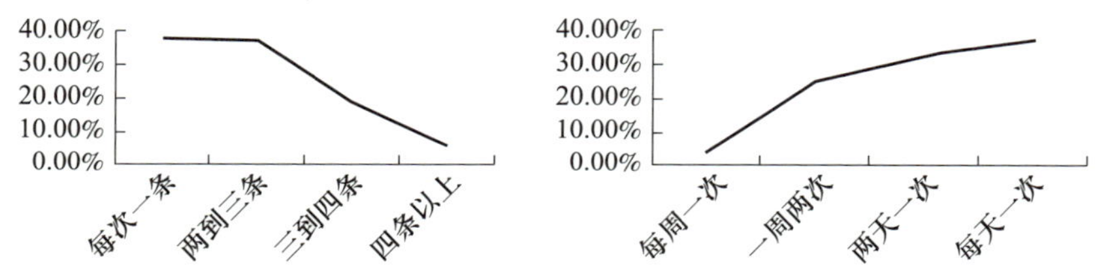

图 6-2-1　受众普遍认同的推送频率及数量调查结果

（1）互动频率。从图 6-2-1 可以看出，二级学院官微每天或两天推送一次，每次不超过三条即为最受欢迎的推送方式，影响力也最强。适当提高推送频率，降低每次推送的数量，有利于扩大影响力。

（2）互动时间。从图 6-2-2 可以看出，不同的推送时间对阅读量也会产生一定的影响。根据学生一日生活作息安排，每天晚上 9 时至 11 时是学生阅读微信公众号最集中的时段，因此选择大多数学生偏好的阅读时间来发布推送，也有利于提高微信平台的影响力。

（3）互动反馈。广大受众在传统媒体中只能成为信息的接受者，而新媒体便捷的传播与互动方式使受众也能成为进一步传递信息的传播者和发表评论的参与者。基于这一点，激励学生在阅读的同时，积极参与二次传播与互动，提升公众号的品牌形象和知名度，是目前许多二级院系新媒体平台应该重点关注的。二级院系多媒体平台在收到用户的后台留言或者评论时需要及时反馈，才能调动受众下一次继续互动的积极性。比如，设置“评论抽奖”“最神评论”等。

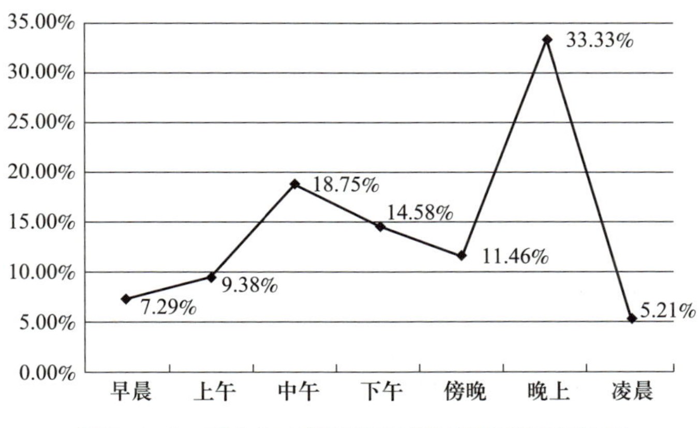

图 6-2-2　受众集中阅读推送的时间分布调查结果

四、二级院系新媒体平台的队伍建设

在新媒体的运行中，工作队伍的建设直接关系着最终的运行效果，技工院校应该对新媒体队伍进行全面建设，提高组成人员的素质，为新媒体的发展储备充足的人才。

1. 完善组织机构

一般来说，新媒体平台的主要负责机构为二级院系的党组织，主审为党支部书记，负责把握新媒体宣传大方向、提供指导意见，审核推送内容与栏目设置。而直接责任人为新媒体平台的管理人员，一般由专职辅导员担任，负责统筹策划、内容编辑和团队建设。从功能上看，新媒体平台组织机构应包含采编部、策划部、办公室、摄影部和视频部。图 6-2-3 为新媒体平台组织机构图。

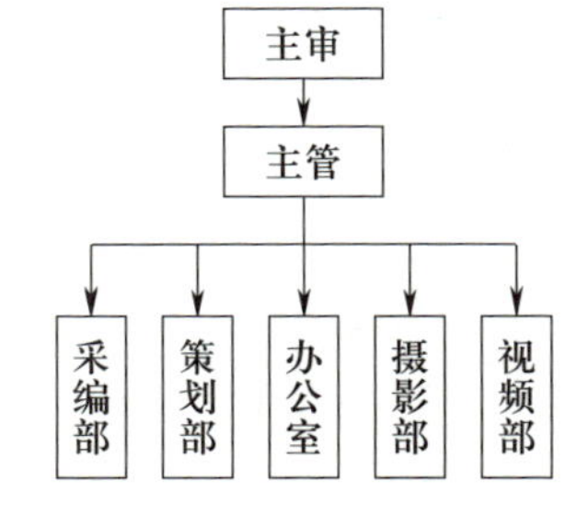

图 6-2-3　新媒体平台组织机构图

【参考案例】

某校官微新媒体运营中心组织机构

某校官微新媒体运营中心下设五个部门，管理四个平台。表 6-2-5 为某校官微新媒体运营中心责任分工。

表 6-2-5　　某校官微新媒体运营中心责任分工

部门	责任分工
采编部	运营 QQ 校园公众号、官方微信公众号、官方微博以及微博协会
策划部	策划学校重大活动的宣传；针对各个时间点进行活动策划；与各个二级学院联络；为四个平台提供选题
办公室	负责协调各部门的工作，统筹管理官微的事务；官微大小会议的签到；报账、排班
摄影部	为四个平台提供推文所需的照片素材
视频部	运营管理官方抖音，为其他三个平台提供视频素材

2. 建立完善的培养机制

新媒体运营团队除了具有撰稿、排版、摄影、剪辑、宣传、运营等方面的专业能力外，还应对受众足够了解，对时事热点和前沿信息有一定的敏锐度和洞察力。学校应定期聘请相关专家或者媒体记者开展新媒体知识讲座，提高团队素质，提升新媒体建设水平。表 6-2-6 为某技师学院新媒体团队培训课程。

【参考案例】

表 6-2-6　　某技师学院新媒体团队培训课程

序号	课程	主要培训内容	培训目标
1	新闻宣传及新媒体基本知识培训	稿件的撰写，微信稿件、微博文案、微视频的选题策划	提高基本政治素质与新闻业务素质
2	摄影摄像、编程、运营等技术知识培训	不同新媒体平台摄影、摄像技巧，微博 9 宫格图片的选择，微信图文样式的编排，语音、视频、直播素材的编辑	提升技术和运营水平

3. 调动新媒体编辑的积极性

为了持续提升新媒体平台内容质量，需要加大投入，除了购买必要的多媒体制作软硬件，提供合适的工作条件之外，还应该采取一定的精神与物质奖励，使新媒体编辑不仅能够学到相关知识与技能，还能从工作中获得成就感，从而更好地调动他们的工作积极性。

【评价与反思】

一、评价

1. 各二级学院是否找准自己的新媒体主题定位？栏目设置能否突出自己的亮点？

2. 各类新媒体平台建设是否存在交叉重复现象？

3. 新媒体运营队伍建设是否建立了长效机制？

二、反思

1. 加强管控

技工院校要加强对校园各类思想文化阵地的规范管理和校园网络安全管理，营造风清气正的网络环境。二级院系要加强所属新媒体平台的管控，可从以下几个方面着力：一是加强对新媒体平台负责人培训，引导其配合学院官微发声，推动优质资源共享、优秀内容联动推送，提升学院官微影响力，形成网络思政育人合力。二是建立健全平台管理制度，规范平台信息采集、审核、发布流程，完善应急预案，建立舆论事故追责制度。三是做好非官方平台监督工作，如有不恰当言论，应及时向学校相关部门举报，消除负面影响。四是建立健全考核激励政策，激发平台管理人员工作积极性。

2. 发挥效用

技工院校二级院系新媒体平台在发挥效用上要重点做到以下四点：一是要积极配合学校官微发声，营造良好舆论氛围。在突发舆情危机时，要配合官微及时发出真实、准确、权威的声音，引导正确的舆论走向。二是要从学院工作职能和特色出发，积极探索新媒体平台开发模式，为学生提供专业、权威的咨询与服务，畅通学生咨询问题、反映情况渠道，监督学院各个环节工作。三是要从学生需求和兴趣点出发，策划高品质、易引起学生共鸣的选题。积极研究新媒体编辑技巧，做好内容建设。整合视频、音频、图文形式，提升版面设计水平。找准传播时机，增强信息传播有效性。四是要线上线下巧妙配合，深化微信公众平台与学生的联系，探索建立网上学生事务中心，使平台逐渐成为一个有血有肉的育人载体。

3. 探索创新

二级院系在新媒体平台创新建设上要贯彻落实“以生为本”理念，充分贴近学生，积极关注学生就业、学习和日常生活，打造更多的互动交流平台，想学生之所想、谋学生之所需，理性对接学生成长成才目标。例如，开设可线上互动交流的“微课堂”、线上心理咨询辅导室等。

【表单与素材】

某技师学院校园新媒体平台建设管理办法（暂行）

第一章　总　　则

第一条　为了规范校园新媒体平台的建设与管理，促进校园新媒体平台健康有序发展，更好地发挥新媒体平台在展示学校形象、传播校园文化、加强信息交流、提供信息服务等方面的作用，并保证新媒体平台信息安全，根据国家相关法律、法规及教育部、国家互联网信息办公室《关于进一步加强高等学校网络建设和管理工作的意见》（教思政〔2013〕3号）等有关文件精神，结合学校实际，制订本办法。

第二条　本办法所指的校园新媒体平台，是以单位（学校或校内各学院、职能部门）名义建设、认证并作为单位宣传平台运行的新媒体，包括但不限于微博、微信公众号和移动客户端（App）。

第三条　新媒体平台的建设、运行和管理必须严格遵守国家法律法规，遵守学校各项规章制度，坚持正确舆论导向，自觉维护学校声誉，严格遵循“谁主办、谁负责，谁建设、谁监管”的原则。

第二章　平 台 建 设

第四条　新媒体平台是校园媒体的重要组成部分，各单位要按照“围绕中心，服务大局”的方针，积极利用新媒体平台促进工作。

第五条　校内各新媒体平台应有明确的定位和发展方向，鼓励原创，注重个性发展，加强联动，形成合力。

第三章　平 台 管 理

第六条　学校对校内新媒体平台实行二级管理。学校官方微博、官方微信、官方移动客户端（App）为一级平台，由党委宣传部统筹管理。各学院和职能部门官方微博、微信和具有工作性质的微博、微信为二级平台，由各学院或职能部门负责建设及运行管理，各学院党总支书记（主任）和各职能部门负责人为二级平台建设和管理的第一责任人。学校电教中心负责全校新媒体平台的技术监管和网络监督。

第七条　学校对校内二级新媒体平台实行审批制和备案制。

二级新媒体平台主办单位须在注册前一周向学校党委宣传部提交《校园新媒体平台注册审批表》（见表 6–2–7），审批通过后，方可进行注册。校内新媒体平台账号名称应简洁、直观、规范，头像应鲜明、端庄、文明，必须进行实名认证，按要求完善注册信息。

二级新媒体平台经审批开通后，要在一周内向学校党委宣传部、电教中心提交《校园新媒体平台备案登记表》（见表 6–2–8）。

二级新媒体平台如有名称、管理员等运行信息变更或停办的，须在信息变更或停办前一周向党委宣传部提交《校园新媒体平台信息变更（停办）登记表》（见表 6–2–9），同时报电教中心备案。

在本办法颁布前已开通运行的二级新媒体平台，须在本办法颁布后一周内补办信息登记备案手续，向党委宣传部提交《校园新媒体平台备案登记表》（见表 6–2–8），同时报电教中心备案。

第八条　学校对校内二级新媒体平台实行年审制。每年 12 月，各二级新媒体平台主办单位须按照学校要求向党委宣传部提交年审材料，填写《校园新媒体平台年审登记表》（见表 6–2–10）。未提交年审材料或年审不合格的，该平台不得继续运行。

第四章　平 台 运 行

第九条　各新媒体平台主办单位必须建立完善的管理制度和运行机制，包括建立责任体系，制订运行维护制度，建立运行维护工作队伍，落实发布审核机制，细化工作流程，加强工作队伍业务培训。

第十条　严格执行新媒体平台内容发布审核制度。新媒体平台主办单位要对所发布内容的真实性、严肃性负责，要制订规范的内容发布审核制度和工作流程，严格执行“先审后发”制度。

第十一条　实行校园新媒体平台内容发布联动机制。在涉及学校重大事项或危机应对时，全校各级新媒体平台应按照学校要求，统一发布相关信息，为保障学校中心工作营造良好氛围。

第十二条　实行新媒体平台内容发布信息纠错应急机制。各新媒体平台一旦不慎发布不当信息要第一时间处理，及时屏蔽或删除，同时向分管领导、党委宣传部如实汇报情况。

第五章　信 息 安 全

第十三条　校园新媒体平台在运行中要严格遵守国家相关法律、法规及国家互联网信息办公室有关规定。

第十四条　各新媒体平台主办单位必须切实加强账号管理，学校网络中心要密切关注各平台运行情况，实时进行技术监控，确保网络安全和信息安全。

第十五条　各新媒体平台主办单位要加强对发布内容的审核，严禁发布国家禁止传播的信息，严禁发布内容不实、不准确、不健康的违规信息。如因发布违反规定内容而产生不良影响和不良后果的，将按照有关规定追究主办单位责任人和主管领导责任。

第六章　附　　则

第十六条　本办法自发布之日起实施，解释权归学校党委宣传部。

表 6-2-7　　某技师学院校园新媒体平台注册审批表

<table>
<tr><td>新媒体名称</td><td colspan="3"></td><td>账号</td><td></td></tr>
<tr><td>主办单位</td><td colspan="5"></td></tr>
<tr><td>媒体类型</td><td colspan="5">□微博　□微信公众号　□移动客户端（App）　□其他</td></tr>
<tr><td>开通时间</td><td colspan="5">（填写拟开通时间，格式：20×× 年 × 月 × 日）</td></tr>
<tr><td rowspan="3">主要工作人员</td><td>人员</td><td>姓名</td><td>职务</td><td>联系方式</td><td>邮箱</td></tr>
<tr><td>负责人</td><td></td><td></td><td></td><td></td></tr>
<tr><td>联系人</td><td></td><td></td><td></td><td></td></tr>
</table>

续表

建设规划	（含制度建设、队伍建设、内容规划、期望目标等，字数 500 ~ 700 字，可另附页）
主办单位	我单位知晓国家互联网有关法规和学校制度，承诺加强管理，切实保障该新媒体的网络信息安全，同意本新媒体开通运营 责任人签名（公章）： 年　月　日
党委宣传部意见	签名（公章）： 年　月　日

注：本表一式两份，党委宣传部、主办单位各留存一份。

表 6-2-8　某技师学院校园新媒体平台备案登记表

<table>
<tr><td>新媒体名称</td><td colspan="3"></td><td>账号</td><td></td></tr>
<tr><td>主办单位</td><td colspan="5"></td></tr>
<tr><td>媒体类型</td><td colspan="5">□微博　□微信公众号　□移动客户端（App）　□其他</td></tr>
<tr><td>媒体链接</td><td colspan="5">（填写：微博网址 / 微信号 /App 客户端下载地址）</td></tr>
<tr><td>备案类型</td><td colspan="5">□开通运营　□信息变更　□停办</td></tr>
<tr><td>信息变更 / 停办原因</td><td colspan="5">（开通运营不需填写）</td></tr>
<tr><td>信息变更内容</td><td colspan="5">（填写：信息变更前后具体情况。开通运营不需填写）</td></tr>
<tr><td>开通时间</td><td colspan="5">（格式：20×× 年 × 月 × 日）</td></tr>
<tr><td rowspan="3">主要工作人员</td><td>人员</td><td>姓名</td><td>职务</td><td>联系方式</td><td>邮箱</td></tr>
<tr><td>负责人</td><td></td><td></td><td></td><td></td></tr>
<tr><td>联系人</td><td></td><td></td><td></td><td></td></tr>
<tr><td>主办单位</td><td colspan="5">我单位知晓国家互联网有关法规和学校制度，承诺加强管理，切实保障该新媒体的网络信息安全，同意本新媒体开通运营 / 信息变更 / 停办
签名（公章）：
年　月　日</td></tr>
<tr><td>审批单位意见</td><td colspan="5">责任人签名（公章）：
年　月　日</td></tr>
<tr><td>党委宣传部意见</td><td colspan="5">签名（公章）：
年　月　日</td></tr>
</table>

注：本表一式两份，党委宣传部、主办单位各留存一份。

表 6-2-9　　某技师学院校园新媒体平台信息变更（停办）登记表

<table>
<tr><td>新媒体名称</td><td colspan="3"></td><td>账号</td><td></td></tr>
<tr><td>主办单位</td><td colspan="5"></td></tr>
<tr><td>媒体类型</td><td colspan="5">□微博　□微信公众号　□移动客户端（App）　□其他</td></tr>
<tr><td>媒体链接</td><td colspan="5">（填写：微博网址 / 微信号 /App 客户端下载地址）</td></tr>
<tr><td>开通时间</td><td colspan="3">（格式：20×× 年 × 月 × 日）</td><td>当前粉丝数</td><td></td></tr>
<tr><td>变更类型</td><td colspan="5">□信息变更　□停办</td></tr>
<tr><td>信息变更 / 停办原因</td><td colspan="5"></td></tr>
<tr><td>信息变更内容</td><td colspan="5">（填写：信息变更前后具体情况。开通运营不需填写）</td></tr>
<tr><td rowspan="3">主要人员（停办申请不需填写此栏）</td><td>人员</td><td>姓名</td><td>职务</td><td>联系方式</td><td>邮箱</td></tr>
<tr><td>负责人</td><td></td><td></td><td></td><td></td></tr>
<tr><td>联络人</td><td></td><td></td><td></td><td></td></tr>
<tr><td>主办单位</td><td colspan="5">我单位知晓国家互联网有关法规和学校制度，承诺加强管理，切实保障该新媒体的网络信息安全，同意本新媒体信息变更 / 停办
责任人签名（公章）：
年　　月　　日</td></tr>
<tr><td>党委宣传部意见</td><td colspan="5">签名（公章）：
年　　月　　日</td></tr>
</table>

注：本表一式两份，党委宣传部、主办单位各留存一份。

表 6-2-10　　某技师学院校园新媒体平台年审登记表

<table>
<tr><td>新媒体名称</td><td></td><td>账号</td><td></td></tr>
<tr><td>主办单位</td><td colspan="3"></td></tr>
<tr><td>媒体类型</td><td colspan="3">□微博　□微信公众号　□移动客户端（App）　□其他</td></tr>
<tr><td>媒体链接</td><td colspan="3">（填写：微博网址 / 微信号 /App 客户端下载地址）</td></tr>
<tr><td>开通时间</td><td colspan="3">（格式：20×× 年 × 月 × 日）</td></tr>
<tr><td>媒体分级</td><td colspan="3">□一级　□二级　□三级</td></tr>
<tr><td>建设规划</td><td colspan="3">（含管理制度、预期目标、人员队伍等，字数 800 ～ 1 000 字，请另附页）</td></tr>
</table>

续表

<table>
<tr><td rowspan="3">主要人员</td><td>人员</td><td>姓名</td><td>职务</td><td>联系方式</td><td>邮箱</td></tr>
<tr><td>负责人</td><td></td><td></td><td></td><td></td></tr>
<tr><td>联络人</td><td></td><td></td><td></td><td></td></tr>
<tr><td>主管单位</td><td colspan="5">我单位知晓国家互联网有关法规和学校制度，承诺加强管理，切实保障该新媒体的网络信息安全，同意本新媒体申请认证
责任人签名（公章）：
年 月 日</td></tr>
<tr><td>党委宣传部意见</td><td colspan="5">签名（公章）：
年 月 日</td></tr>
</table>

注：本表一式两份，党委宣传部、主办单位各留存一份。

实施路径三　开放资源共享平台，提升师生综合素养

【背景描述】

新冠肺炎疫情防控期间，人力资源社会保障部免费开放“技工教育网”平台全部功能和资源内容，并征集优质数字教学资源，助力全国技工院校开展线上教学，实现“开学延期、学习不延期”。各级人社部门根据需求进行分类指导，组织本地区技工院校教师用好“技工教育网”平台提供的各种类型资源内容，统筹使用本院校、本地区和“技工教育网”线上功能和教学课程。同时，做好优质数字教学资源征集和上传工作，组织动员相关单位积极制作和提供数字教学资源。

【点评】

《中华人民共和国国民经济和社会发展第十四个五年规划和 2035 年远景目标纲要》提出，实施文化产业数字化战略，加快发展新型文化企业、文化

业态、文化消费模式，壮大数字创意、网络视听、数字出版、数字娱乐、线上演播等产业。立足长远发展，利用互联网、数字技术，开放校园文化资源共享平台，实现校内资源共建共享、校际资源互动互通、校企文化对接协作，促进校园文化建设，提升师生综合素养。

实施路径三　开放资源共享平台，提升师生综合素养	校内资源共建共享
	校际资源互动互通
	校企文化对接协作

【实施路径】

一、校内资源共建共享

要实现校内资源共建共享，可借助二维码、WAP 站点、移动互联网、智能手机解码软件等技术建立移动共享传播平台，对文化信息资源进行数字化加工和整合，建立共享传播的公众网络文化平台。

1. 图书馆资源的共建共享

图书馆具备丰富的馆藏资源和现代化的信息设施与手段。以网络技术为支撑的资源共享技术使得图书馆成为启迪学生思想、扩大知识视野、活跃校园文化、提升师生综合素养的重要场所。

（1）师生共建图书馆。通过馆长信箱、留言板、个别访谈等方式，获取读者阅读需求。针对需求购买相应资源，开通读者荐购渠道，使图书馆文献资源建设更符合学校发展和读者需求。

（2）图书馆资源的共享。电子书借阅机推行“扫二维码可把电子书带回家”的理念，开启了师生移动图书馆的新阅读体验，不仅拥有海量电子书、报纸、中外文文献元数据等供师生自由选择，同时支持发表读书笔记、记录阅读心得，为用户提供方便快捷的移动阅读服务。

2. 校园文化活动直播共享

学校运动会、校庆日、科技节、元旦晚会上，可以引入校园文化活动直播，将精彩画面实时同步，观众可在直播间发送弹幕、赠送礼品以增加人气，打造线上、线下的校园嘉年华。同时，直播视频可在线剪辑、永久保存、无限观看。将视频上传学校网站，打造校园文化交流平台。

3. 优质教学资源共建共享

通过网络技术可以搭建优质教育资源共享平台，实现各类教育资源共享和优势互补，避免教学投入的重复性，实现优质教学资源的高效利用，同时提高学生的自主学习能力。

二、校际资源互动互通

1. 以名师为重点，深入推进师资流通

师资力量是学校最主要的教育资源，它的强大与学校发展潜力息息相关，甚至在一定程度上代表着一所学校教育资源的核心竞争力。从资源共享的角度看，校际资源合作大多是以名师互聘互通开始的。具体有两种形式：一是师资互聘。学校之间进行意向协商，推动名师在一所学校任职，同时成为多所学校客座教授。二是名师讲座。一些偏远地区的学校并不具备让名师长期任教的条件，而对于一些综合性较强的学校，又没有必要固定聘用名师任教，所以短期性的讲座和交流活动比较适合。

2. 以互选为手段，不断加强课程联通

每所学校由于优势学科不同而各有侧重，在术业有专攻的背景下，专业知识的相互交流是促进校际互通的举措。为了保证学生能够在更大范围内对专业方向和知识进行选择，学校之间可以自主联合，不断创新课程联通模式：一是范式课程，即通过校际资源共享，在专业课程更具优势的学校开展示范课教学，组织教师听课学习，传播前沿知识和先进教育理念。二是选修课程，即鼓励学生在学校联合体范围内，对外校优势课程进行选修，并将所学成绩计入学生管理系统，从而使学生的专业知识不断深入，所学课程更加全面。

3. 以教材为核心，逐步推进馆藏资源互通

图书资源代表着学校的传承与底蕴。可从两个方面推进馆藏资源互通。一是校际之间的馆藏资源互通。学校通过签订协议，在一定区域内对馆藏资源进行分享，并对借阅制度进行对接，实现一卡通，为师生提供切实的便利

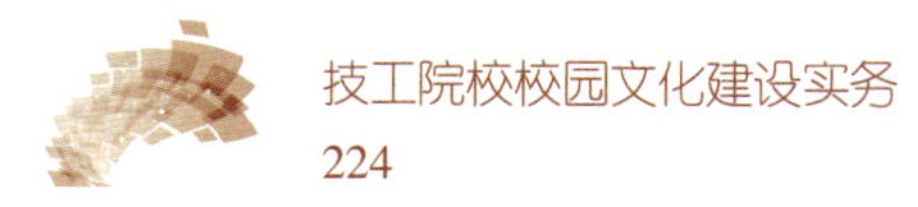

服务。二是社会平台的馆藏资源互通。在校际资源共享的基础上，学校联合体对馆藏资源进行充分开发，与公共图书馆、专业馆藏机构进行有效对接，实现文献互通和资源共享。

三、校企文化对接协作

技工院校重在为企业培养专业对口、技能突出、素质优良的人才，需要大力加强与企业和市场的衔接，借鉴、吸收企业文化的实质和内涵。这样既可以把企业所推崇的创新意识、责任意识和敬业精神等职业素养渗透到校风等核心理念中，使之成为学校精神文化的重要内容，又可以将企业文化教育纳入技工教育的整体规划，充分利用校园网等媒体，宣传企业先进文化，使企业文化成为学生素养养成的一部分，增强他们对企业的认同感，在潜移默化中提升职业素养。

1．校企课程互动

学校的专业设置和课程开发要始终以市场需求和学生就业为导向，能够反映企业和社会的真实需求。因此，要加强学生职业意识的培养，将企业文化融入课程，并开设企业文化课程、企业名师线上讲座，开展企业云参观，让学生尽早领略企业文化的内涵，做到教学内容与职业需求“零距离”适应，实践教学与职业岗位“零距离”接触。

2．校企文化活动互动

校园文化活动是技工院校学生职业素养培育的重要平台。技工院校要广泛开展主题鲜明、内容丰富、形式新颖、参与性强的各种校园网络文化活动，并将创新意识、科技意识和市场意识等企业文化的内涵有效融入，使学生在活动中提升职业素养。

3．校企技能云比武互动

邀请企业精英和技术能手以评委或指导教师的身份，共同参与学生的专业技能竞赛和科技文化活动，以远程互助的方式让学生了解企业的要求，熟悉企业的行为准则和操作规程，尽早为就业做好心理和技能方面的准备。

4．“最美系列人物”网络评选

开展“劳模工匠进校园、思政教师进企业”活动云直播。对“最美系列人物”进行网络投票及话题互动，营造良好氛围，促使学校师生、企业职工在理想信念、价值理念、道德观念上形成互动，从而促进校企合作深度发展。

【评价与反思】

一、评价

1. 校内资源的共建共享是否有相应的评价机制、管理机制？

2. 校际资源互通过程中所建立的资源共享平台是否存在疏于管理的问题？影响其效果的原因有哪些？

3. 在校企文化融合过程中，要看校企融合思路是否清晰，方向是否明确，学校的人才培养目标与企业人才需求是否一致？不可有盲目性、临时性，要深度挖掘校企可以互动协作的资源。

二、反思

随着互联网技术的飞速发展和大数据技术的广泛应用，教育资源的内涵和外延出现了大幅拓展，信息技术为资源共享平台的建设带来了众多便利条件。

首先，应建立大数据平台。将现有学校的共享资源纳入进来，在核心服务器上实现有序对接和数据交换，并逐步实现各主体数据的自动更新和智能去重。

其次，应完善教育资源共享平台。在大数据平台的信息支撑下，运用种属概念和目录原则，对共享资源进行归类和梳理，设定不同级别权限，对共享资源进行统一展现。

最后，应有序推动各子系统接入。如在课程共享平台建设中，应考虑将选课系统接入共享平台，将外校优质教育课程合理开放；在师资互聘建设中，将优质名师管理系统接入，使共享平台相关主体均可通过平台查阅师资情况。

要充分借助网络技术工具，建立多方参与机制，积极引导行业企业、学校、科研院所、公益机构、志愿者团体等社会力量参与，构建共建共用、共享共赢的校园网络文化生态，提升学生综合素养。

【表单与素材】

案例分析：创新认知形式，重庆某职业学院开展企业云参观实践活动

在常态化疫情防控形势下，重庆某职业学院传媒与设计学院 2019 级校企合作专业学生的企业参观实践以云参观交流互动的形式展开，影视动画、广播电视、网络新闻、媒体营销、环艺设计、数字媒体 6 个专业学生在教学楼、众创空间、多媒体室等地不出校门就能到企业一线“参观”，获取专业岗位的初印象。

一、企业导师进校园答疑解惑

2019 级新生在经过近 1 年的学习后，对所学专业有了一定的了解，但对具体应该学什么、为什么要学、未来职业如何规划、就业前景如何、对口企业发展等问题还存在疑惑。为解答这些疑惑，该校校企合作单位华龙网产教融合发展中心的企业导师走进校园，在学生熟悉的环境里以云参观交流互动的形式进行企业认知讲座。

企业云参观以互动专题片的形式展开，从华龙网的发展历史，融媒体新闻中心，到华龙网集团演播厅、演播室、录音棚，再到数字传媒与产业创新展示中心、教育频道、数字经济人才实训基地等工作场景，进行了一一展示和介绍。

二、各路高手言传身教

与以往的企业实地参观不同，这次互动有华龙网各部门的工作人员在线讲解自己负责的工作，还有在华龙网就业的学院优秀毕业生讲述自己的工作心得。现场导师除了进行企业认知讲解外，还分享了自己的工作经验：树立职业信念，做到始终如一；养成良好行为习惯，注意团结协作；提高知识技能，多实践多锻炼。

与实地考察相比，这种云参观的模式，也能让学生知晓企业日常工作模式，加深对企业的了解，发现当前学习中的不足，及时进行改正。

三、新颖模式认知企业，手机小点撬动视野大点

除了专业导师和视频讲解之外，此次活动还专门制作了专题 H5，让学生

扫描二维码观看，帮助他对所学专业有更深的认识，对职业生涯有更加明确的规划。

形成“共建、共管、共育、共享、共营”深度产教融合生态，让学生从刚进校园的“小白”，到毕业时成为独当一面的综合性专业人才，是该院和华龙网进行校企合作的目的。

第七篇
建设技工院校职场化校园文化

实施路径一　优化校园就业创业文化环境，营造新型职场育人氛围

实施路径二　植入校园就业创业课程，培育职场化意识

实施路径三　开展校园就业创业实践活动，提升学生就业创业能力

【背景描述】

某技工院校在校园文化建设中，一直很注重就业文化环境的创设，招生就业部门每到毕业季就会加大宣传，在校园挂上就业的横幅和标语，开展就业指导，举办就业讲座和企业进校园宣讲会。但在调研时发现，整个学校的职场育人氛围还不够浓厚，校企合作的形式和内容还不够丰富，企业参与动力不足，就业创业指导工作缺乏针对性。

【点评】

该校在创设就业创业文化环境过程中措施很多，但工作停留在表层，缺乏系统的统筹规划。另外，只强调就业文化环境，忽略创业创新文化环境，导致职场化文化氛围不浓，效果不理想。

2018 年 12 月，人力资源和社会保障部办公厅《关于推进技工院校学生创业创新工作的通知》明确提出，要充分发挥技工院校的重要作用，着力提高技工院校学生的职业技能水平，促进学生运用所学的职业技能实现创业创新。“双创”已成为时代的要求和趋势，职场化的校园文化，不仅只针对就业，更要用创业带动就业，围绕就业和创业，在校园内打造一种以准职业人为价值取向的突出职场特色的校园文化，让学生沉浸于准职业人的校园环境中，实现学生到职业人的角色转换。

在校园文化建设中，技工院校都在探索自己的特色之路，不断加强校企合作，把企业文化引入校园，但是个别学校缺少顶层设计，缺乏创业创新文化的渗透和融入，因此，如何建设职场化的校园文化是技工院校办学的重要议题之一。

实施路径一　优化校园就业创业文化环境，营造新型职场育人氛围

实施路径一　优化校园就业创业文化环境，营造新型职场育人氛围	融入职场元素，打造职场化环境
	完善实训设备，助力职场化教学
	健全服务体系，保障职场化质量
	深化校企合作，营造职场化氛围

【实施路径】

一、融入职场元素，打造职场化环境

职场化校园文化建设是一项系统工程，学校首先要明确目标和责任，制订措施，全员参与，把就业创业文化全面融入校园文化建设中。在建设过程中，要注重顶层设计，在学校办学理念、教学方针、校训校风中要体现职场化的要求和理念，并在精神文化的指引下，把校园软环境和硬环境结合在一起，统筹规划校园布局。

（一）整体规划校园布局

整体规划人文景观区、教学区、实训室和生活区布局，体现与行业、职业、创业结合的特色。一是科学规划人文景观和文化设施，利用主题雕塑、文化墙等来彰显职场化特色。二是增加教、学、做、用结合的一体化的教室、实训基地等，完善职场化校园环境的硬件设施。三是增设就业创业中心、创业孵化基地、就业创业指导驿站等实体楼宇，聚集服务保障要素。

（二）校园布局体现职场化元素

要在校园统一规划布局的基础上，对校园的道路、实训楼、教学楼、宿舍楼进行装饰和美化，巧妙融入职场化元素，让每个区域都能体现技工院校的职业文化特色。可以采用冠名、视觉标识、多媒体媒介等方式，把职业素养、工匠精神、创业创新、企业文化等内容融入校园环境中，让学生在校园里感受立体化的职场化氛围，帮助学生形成职场化价值观念。表 7–1–1 为职场化元素融入校园环境的方式和内容。

表 7–1–1　　职场化元素融入校园环境的方式和内容

序号	方式	内　容	案　例
1	冠名	用合作企业的名字给楼宇、道路、实训场所等命名，融入职场化元素	某学院建设有富士康路、丰田路、通用路等；某学院建设有强技一路、强技二路等
2	标语、展板等视觉标识	将企业的先进理念，优秀企业家、大国工匠的感言警语，体现职业素养、工匠精神的宣传标语、提示标牌设置在学校的各个区域	实训室按照生产厂区标准建设，每个实训室根据内容张贴企业标语，如家电制冷实训室张贴有“严密操作，严格检测”标语和 7S 管理制度，使学生在校园里即能接触真实的企业文化
3	多媒体媒介	通过校园 LED 屏、校园广播、网站、微博、微信等各种媒介宣传职场化文化	在学校道路上安装 LED 屏，播放职场化节目，如优秀毕业生、企业家、优秀工匠的采访视频；校园广播开设“就业创业”栏目

（三）职场化文化融入班级、宿舍

建设职场化校园文化，要充分利用班级和宿舍，把职场化文化融入班级、宿舍的管理和建设中，让学生在充满职场氛围的环境中感知职场化的校园文化，感悟企业精神，自觉参加各种职场活动。

1．按照企业的职场氛围打造教学与生活环境

一是在冠名班级直接以企业命名，合作企业出资改造班级，把企业文化带进教室。二是在非冠名班级，把行业文化、职业道德的相关文化元素融入教室和宿舍，体现专业特色。在实际操作过程中，可以在全校举行教室、宿舍设计大赛，充分调动班级、宿舍打造特色职场环境的积极性。某技师学院幼儿教育专业班按照幼儿园教室的布局来布置课室，设置了生活区、美工区、阅读区等区域，把幼儿园的规范制度上墙，让学生在教室就能感受到幼儿园的工作氛围。

2．按照企业的运行机制丰富班级制度文化

可以借鉴企业的架构模式构建班集体，包括以企业名命名班级，以企业的组织模式竞选班干部，以企业的管理模式进行班级管理，按照企业的制度制订班级制度，以项目招标的方式组织班级活动，让学生感受企业管理文化气息，养成良好的职业道德和行为习惯。

3. 按照员工要求规范行为

在班级、宿舍的管理过程中，可以融入企业人力资源管理制度，学生在教室就是企业员工，一言一行都要符合企业管理规定。如部分学校把 7S 管理制度在教室、宿舍推行，让学生体验“上岗”的感觉。

二、完善实训设备，助力职场化教学

实训设施是为学生提供实践、实习、实训教学，帮助学生掌握职业技能、培养职业素质的统一体。就业创业实训设施主要包括专业实训室、就业创业实训室、创业孵化基地等。

1. 实训室建设

实训室是体现技工院校教育特色，建立职场化校园文化的重要场所，学校要加大对教学实训设施设备的投入。实训室一般与学科建设紧密相关，在建实训室时，可以联合企业共建。首先借鉴企业、工厂的环境，把实训室装修成仿真的工作场所，让学生在实训时就可以体验到企业环境。其次，可以把企业的运营模式、管理规范、用人制度引入实训室，模拟企业管理模式，体现企业所要求的实际操作流程和工艺要求，创造真实的企业文化环境，让学生进入实训场后就转变成企业人，统一服装，按相关流程作业，在学习中潜移默化地接受和认同企业文化。

【参考案例】

某技师学院按照专业群对接产业链，与企业合作建设了“学习型工厂”，学习工厂根据客户订单设计生产项目，以职业能力为核心展开教学，注重学生实际技能的训练和职业能力的培养，让学生真正成为教学中的主体，实现学校学习与企业就业无缝对接。

2. 模拟场馆建设

除了专业科目的实训室，学校还可以建设模拟招聘馆、企业文化馆、创业馆等实训室来培养学生的就业创业意识，提高学生就业创业能力。

【参考案例】

某技师学院为了培养学生良好的职业素养和职业习惯，建立了模拟招聘馆，通过开展模拟招聘、就业指导、就业沙龙等活动，让学生体验应聘流程，进行求职技能训练，明确就业目标，提高求职应聘能力。某技师学院模拟招聘馆运行方案示例如下：

模拟招聘馆运行方案（节选）

一、模拟招聘馆运行目标

进一步贯彻落实我国关于培养学生就业创业能力的方针政策，培养学生良好的职业素养和职业习惯，让学生了解应聘流程，明确就业目标，提高就业应聘能力。

二、模拟招聘馆运行机制

模拟招聘馆内设管理办公中心，场馆负责人在上级主管部门的领导下，主持模拟招聘馆全面工作。组建一支专业的指导老师，培养建设一支高素质的学生工作团队，负责模拟招聘训练的相关活动。

三、模拟招聘馆活动安排

模拟招聘馆主要通过开展模拟招聘、就业指导、就业沙龙等活动，对学生进行投放简历、面试等求职技能训练，以提高学生求职应聘能力，主要安排如下：

（一）模拟招聘

1. 定期举办模拟招聘

依据企业的招聘程序和招聘要求举办模拟招聘，对学生进行模拟投放简历、面试等求职技能训练。模拟招聘在模拟招聘馆中进行，按照企业的要求和程序展开，由就业指导专任老师和学生工作人员组成团队，依据以下程序操作：宣传招聘通告—进行简历筛选—组织面试—公布结果。此外，针对学院各专业举办大型现场模拟招聘会，为学生营造真正的微型人才市场，提高学生求职应聘能力。

2. 学生自主申请参加模拟招聘

除了定期举办的模拟招聘外，如学生需要进行模拟招聘的训练，可在模拟招聘馆开放时间内到馆内提出申请，填写申请表。就业指导老师根据申请准备好有针对性的模拟招聘。工作人员通知学生面试的时间，督促学生带好简历准时参加面试。面试结束后，就业指导老师填写学生面试反馈表，及时把面试表现反馈给学生。

（二）就业指导

进行就业指导是提高学生就业能力的重要途径。就业指导主要针对毕业班开展，对学生传授系统的就业指导知识，并采取过程评价与结果评价相结合的方式，通过理论与实践相结合，重点提高学生的就业能力。就业指导教师可利用模拟招聘馆为学生提供实践机会。

（三）就业沙龙

在系统学习就业课程的同时，通过举办就业沙龙活动，进一步提升学生的素养。就业沙龙活动分为三个方面，第一，开展就业讲座。讲座的内容应该系统化，针对不同时期的学生，涉及职业生涯规划、就业心态、求职礼仪、面试技巧等方面。第二，举办各类比赛。针对学校的实际情况举办简历制作比赛、模拟面试比赛。第三，举办各种主题活动。各系部结合专业特色举办系列活动，如联系优秀毕业生举办经验交流会、就业主题班会等。

3. 创业孵化基地建设

创业孵化基地是新时代促进就业、带动创业的重要载体。技工院校在学校设立的创业孵化基地是创业教育的重要实践平台，可以为学生的创业实践提供良好的支持和扶助，帮助学生提高创业和抵御风险能力，同时，在学校营造出良好的职场育人氛围。

【参考案例】

某技师学院申请建设创业孵化基地，经市人力资源和社会保障部门、财政部门评审合格，授予“创业孵化基地”牌匾，为创业者提供全方位软硬件服务，让创业者通过创业实现就业。孵化基地入驻了多家企业，可满足千人就业，逐步形成了学生毕业就能就业又能创业的发展新方向。

三、健全服务体系，保障职场化质量

为了更好地建立职场化校园文化，给学生提供全员、全方位、全过程的就业创业指导与服务，需要不断完善就业创业服务体系，创新工作机制，把职场文化融入学生工作的全过程，营造良好的职场育人氛围，保障就业创业质量。

1. 完善就业创业服务机构，强化服务功能

学校就业创业服务工作一般由校级的领导小组负总责，学校就业创业中心、学生处、教务科、团委等部门分工协作，形成齐抓共管的工作局面。2018年12月，人力资源社会保障部发布《关于推进技工院校学生创业创新工作的通知》，明确了技工院校创业创新教育工作主要任务，包括普及创业创新教育、加强创业培训、优化创业服务、开展创业创新竞赛等。强调各技工院校要落实推动学生创业创新工作的主体责任，切实抓好贯彻落实。在“双创”的背景下，学校应当紧跟时代，依据国家关于创业教育的指导性文件，着眼于学生的实际需求，以学生为本，为学生提供全员、全方位、全过程的就业创业指导与服务。图7–1–1为技工学院就业创业服务机构示例。

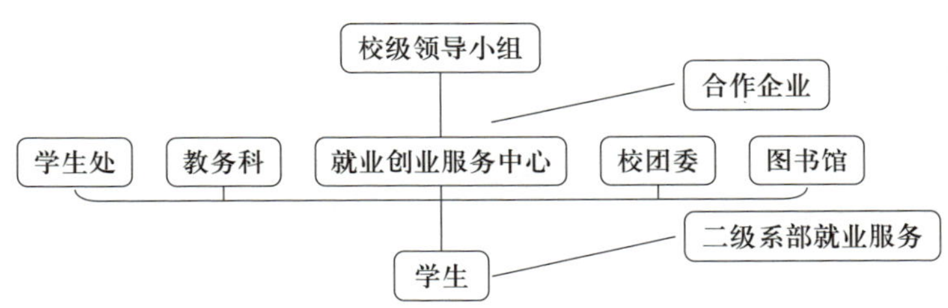

图7–1–1　技工学院就业创业服务机构示例

2. 建设优质全面的就业创业服务体系

以学校就业创业服务机构为主体，建立健全就业创业服务体系，在学校全面系统地铺开就业创业服务工作，建设职场化校园文化，营造良好的职场育人氛围，提升学生就业创业能力，帮助他们顺利就业、成功创业。表7–1–2为技工学院就业创业服务体系示例。

表7–1–2　技工学院就业创业服务体系示例

序号	体系项目	体系内容
1	目标体系	就业率超过全省技工院校平均就业率，实现就业数量和就业质量双提升
		在全校普遍开展创新创业教育，构建10家创业见习基地，推进创业园建设

续表

序号	体系项目	体 系 内 容
2	就业创业教育教学体系	打造三支就业创业指导教师队伍。一是校内专业就业创业教师队伍，二是校外就业创业指导专家队伍，三是优秀校友、职业经理人等组成的导师队伍
		开展就业创业教育。在全校开展职业生涯规划、职业道德、就业指导、创业培训等体系完整的就业创业教育
		开展就业创业实践活动，营造浓厚就业创业氛围
3	就业服务体系	就业信息政策宣传服务
		拓宽就业渠道服务
		就业管理服务
		个体咨询指导服务
		毕业生就业跟踪服务
4	创业孵化体系	创业孵化服务
		创业跟踪服务
5	舆论宣传体系	利用各种新闻媒体和校园网、校园广播等媒介形式宣传正能量，引导学生树立正确的就业观和创业观

四、深化校企合作，营造职场化氛围

校企合作是学校和企业资源优化配置，推进产学研结合、提高办学层次、建设职场化校园文化的必由之路。

1. 校企双元协同育人

2022 年 5 月 1 日，《中华人民共和国职业教育法》开始实施，强调“推动企业深度参与职业教育，鼓励企业举办高质量职业教育”。校企双元育人，要坚持以就业为导向，充分发挥企业的主体作用，通过企业和学校共同建设课程体系、构建师资队伍等方式，共同培养符合企业岗位需求的高技能人才，最终达到产教深度融合的“双元”协同育人的长效机制。图 7-1-2 为校企双元协同育人模式。

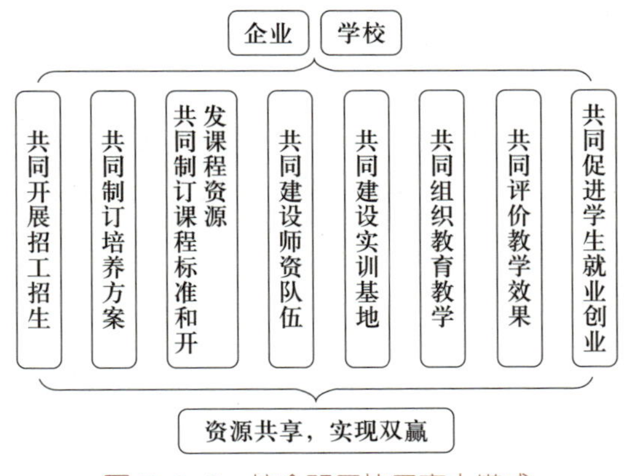

图 7-1-2　校企双元协同育人模式

2. 积极开展企业新型学徒制教育

企业新型学徒制是按照政府引导、企业为主、院校参与的原则，采取“企校双制、工学一体”的模式，即由企业与技工院校、职业院校、职业培训机构、企业培训中心采取企校双师带徒、工学交替培养模式，共同培养学徒。培养对象上，以与企业签订一年以上劳动合同的技能岗位新招用和转岗等人员为主。培养模式上，以“企校双制、工学一体”为主。

【评价与反思】

一、评价

1. 在优化校园就业创业文化环境时，是否整体规划人文景观区、教学区、实训室和生活区布局，体现与行业、职业、创业结合的特色布局？在整体规划的基础上，是否在环境上恰当地融入职场化的元素？是否运用命名、视觉标识、多媒体媒介等方式在学校道路、楼宇、宿舍、实训室、教室等区域融入职场化的元素？

2. 是否完善了就业创业实训设施？除了建设专业实训场所之外，是否建设了针对就业和创业的实训基地？是否建设了创业孵化基地？

3. 是否成立了就业创业服务机构，健全了就业创业服务体系？是否弱化了创业教育和创业指导的服务功能？是否在学校全面系统地展开了就业创业服务？

4. 是否关注细节，鼓励把职场化文化融入教室、宿舍？是否鼓励班级按照企业化环境、企业运行制度、企业行为规范来建设班级，把职场化文化带入教室？

5. 是否采用校企双元协同育人？是否采用企业新型学徒制模式深化校企合作？

二、反思

1. 职场化校园文化建设是一项系统化的工程，要注重顶层设计，把职场化校园文化融入办学理念、校训校风、育人目标等精神层面。在精神文化的指引下，构建良好的运行机制，在全校范围内系统优化校园就业创业文化环境，营造新型职场育人氛围。

2. 在“双创”的背景下，技工院校也应与时俱进，注重创业创新文化的建设，在校园环境中强化创业文化的构建，在就业服务体系中强化创业指导和服务，及时为有创业兴趣的学生提供帮助，切实在校园营造职场氛围。

【表单与素材】

××班班级企业化管理实施方案

一、目的和意义

为了让学生从“校园人”向“职场人”转化，适应职场发展的需要，拟打造特色班级，在班级管理中引入企业化管理，通过把企业的理念、制度、管理模式等企业文化带进班级，在班级营造浓郁的职场化氛围，让学生在企业氛围中学习、成长，提高职业意识、职业素养和职业能力，为走入职场做好充分准备。

二、时间

××××年××月至××××年××月。

三、实施内容

（一）班级企业化

1. 班级名称：智慧自动化有限公司

2. 班级理念：爱岗敬业、求实创新、用心服务、勇争一流

3. 管理机构

董事长：班主任，全面统筹安排班级事务。

董事：科任教师，负责班级教学工作，协助董事长做好班级管理。

总经理：传达董事会决议，主持班级常务工作。

副总经理 1：协助管理班级事务，分管人力资源部、生产部。

副总经理 2：协助管理班级事务，分管财务后勤部、6S 考核。

人力资源部经理：负责班级卫生、劳动、宣传、活动等人员的安排和情况记录。

生产部经理：负责班级课堂管理、作业管理，记录和核算“奖金”和“减薪”情况。

财务后勤部经理：核算和公布每周“工资”表，班级财务管理，协助做好各类活动的后勤工作。

项目经理：负责对本小组的成员进行 6S 考核。

（二）管理企业化

1. 管理人员竞争上岗

引入企业竞争制度，进行管理机构干部的竞争上岗，并且每月由董事长组织团队对干部进行民主评议。

2. 管理理念：“6S”

用“6S”的管理理念对班级进行管理，由管理机构制订“6S”管理目标、管理方案，明确每个项目组的岗位职责和工作要求，对各项目组的实施情况进行总结评价。通过“6S”管理，帮助学生整理现场物品、养成良好习惯、清洁校园空间、改善环境品质、凝聚团队精神、提升职业素养。

3. 奖惩制度

在班级实行虚拟“工资”制度，对于积极参加活动、好人好事、获奖、全勤等表现优秀的学生给予相应奖励，对于违反各种规定的实行相应的处罚，并且每个星期评比一次。

（三）制度企业化

1.“员工”守则

遵纪守法，尽忠职守。

爱岗敬业，维护企业。

加强沟通，团结合作。

钻研业务，提高效率。

秉公办事，公私分明。

开源节流，反对浪费。

积极上进，开拓创新。

2. “薪资”制度

（1）“基本工资”

“总经理”2 000“元”、“副总经理”1 800“元”、“其他管理人员”1 600“元”、“普通员工”1 200“元”。

（2）“奖金”和“减薪”

班级“薪资”“奖金”和“减薪”制度见表 7–1–3。

表 7–1–3　班级“薪资”“奖金”和“减薪”制度（单位：“元”）

项目	“奖金”				项　目	“减薪”
全勤	200				迟到	30/次
比赛获奖		市级	校级	系部	旷课	100/节
	一等	500	300	150	上课睡觉、玩手机、吵闹	50/次
	二等	400	200	100	不完成作业	50/次
	三等	300	100	50	不打扫卫生	50/次
6S 考核优秀	300				辱骂他人、顶撞老师	100/次
文明宿舍	200				仪容仪表不合格	50/次
好人好事	200				无故不参加活动	100/次
上课被老师表扬	50				偷窃、参与赌博、吸烟、打架	停职
					其他重大违纪行为	辞退
其他未尽事宜，按实际情况“加薪”或“减薪”						

3. 6S 考核制度

由班级管理机构对各项目小组进行考核，每星期考核一次，考核为优秀的该项目组的成员可加“薪”300 元，考核不合格的要进行整改（见表 7–1–4）。

表 7–1–4　　6S 管理考核表

项目组：　　考核时间：　　考核总分：

序号	项目名称	考 核 内 容	考核分
1	整理（9 分）	桌上不能放置与工作无关的物品（3 分） 书本及资料应分类摆放整齐，标识清楚无误，需要时能尽快找到（3 分） 教室通道上不可放置物品，个人物品放到自己的抽屉（3 分）	
2	整顿（6 分）	椅子摆放要整齐，椅子上不能放任何物品（3 分） 用完椅子放回桌洞内（3 分）	
3	清扫（6 分）	地面无灰尘、无碎屑等杂物（3 分） 桌面干净整洁，桌下无垃圾（3 分）	
4	清洁（6 分）	每天工作前对自己的工作区域卫生进行自我清理、清洁（3 分） 下课后桌上物品收拾整齐，笔、本、书归位（3 分）	
5	素养（18 分）	衣着整洁得体，仪容整齐大方，不得穿奇装异服（3 分） 爱护公共财产，自觉遵守班级的各项规章制度（3 分） 不随地吐痰，不随便乱扔垃圾（3 分） 不追逐打闹，不大声喧哗（3 分） 发扬团队精神，相互帮助，积极参加班级组织的各项活动（3 分） 上课时间不干与学习无关的事情，认真听讲、完成作业（3 分）	
6	安全（15 分）	不存放易燃易爆物品（3 分） 不携带管制刀具、不使用明火（3 分） 不使用高功率电器（3 分） 不打架斗殴（3 分） 不乱接电线、电源（3 分）	
备注：总分 60 分，50 分以上为优秀			

实施路径二　植入校园就业创业课程，培育职场化意识

【背景描述】

某技工院校的就业指导教学工作由思政教师承担，对于初中起点的中级班，他们在第四学期开设了《职业道德与法治》课程，但专门的就业创业课程比较少。在思政教师队伍中，还有不少教师是从校园到校园，缺乏实践经历，讲授就业指导课程时存在指导空洞、难以落地、理论讲解枯燥等问题。临近毕业时，班主任发现一些学生的职场化意识还不强，没有树立正确的就业择业观念，不禁面露难色：这工作到底怎么做?

【点评】

就业创业课程作为一门公共课程，不易被学校和学生重视。之所以出现上述案例的问题，可能是学校开设的就业创业课程课时少，教学目标模糊，内容单一；也可能在必修课的基础上没有开设相应的选修课程，通识课、专业课也没有发挥课程协同教育的作用；还可能教师在授课过程中，由于自身缺乏实践经历，难以满足学生的实际需求，导致学生学习的积极性不高。课程是提高教学水平和人才培养质量的重要保证，学校应该从顶层设计上重视就业创业课程体系的构建，重视师资队伍的建设和培养。

<table>
<tr><td rowspan="3">实施路径二　植入校园就业创业课程，培育职场化意识</td><td>明确专业人才培养目标，引领课程建设</td></tr>
<tr><td>立足学生就业创业需求，构建课程体系</td></tr>
<tr><td>培养就业创业师资队伍，提升指导水平</td></tr>
</table>

【实施路径】

一、明确专业人才培养目标，引领课程建设

建设职场化的校园文化，最终目的是让学生在职场化的校园文化环境中提升自我，提高就业创业能力，为走入职场做好充分的准备。学校层面需要重视人才培养方案的设计，在人才培养目标的制订上，要体现以就业创业为导向。

1. 成立专业建设指导委员会

为强化专业内涵建设，培养与区域经济社会发展紧密结合的专业人才，学校应成立专业建设指导委员会。专业建设指导委员会由学校、行业、企业三方代表构成，全面指导专业的开发和建设工作，同时，为人才培养方案的制订和专业设置提出意见和建议。

2. 突出就业创业培养目标

专业人才培养方案是技工院校落实党和国家关于技术技能人才培养总体要求，组织开展教学活动、安排教学任务的规范性文件，是实施专业人才培养和开展质量评价的基本依据。在确定人才培养目标时，一是要紧跟时代发展的要求，以社会经济发展需要为依据。二是要充分结合本校办学层次和专业定位，科学合理确定专业培养目标。技工院校在确定专业人才培养目标时，应着眼于就业创业能力的提升，突出就业创业培养目标。表 7-2-1 为技工院校幼儿教育专业人才培养目标示例。

表 7-2-1　　技工院校幼儿教育专业人才培养目标示例

目标	内　容
综合型人才	德智体美劳全面发展，具有综合职业能力；具有复合的教育教学能力和健康的身体及心理，能胜任幼儿教育第一线工作
应用型人才	具有良好职业道德，尊重幼儿主体地位；具有先进幼教理念，能够熟练掌握幼儿生理特点及生长发育规律，运用相关理论知识合理安排幼儿一日生活和学习活动

续表

目标	内　　容
实用型人才	在遵循幼儿生理和心理发展与变化规律的基础上，能够根据基本的幼儿教育教学方法、心理以及教育技术知识，通过创设和组织行之有效的教育活动，促进幼儿身心健康和全面发展
创新型人才	在幼儿园承担主要的教学活动，并能够运用音乐、舞蹈和美术去丰富幼儿园教育教学活动，富有创新精神，勇于投身创业实践

二、立足学生就业创业需求，构建课程体系

实际工作中，有的技工院校就业创业指导课程不够完善，缺乏独立的课程体系；有的技工院校就业创业教育与专业教育、通识教育相互分离，没有形成合力。基于以上问题，技工院校要更好地建立职场化校园文化，重视就业创业课程体系的构建，以学生职业生涯发展为导向，建立、完善职业生涯规划、就业指导、创新创业教育于一体的课程体系。

（一）开设就业创业课程

1. 科学开设必修课程

根据人力资源社会保障部办公厅印发的《技工院校公共基础课程方案（2022 年）》的通知要求，要确保技工院校学制教育各办学层次公共基础课程开齐开足。初中起点中级工班、初中起点高级工班思想政治、语文、历史课要严格按照《中等职业学校思想政治、语文、历史课程标准（2020 年版）》开展教学。在统编思政教材中，有机融入了职业道德、劳动精神、劳模精神和工匠精神教育，培育学生职业精神，强化与职业能力密切相关的学科核心素养，满足学生未来职业发展的需要。

2. 合理增设选修课

根据人力资源社会保障部办公厅印发《技工院校公共基础课程方案（2022 年）》的通知要求，通用职业素质课程为选择性必修课程，共有 90 学时。在职业素质课程中，涉及就业创业教育的课程主要有《创业创新指导与实训》和《就业指导与实训》。这些课程围绕创业和就业知识展开，可以根据学校和专业的实际情况开设。

【参考案例 1】

某技师学院通过实践摸索，形成了具有技工院校特色的创新创业课程体系。课程体系包括普及“双创”通识课程的基础阶段、专创融合的“双创”实习阶段、模拟创业的项目指导阶段和初创企业运营的实践阶段。表 7–2–2 为某技师学院就业创业课程安排。

表 7–2–2　　某技师学院就业创业课程安排

学习阶段	课程类别	项目进化	所在环境
“双创”基础（第一年）	通识课程	作业	通用教室
“双创”实习（第二年）	专创融合	学习成果	学习工作站
创业模拟（第三年）	项目指导	作品	众创空间
创业实践（毕业后）	初创运营	商品	孵化基地

【参考案例 2】

某技工院校为了进一步贯彻落实国家全民创业、万众创新发展战略，推进技校生创业培训工作的开展，更好地培养学生的创业意识，提高创业素养，对学生进行了 SYB 创业培训，表 7–2–3 为某技工院校 SYB 培训课程安排示例。

表 7–2–3　　某技工院校 SYB 培训课程安排示例

日程安排	授课时间	授 课 内 容
第一天	19：00—22：00	开学典礼：创业意识确立、项目介绍
第二天	19：00—22：00	第一步将你作为创业者来评价
第三天	19：00—22：00	游戏模块 I
第四天	14：30—17：30	企业类型及其成功的要素
	19：00—21：15	如何挖掘出好的企业构思
第五天	8：00—11：45	验证你的企业构思——SWOT 分析
	14：00—17：45	调查你的市场
	19：00—22：00	制订市场营销计划

续表

日程安排	授课时间	授课内容
第六天	8：00—11：45	预测你的销售
	14：00—17：45	游戏模块Ⅱ
	19：00—22：00	企业人员组织
第七天	14：30—17：30	选择一种企业法律形态
	19：00—21：15	法律环境和你的责任
第八天	19：00—22：00	预测启动资金需求
第九天	19：00—22：00	制订销售和成本计划
第十天	19：00—22：00	制订现金流量计划
第十一天	14：30—17：30	判断你的企业能否生存
	19：00—21：15	大学生创业优惠政策讲解，开办企业
第十二天	8：30—11：30	编写计划书
	14：30—16：45	检查及收取计划书

3. 灵活运用线上课

灵活运用信息化教学技术可以解决就业创业课程教学中内容零散、各阶段衔接缺乏逻辑性等问题。表 7–2–4 为灵活运用线上课教学模式示例。

表 7–2–4　　灵活运用线上课教学模式示例

序号	模式	内容
1	线上教学模式	将就业创业的理论和知识点分成不同模块，以视频教学的形式推出，学生可以灵活安排时间在网络平台上自主学习，并在网络平台上完成测试，获得相应学分
2	线上线下相结合的模式	依托网络平台资源进行翻转课堂教学，实现多媒体技术和课堂教学的深度融合
3	网络资源共享模式	加强校际的交流、合作，实现优质平台或资源的共享

【参考案例】

某技师学院采用“在线讲解＋慕课视频＋实时交互”的新方式开设创业教育网络课程，形成“个人＋团队、过程＋结果”相结合的评价考核模式，建成了立体化教学资源库。表 7–2–5 为某技师学院创业教育网络课程示例。

表 7–2–5　　　　某技师学院创业教育网络课程示例

<table>
<tr><th>序号</th><th>课程内容</th><th>学时</th><th>考核方式</th><th>分值</th></tr>
<tr><td>1</td><td>课程开篇和团队建设</td><td>2</td><td>个人成绩（课堂作业＋课堂表现）</td><td>10</td></tr>
<tr><td>2</td><td>企业认知</td><td>4</td><td>个人成绩（随堂测试＋课堂表现）</td><td>15</td></tr>
<tr><td>3</td><td>基于专业的创业热点和项目选择</td><td>4</td><td>个人成绩（随堂测试＋课堂表现）</td><td>15</td></tr>
<tr><td>4</td><td>创业项目选择和评估</td><td>6</td><td rowspan="5">团队成绩＋个人成绩
（进行市场调研、形成调研PPT，进行项目路演，撰写创业计划书）
自我评价、小组评价、教师评价</td><td rowspan="5">60</td></tr>
<tr><td>5</td><td>创业项目路演</td><td>6</td></tr>
<tr><td>6</td><td>创业团队组建</td><td>4</td></tr>
<tr><td>7</td><td>创业计划</td><td>4</td></tr>
<tr><td>8</td><td>创业计划路演和课程复盘</td><td>4</td></tr>
</table>

（二）发挥课程思政作用

在大思政的格局下，全体教师要树立专业课程与思政课程协同教育的意识，充分挖掘课程的教育资源，融入就业创业内容。通识课和专业课教师要树立起课程思政的意识，针对不同专业，科学安排教学内容，重视学生创业创新精神的培养，在讲授课程中渗透职业素养、工匠精神、职业生涯规划、创新创业教育等方面的内容。

1. 明确就业创业教育目标

课程要结合就业创业教育的目标，根据所在学科专业、所属课程类型的育人要求和特点，深入挖掘蕴含的就业创业教育资源，优化课程思政内容供给。

目标可以从工匠精神、职业道德、职业精神和职业规范、创业教育等内容出发，推动课程教育和思政教育紧密融合。表 7–2–6 为就业创业教育目标体系。

表 7–2–6　　　　就业创业教育目标体系

一级目标	二级目标	具体内容
职业素养教育	职业道德	爱岗敬业、诚实守信、办事公道、服务群众、奉献社会
	职业意识	责任意识、质量意识、创新意识、团队意识、竞争意识、标准与规范意识
	职业行为习惯	守时、快速响应、条理性、事事有回应

续表

一级目标	二级目标	具 体 内 容
职业规划教育	职业理想	依据社会要求和个人条件确立职业奋斗目标
	职业兴趣	培养职业兴趣、平衡职业兴趣、匹配职业兴趣
	职业能力	专业知识技能、自我管理技能、可迁移技能
	职业目标	短期目标、中期目标、长期目标
	行动计划	制订行动计划、执行行动计划、调整行动计划
工匠精神教育	执着专注	全心全意、聚精会神、专心致志的精神状态
	精益求精	对工艺、质量的品质追求
	一丝不苟	细节上的坚守、态度上的严谨
	追求卓越	追求卓越的理想信念
创新创业教育	创业精神	创业思想和创业观念
		创业意识和创业个性
		创业作风和创业品质
	创新能力	创新意识
		创新思维
		创新技能

2. 挖掘就业创业教育资源

教师要围绕教学目标深入挖掘能够呈现课程的就业创业教育元素，找到渗透就业创业教育的素材，实现就业创业教育与课程的有效融合。一是依据专业教学标准和职业能力评价标准，以及本专业学生未来所从事工作的职业素养要求，深度挖掘职业道德、职业素养的素材。二是分析当前学生的现实状况，根据学生的实际需求去挖掘就业创业的教育资源。三是结合中国特色社会主义的伟大实践，挖掘丰富的思政素材，融入专业知识教学，培育学生的就业创业意识。图 7–2–1 为幼儿教育专业课程《声乐基础和儿歌表演唱》的就业创业教育目标。

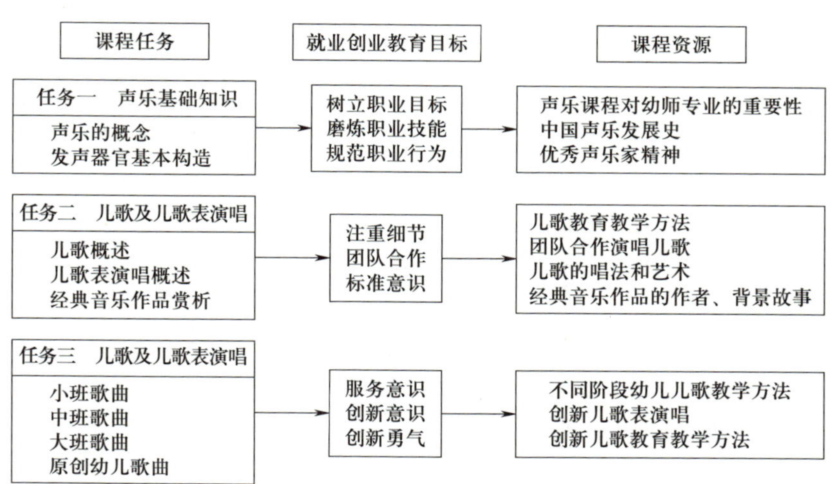

图 7-2-1　幼儿教育专业课程《声乐基础和儿歌表演唱》的就业创业教育目标

（三）开展就业创业主题班会课

开展创业就业教育的主题班会也是一种行之有效的方式。班主任是学生成长的陪伴和引导者，班会课是班主任对学生进行教育的主要途径。班主任要立足于专业和学生的特点，有针对性地开展就业创业教育班会课，培养学生就业创业意识，提高就业创业能力。表 7-2-7 为某技工学校电商专业就业创业主题班会安排表。

表 7-2-7　　某技工学校电商专业就业创业主题班会安排表

时间	主　　题	目　　标	形式
第一学期	新目标，新启航	职业规划	专题讨论
	优秀毕业生座谈会	职业规划、职业素养	座谈会
	工匠精神海报制作比赛	工匠精神	比赛
	创新引领未来，创业成就梦想	创业创新	专题讨论
第二学期	学好职业技能，成就出彩人生——到 ×× 企业参观学习	职业素养	参观学习
	职业生涯人物访谈活动	职业规划	访谈
	放飞梦想，勇于创新——班级创意营销大赛	创业创新	比赛
	品质电商与工匠精神——暑假社会实践活动	工匠精神	社会调研

续表

时间	主　　题	目　　标	形式
第三学期	职业畅想	职业规划	茶话会
	“互联网 +”创业大赛	创业创新	比赛
	关于电商职业素养采访	职业素养	访谈
	展技能风采，扬工匠精神——专业技能展示会	工匠精神	展示会
第四学期	顶岗实习，你准备好了吗——班级企业见习活动	职业素养	见习
	农村电商直播比赛	职业规划	比赛
	爱岗敬业、诚实守信——电商行业职业道德调研	职业素养	社会调研
	转变职业角色	职业素养	专题讨论

三、培养就业创业师资队伍，提升指导水平

优质的师资是提高就业创业指导水平的关键要素，技工院校应加大培训力度，构建一支完善的、规范的、多元的就业创业师资队伍。

（一）构建优质的就业创业师资队伍

就业创业师资队伍的建设可以从以下三个方面来构建：一是学校的就业创业指导中心全职教师、各系部就业创业服务人员、班主任；二是通识课程、专业课程的骨干教师；三是聘请用人单位专家、创业者、人力资源负责人、优秀毕业生等担任就业创业导师，不断补充新鲜血液。图 7–2–2 为构建就业创业教育师资队伍示意图。

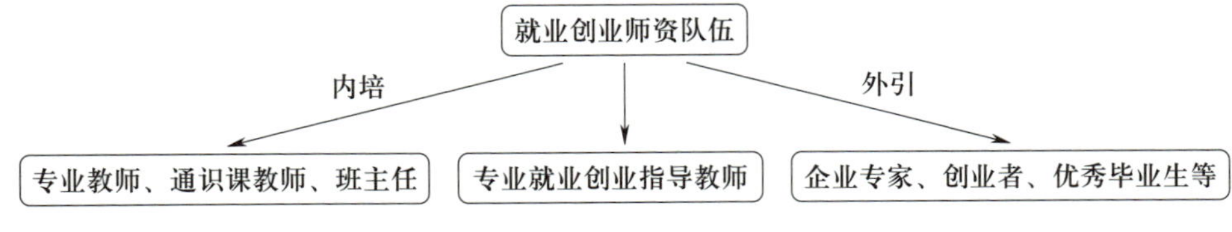

图 7–2–2　构建就业创业教育师资队伍示意图

（二）加大对师资队伍的培训

就业创业教育队伍是一支专业化的队伍，就业创业教育人员要掌握心理

学、教育学、创业教育、职业生涯规划、职业素养、就业指导等相关学科的基本理论和方法，熟悉就业创业政策、就业创业业务和就业创业教育方法。学校可以采取分层分岗培训的方式，加强就业创业服务人员培训，确保他们能够掌握相应的知识和技能，提高履职能力。

（三）完善激励考评制度

为充分调动教师就业创业教育的积极性和有效性，学校应建立考核激励制度，鼓励教师参与到就业创业教育工作中来。考评制度可以从就业和创业两个维度入手，把就业创业教育的相关内容纳入教师的日常教学科研活动、职称评聘、进修培训、教学奖励等具体工作中。对于积极从事就业创业教育工作的教师，给予适当的鼓励和奖励，树立典型、榜样引领，在学院营造起就业创业教育的良好氛围。

【评价与反思】

一、评价

1. 是否成立专业建设指导委员会，共同制订人才培养方案？是否坚持以专业建设为龙头、以就业创业为导向的人才培养模式？是否在人才培养的目标制订上体现就业创业的要求？

2. 构建就业创业课程体系时，是否充分发挥了全体教师的作用？除了就业创业课程外，是否在专业教育、通识教育课程上渗透了就业创业教育的元素？就业创业课程是否做到了必修课—选修课—线上课程三位一体？是否开展了以就业创业教育为主题的班会课，充分发挥班主任的作用？在专业课和通识课上，是否围绕教学目标深入挖掘了能够呈现课程的就业创业教育元素，找到了渗透就业创业教育的素材，实现了就业创业教育与课程的有效融合？

3. 在培养就业创业教育师资队伍上，是否通过“内培外引”的方式建立了一支健全的、完善的队伍？是否加大了对师资队伍的培训，提升了就业创业服务人员的整体素养和知识水平？是否建立了考核激励制度，鼓励教师参与到学校的就业创业教育工作中来？

二、反思

1. 有什么方法能更好地完善人才培养方案，让人才培养方案能够紧跟时代发展要求、符合学校的办学层次和定位？如何将就业创业人才的需求更好地融入人才培养方案中？

2. 构建就业创业课程体系时，如何保证体系的完整性和科学性？如何才能更好地发挥课程思政的作用，让通识课教师、专业课教师主动把就业创业教育元素融入课程中？如何考核和评价就业创业教育的目标？

3. 在培养就业创业教育师资队伍时，如何保证质量？如何在有效激励就业创业教师的同时又不失公平？是否有量化指标考核就业创业教育工作？

【表单与素材】

某技工学校就业创业师资队伍培训实施方案

为了进一步加强我校就业创业师资队伍水平，提高就业创业教育能力，促进教师队伍专业化、职业化，根据人力资源社会保障部关于就业创业工作队伍的相关文件精神，结合我校实际，制订本方案。

一、目的和意义

根据学校相关文件精神，建设一支规范、职业、多元的就业创业师资队伍，强化就业创业指导教师能力，提高就业创业教育和指导工作的实效性，从而提高学生的就业创业能力。

二、培训方式和对象

（一）培训对象：学校就业创业指导中心全职教师、各系部就业创业服务人员、班主任，专业课程骨干教师，就业创业部门相关负责人。

（二）培训方式：分层进阶培训，针对不同群体开展初级、中级、高级三个层次的培训。

三、培训内容体系

（一）初级培训

培训对象：一线就业创业指导教师、班主任、专业教师。表 7–2–8 为就业创业师资队伍初级培训内容。

表 7-2-8　　就业创业师资队伍初级培训内容

序号	培训内容	
1	职业生涯规划	职业生涯规划基本理论
		职业生涯规划常用工具
		技校生职业生涯规划指导
2	职业素养	技校生职业素养需求分析
		技校生职业素养的培育
		技校生职业素养与专业课程的融合
3	就业指导	企业招聘规则与需求
		技校生就业形势和就业政策分析
		面向社会的简历和面试指导
4	创业指导	创业意识培育
		创新思维和创新能力培养
		创业计划和创业计划书

（二）中级培训

培训对象：就业创业指导骨干教师、就业创业指导中心负责人、各系部就业服务人员。表 7-2-9 为就业创业师资队伍中级培训内容。

表 7-2-9　　就业创业师资队伍中级培训内容

序号	培训内容	
1	就业创业指导核心能力培养	企业招聘面试的应对策略
		创业项目的孵化
		职业测评工具的实践
2	个体咨询指导服务	职业生涯规划的个体咨询和指导
		就业指导的个体咨询和指导
		创业项目的个体咨询和指导

（三）高级培训

培训对象：参加过初、中级培训的就业创业指导骨干教师，就业创业指导中心负责人和就业创业工作相关负责人。表7-2-10为就业创业师资队伍高级培训内容。

表7-2-10　　就业创业师资队伍高级培训内容

序号	培训内容	
1	就业创业服务体系	就业信息政策宣传服务
		产教融合背景下拓宽就业渠道
		以生为本的就业创业管理
		多媒体就业创业服务平台构建
2	创业项目管理和孵化	创新创业大赛的开展
		就业创业基地的建设
		商业计划书的写作和指导

四、工作要求

1. 提高思想认识

培训是加强就业创业师资队伍建设的重要途径，是提高我校就业创业教育水平的有效途径，相关人员要提高思想觉悟，积极参与培训，提高业务水平。

2. 加强组织领导

就业创业师资培训由就业科牵头，协同学生科、就业创业指导中心、教务科和各系部共同组织实施。

3. 培训考核管理

严格培训的考核制度，按照培训大纲完成培训任务并且考核合格的，给予培训结业证书。

某技工学校就业创业教育教师考核及激励办法
（试行）

为深入贯彻人力资源社会保障部有关促进毕业生就业创业工作的文件精神，落实学校提出的就业创业工作目标，进一步加强就业创业教育教师管理，鼓励教师积极参与就业创业教育工作，不断提升教育教学质量和就业创业工作水平，结合学校实际，制订本办法。

第一章　总　　则

第一条　本办法的目的是进一步明确全体教师履行就业创业教育责任，加强教师就业创业教育教学能力建设，形成专业教育与创新创业教育有机融合的长效机制，鼓励教师积极参与就业创业教育工作。

第二条　本办法的原则是将创新创业教育的相关内容纳入教师的日常教学科研活动、职称评聘、进修培训、教学奖励、创业活动等具体工作中，确保质量。对于积极从事创新创业教育工作的教师，给予适当鼓励和奖励。

第二章　就业创业教育考核

第三条　创新创业教育教学

1. 就业创业教学

就业创业专职教师的课堂教学按照学校教学工作量标准核算课时；对学校的通识课教师、专业课教师兼职开设就业创业课程的，按照 1.5 的系数标准核算课时。

2. 就业创业竞赛项目指导

教师指导学生就业创业竞赛，参照学校相关奖励标准给予一定的指导奖励。

3. 创新创业实践指导、报告讲座

校外导师每学期进校指导学生团队 1 ～ 2 次，并给全体参与就业创业活动的学生开展 1 ～ 2 次报告讲座，课时费按学校外聘教师标准执行。校外专家来校进行讲座报告按有关学术报告标准执行。

4. 就业创业教师的实训指导工作量考核

就业创业教师对就业创业社团活动、就业创业实践活动、孵化项目等进行指导的，每日按 7 个课时核算工作量。

第三章　就业创业教育激励与奖励

第四条　就业创业教育激励

（一）教学建设与改革

1. 在专业建设、课程建设、教学团队建设、实验室与实践教学基地建设等相关项目申报中，对于重点突出就业创业教育改革的项目，同等情况下，予以优先立项。

2. 在教学成果奖申报中，对于积极开展就业创业教育改革的成果项目，同等情况下，予以优先推荐。

3. 在学校各类教学奖励中，对于积极开展就业创业教育教学改革的教师，同等情况下，予以优先推荐。

4. 在学校教育教学改革研究与实践项目立项中，设立“就业创业教学课程改革”研究方向。

（二）就业创业教育教师专业发展

1. 对于从事就业创业教育教学工作的教师，同等条件下，在职称评聘时给予优先考虑。

2. 将提高教师就业创业教育教学能力作为岗前培训、骨干研修的重要内容，鼓励教师赴相关教育机构进行就业创业教育方面的进修访学。

3. 鼓励就业创业教育专职教师到行业企业实践锻炼，返校后对于我校创新创业教育改革工作做出突出贡献者，给予一定的奖励。

第五条　就业创业教育奖励

1. 学校对各院、系（部）每年的就业创业工作进行考核，考核优秀的予以表彰。

2. 各院、系（部）组织对教师进行考核，考核优秀的，予以表彰和适当的奖励。

第四章　附　　则

本办法自公布之日起施行，由就业创业教育中心负责解释。

实施路径三　开展校园就业创业实践活动，提升学生就业创业能力

【背景描述】

某技工学校收到《关于举办第二届全国技工院校学生创业创新大赛的通知》后，计划在学校组织选拔优秀选手。通过一轮选拔下来，发现学生参赛积极性不高，缺乏创新创业素养。于是找到一些学生了解情况，学生们纷纷

表示：对这个比赛一点把握也没有，感觉很难。学校组织活动的教师郁闷了：平时学校也开展了相关系列活动，怎么关键时刻就不奏效了呢？

【点评】

活动是培养学生就业创业能力的重要途径，目前各学校积极开展各类就业创业活动，但也容易出现活动形式单一、学生参与面不广、效果不太好等问题。因此，提高学生对就业创业活动的认识，探索就业创业活动新模式，健全学生就业创业实践活动体系，对提升学生就业创业能力具有重要意义。

实施路径三　开展校园就业创业实践活动，提升学生就业创业能力	围绕课程开展课堂实践教学活动
	统筹规划开展就业创业实践活动
	拓宽载体丰富就业创业实践活动

【实施路径】

一、围绕课程开展课堂实践教学活动

就业创业指导教师在授课过程中，要坚持理论和实践相结合，在理论的指导下开展实践活动；坚持以学生为主体、教师为主导，实现从以“教”为中心转向以“学”为中心，通过实践活动来深化教学内容，提升学生实践能力，达到“知行合一”的目标。

（一）创建综合开放的学习环境

在开放的学习环境里开展实践活动，才能提高教学的有效性。教师在教学过程中，要善于创建综合的学习环境，把社会的真实情境融入课堂，把学生带到社会去实践，把课堂教学和社会大课堂融合起来，鼓励学生融入社会大课堂中去体验、感悟。

（二）重视实践活动的指导

课堂实践教学活动体现的是学生的自主性、教师的指导性。教师要认真做好实践活动的指导工作。第一，在学生实践活动中，指导老师要善于引导

学生进行思考和探索，提高学生参加实践活动的积极性。第二，指导学生确定实践的主题和形式。一是要与教材、教学中的重难点结合起来。可以把课程教学内容划分为若干专题，列出教学重点、难点，选出若干实践主题。二是要围绕学生关注的热点焦点问题，让学生围绕主题自主选择实践的方式，加强针对性。第三，要及时帮助学生解决在社会实践活动中所遇到的问题。第四，教师应引导学生做好实践活动结束后的评估和反思工作。图 7–3–1 为综合性实践教学活动实施路径。

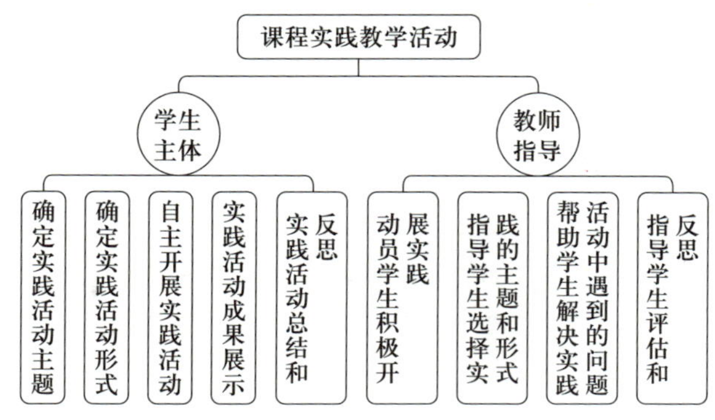

图 7–3–1　综合性实践教学活动实施路径

（三）完善实践活动的评价

教师在组织开展课堂实践教学活动中，要注重对学生的评价，把实践教学活动的分数纳入课程成绩。在评价过程中，一是要注重学生的自我评价。学生是实践活动的主体，在对实践活动的评价中应该突出学生的主体地位，把学生的评价纳入总体评价之中。学生评价包括学生对自己实践活动过程与结果的评价，实践活动小组对参与者的评价以及学生之间的评价。二是要注重实践教学活动过程性评价。教师在学生开展活动的过程中，通过对学生的投入程度、团队合作情况、活动的创新性和有效性等进行多维度的过程性评价。三是要注重评价主体的多元化。除了学生评价、教师评价外，可以邀请企业方作为评价的主体，保证评价的科学性和多元性。

《就业指导与实训》课程实践活动方案如下：

《就业指导与实训》课程实践活动方案

课程类型：公共课

实践学时：12 学时

实践学期：第四学期

实践班级：× × 级初中起点三年制班级

一、实践目的

通过实践活动，创设一种动态、开放、主动的学习环境。通过亲身参与实践，将所学知识运用于实践，增强合作意识，培养分析问题和解决问题的能力。

通过实践活动，增进对课本知识的理解，促进知识转化。了解职业、了解自己，学会依据社会发展、职业需求和自身特点进行职业规划。在社会主义核心价值观的指导下掌握职业道德规范的基本要求，理解提高职业道德水平、树立职业理想的重要性。学会择业和求职的基本方法，树立正确的就业观念，提升就业创业能力。

二、实践活动要求

（一）6 人为一个小组，确定组长 1 名，以小组为单位进行实践活动。

（二）实践活动选题必须与《就业指导与实训》课程内容相关，选定一个主题，采用社会调查、采访、实践、参观等形式来促进对理论的学习和理解。

（三）实践活动后要撰写实践报告。

三、实践活动安排

序号	内　容	时　间	提交材料
1	实践活动策划	12 月 1 日—12 月 12 日	活动方案
2	开展实践活动	12 月 13 日—12 月 20 日	活动过程记录
3	实践活动成果展示与总结	12 月 21 日—12 月 25 日	报告书、PPT、活动评价表、活动日记

四、实践考核

（一）本次实践活动考核成绩占期末总成绩的 30%。

（二）实践活动总分 100 分，由个人、小组、教师、企业进行评分后按权重相加。

个人总成绩 = 小组评分 ×25%+ 个人评分 ×25%+
教师评分 ×25%+ 企业评分 ×25%

《就业指导与实训》课程实践活动评价表

评价项目	具体内容	个人评分	小组评分	教师评分	企业评分	总分
情感态度	积极参加实践活动（10 分）					
	主动提出设想、建议（10 分）					
合作交流	主动与同学配合（10 分）					
	乐于交流，认真倾听同学的观点和意见（10 分）					
	对实践活动有贡献（10 分）					
学习方法	能用多种方法搜集、处理信息（10 分）					
	能用已知知识解决问题（10 分）					
实践成果	对实践成果有贡献（10 分）					
	写好活动日记（10 分）					
	积极完成实践报告、PPT（10 分）					

二、统筹规划开展就业创业实践活动

校园文化活动在学生群体具有较强的导向和影响作用，以校园文化活动为载体开展就业创业实践活动，可帮助学生树立正确的就业观念，提高学生就业创业能力。为了保证就业创业实践活动的效果，要统筹规划，科学安排。

（一）在校园文化活动中融入职场化文化

在开展校园文化活动时，可以把职场化文化有机融入其中，使学生在活动中受到潜移默化的影响，从而树立正确的就业创业观念，提高就业创业能力。表 7–3–1 为职场化文化融入校园文化活动示例。

表 7–3–1　职场化文化融入校园文化活动示例

序号	活动形式	活动内容
1	讲座讲坛	邀请行业专家、优秀企业家、企业人力资源部门负责人、优秀创业者、优秀毕业生等进校园，通过论坛、讲座等形式，分享就业创业的经验
2	暑假社会调研	组织“走进企业”为主题的调研活动，让学生利用假期深入企业开展调研，收集企业优秀员工的典型案例，分析企业所需要的职业素养，以此激发学生的职业热情和提升自我的动力
3	劳动教育活动	把创业创新教育融入劳动教育活动中，开展创意劳动实践大赛，让学生在劳动实践中迸发创新思维

【参考案例】

某技师学院举行首届 ×× 杯创意劳动实践大赛，比赛邀请了 ×× 集团相关人员担任学生团队导师，指导学生团队完成创意策划和营销实战。比赛销售的产品为 ×× 集团系列产品。通过校企社联动的劳动教育实践比赛，培育学生的市场意识，提升创业能力。

（二）把校园文化活动和企业文化活动结合起来

开展校园文化活动时，可利用学校和企业双主体，采用“请进来”和“走出去”相结合的方式，校企联动，共同宣传职业技能、职业道德等职场文化和创业故事、创业精神等创业文化。采取这种形式开展活动，可让学校和企业之间优势互补、深度融合，促进校企双赢，让学生和企业员工有更多接触的机会，让学生近距离感受企业文化。如校企共同开展文艺晚会、拓展训练活动、运动会、技能比赛等，让学生和企业员工同台活动，相互交流。还可以建立校企联谊俱乐部，活动场地在学校和企业间交换使用，企业为活动经费的赞助商，学生和企业员工共同组织和排练节目，在节目中融入企业文化宣讲、企业优秀员工表演、颁奖等环节。

【参考案例】

某技师学院与合作的企业利用新生刚进入冠名班就读的契机，校企之间联合举办一场文艺晚会——建厂 ×× 周年暨新生开学典礼文艺晚会，企业员工和冠名班学生同台演出。运用这种方式开展活动，加深了学生对专业的了解，让学生在活动中感知优秀员工的职业素养，提高了职业认同感。

（三）开展就业创业竞赛活动

学习、训练和竞赛是就业创业教育的三个阶段，是一个连续的整体。通过开展就业创业训练、竞赛或模拟活动等，让学生体验就业创业过程，以此培养学生就业创业意识，锻炼就业创业的能力。同时，在竞赛活动过程中融入团队意识、创新意识、竞赛意识，有利于提高学生的职业素养。就业创业竞赛活动可以由学校组织，邀请企业人员担任评委，教师与企业员工共同担任指导教师。通过这种方式组织竞赛，为实现双赢搭建了平台，一方面有利于学校营造良好的职场化氛围，提高学生的就业创业能力，另一方面可以帮助企业挖掘优秀人才。

学校可以根据就业创业课程的时间安排，针对不同年级学生开展各类竞赛。竞赛的项目主要有两大类，一是就业类竞赛项目，例如职业生涯规划大赛、简历制作大赛、模拟面试大赛等；二是创新创业类竞赛项目，例如变废为宝创意大赛、校园跳蚤市场大赛、创业杯竞赛、商业营销大赛等。

【参考案例】

某技师学院以增强学生创业意识、创新精神和提高创造能力为目标，举办了创业实战赛，以“创业带动就业”的基本思路，按照“训练–竞赛–实战”的模式在全校营造起勇于创业、乐于创业、善于创业的浓郁氛围。表 7–3–2 为某技师学院创业实战赛活动内容。

表 7–3–2　某技师学院创业实战赛活动内容

时间	内容	具体方式	评委
第一阶段（×××× 年 3 月）	激发创业灵感，接受创业训练	选拔出有创业兴趣的 100 名学生，对他们进行 SYB 创业培训。学生自由组合形成创业队伍，撰写创业计划书	校内就业创业教师
第二阶段（×××× 年 4 月）	模拟创业，组织沙盘推演	组织学生模拟创业和沙盘推演，由校内老师对各队伍进行初步筛选，挑选出 10 支队伍进行决赛	校内就业创业教师
第三阶段（×××× 年 5 月）	创业决赛，放飞梦想	从 10 支队伍中挑选出 3 支队伍进行创业实战	专家、企业导师、创业成功者

三、拓宽载体丰富就业创业实践活动

（一）创建就业创业社团开展实践活动

学校应引导鼓励学生组建形式多样的具有就业创业色彩的社团，依托社团举行就业创业实践活动，扩大对学生的影响力。在社团活动中，要充分发挥好社团指导教师的作用，多维度开展各类活动，通过举办沙龙、讲座、竞赛、模拟商业实践等社团活动，丰富学生业余生活，让有意愿创业的学生分享创业实践经验、交流创业信息，相互探讨、互相启发，开阔视野、拓展思路，营造浓厚的交流学习氛围。表 7–3–3 为某技师学院就业创业社团情况。

表 7–3–3　某技师学院就业创业社团情况

社团名称	社 团 介 绍
创业俱乐部	以服务学生创业为宗旨，承办一年一度的创业大赛、创业策划书大赛和不定期的创业培训讲座
技校生职业生涯发展协会	致力于技工院校学生职业生涯发展的社团，在专业教师的指导下，通过开展相关培训和活动，帮助学生了解心仪行业的发展概况与就职所需技能，制订职业生涯规划
就业与人才协会	隶属于学院招生就业指导中心，协助举办招聘会以及自主举办促进就业的相关活动，以服务于学院就业创业中心的实践型学生社团
商务营销协会	以“理论联系实际”为主导思想，举办营销类活动和比赛，与各企业合作，使成员有机会与企业接触，增长见识

（二）搭建就业创业实践平台开展实践活动

1. 利用互联网平台开展就业创业实践活动

学校要充分利用互联网的优势，整合政府、学校、企业等资源，建立就业创业网类的信息服务平台，平台有信息共享、资讯发布、网上学习、项目展示、经验交流等功能，为学生提供资源集聚的全程服务。通过提供信息服务，加强对学生的就业创业指导，鼓励学生积极就业创业。

网络创业具有弹性大、门槛低、创业成本小、范围广等优势，学校要搭建网络平台，引导和鼓励学生利用互联网创业，通过开网络店铺、提供网络服务等途径开展网络创业实践。通过网络创业，提升学生的创业意识、创业能力和团队合作能力。

2. 建立校园就业创业基地

学校要积极建立就业创业基地，为学生搭建就业创业实践平台，引导学生在实践中学习创业知识，激发创新精神，培养创业品质，提高创业能力，拓宽就业渠道。如建立“创业馆”“创业中心”“创客工作室”“众创空间”“创业园”等，出台学生参与就业创业实践的政策措施，为有创业项目的

学生提供创业指导，帮助他们申请各种创业创新扶持资金，加大配套服务力度，构建创业训练、指导与孵化于一体的运营模式。表 7–3–4 为创业基地训练、指导与孵化一体的运营模式示例。

表 7–3–4　　创业基地训练、指导与孵化一体的运营模式示例

项目	实施方式
创业训练	学生组建团队，在自选导师指导下，完成项目的设计、准备和实施，根据训练结果撰写报告，开展交流工作。团队中每个成员在项目实施过程中模拟一个或多个具体岗位、职位角色，按照企业管理模式开展企业实践、创业等活动，在训练过程中提高实践能力
创业指导与孵化	对于训练中优秀的项目，学校要加强指导与孵化，提供条件鼓励学生投入创业实践中。学校可以提供资金支持、政策支持、人力支持，帮助学生创业项目的孵化

【参考案例】

某技师学院的电子商务专业引入校外企业进驻学校的创业馆，让学生进入真实的职场环境中进行实习和创业实战。实际操作中，采用“聘任”与“自主创业”两种方式，分小组进行任务实施。通过真实工作岗位的实践，帮助学生检验、巩固、加深对电子商务专业基础理论和专业知识的理解，提高实际操作能力，强化竞争意识、职业意识和创业意识，树立正确就业观念，提升就业创业能力。

3. 打造政校企联盟实践基地

政校企联盟实践基地是学校开展实践教学和提高学生实践、创业、创新能力的重要场所。学校要争取上级人社部门的支持，深化校企合作，积极与企业共建实习实训基地，定期输送学生进入联盟企业实习实训，形成实习实训与创业就业的联动对接，实现政府、学校、企业、学生共赢。

【评价与反思】

一、评价

1. 在开展就业创业实践教学活动时，是否以实践育人理念指导教学工作？是否在教学中体现了实践性，充分坚持以学生为主体、教师为主导，通

过实践活动来深化教学内容？是否围绕课程组织学生开展了综合性实践教学活动？是否创建了综合开放的学习环境，重视了实践活动的指导，完善了实践活动的评价？

2. 在开展校园就业创业实践活动时，是否以校园文化活动为载体开展就业创业实践活动？是否在校园文化活动中融入职场化文化？是否把校园文化活动和企业文化活动结合起来？是否开展了丰富的就业创业竞赛活动？

3. 是否拓宽载体来丰富就业创业实践活动？是否从社团、互联网、校内就业创业实践基地、校外的校企联盟实践基地四个方面，积极探索和打造全方位、多角度、立体化的就业创业实践载体？

二、反思

1. 有什么方式能更好地激励教师积极围绕课程开展实践教学活动，让学生在实践活动中提升能力？教师在开展就业创业实践教学活动时，如何保证学生的参与度、活动的安全性和有效性？

2. 如何针对不同学生、不同时间节点来开展就业创业活动？如何把就业创业实践活动系统化、品牌化，提高活动质量？

3. 除了社团、网联网、就业创业实践基地，是否还能拓宽其他就业创业实践有效载体？如何统筹安排这些实践活动，保证活动的效果？

【表单与素材】

1. 电子商务专业就业创业实践活动方案

一、活动目的

通过工作岗位的实践，检验、巩固对电子商务专业基础理论和专业知识的理解，提高实际操作能力，强化学生的竞争意识、职业意识和创业意识，为顺利就业打下坚实的基础。

二、活动时间

时间：20×× 至 20×× 学年第一学期。

三、活动地点

××技师学院创业馆（校内）。

四、活动对象

××级电子商务高级2班（40人）。

五、活动安排

（一）就业创业实践岗位安排

表7–3–5为就业创业实践岗位安排表。

表7–3–5　就业创业实践岗位安排表

序号	实习岗位	工作职责	人数	经营店铺	上岗方式
1	运营	1. 协助运营店铺 2. 团队工作分工安排 3. 产品的选品（协助） 4. 直通车等付费推广（协助） 5. 产品的发货	12	××食品店（淘宝店铺） ××箱包店（淘宝店铺） ××影音店（拼多多店铺） ××同学店铺（小程序商城） ××人家店铺（拼多多店铺） ××服饰旗舰店（天猫店）	聘任
2	美工	1. 广告美工设计 2. 店铺产品的拍摄 3. 产品主图、详情的制作 4. 产品活动图的制作	14		
3	客服	1. 店铺客人的接待 2. 售后问题处理	14		
4	创业小组	按照岗位分工，统筹完成店铺经营的所有工作	40	4人为一小组，自主开设、经营店铺	自主创业

（二）就业创业实践任务安排

1.“聘任”。根据公司经营情况和岗位设置要求，通过考核的方式“聘任”相应人员，在专业老师的指导下完成工作，并按照公司规定进行考核，对产生的效益以“补贴”的方式发放给学生。

2.“自主创业”。按运营、美工、客服、文案四个特长将班中成员进行分组，4人为一个小组。由××电子商务有限公司提供创业产品。创业实施过程中不屯货，一键代发的前提下实行“自负盈亏”。表 7-3-6 为创业小组阶段性目标及考核表。

表 7-3-6　　创业小组阶段性目标及考核表

序号	日期	阶段目标	考　　核
1	第一周	选品，并根据产品制订可行性运营计划	组织统一评审，确保每个小组运营计划的可行性 结果评分：
2	第二周	美工进行产品主图、详情设计和店铺装修 产品活动图准备	组织统一评审，确保每个小组设计方案的可行性 结果评分：
3	第三、四周	推广计划实施	目标：销售 5 单以上，利润 50 元以上为合格 结果评分：
4	第五、六周	推广计划实施	目标：销售 10 单以上，利润 100 元以上为合格 结果评分：
5	第七、八周	推广计划实施	目标：销售 15 单以上，利润 150 元以上为合格 结果评分：
6	第九、十周	推广计划实施	目标：销售 20 单以上，利润 200 元以上为合格 结果评分：
7	第十一、十二周	推广计划实施	目标：销售 25 单以上，利润 250 元以上为合格 结果评分：
8	第十三、十四周	推广计划实施	目标：销售 30 单以上，利润 300 元以上为合格 结果评分：
9	第十五、十六周	推广计划实施	目标：销售 35 单以上，利润 350 元以上为合格 结果评分：
10	第十七、十八周	推广计划实施	目标：销售 50 单以上，利润 500 元以上为合格 结果评分：
11	第十九周	期末汇报	以 PPT 形式综合汇报实习成果

（注：结果评分分为合格、不合格。）

2. 创业训练馆建设方案

为培养学生创业精神，提高其自主创业能力，积累创业经验，我院拟为学生搭建一个创业训练平台——创业训练馆，提升学生的自主创业能力。为更好地完成创业训练馆的建设工作，特制订此方案。

一、创业训练馆建设背景

2018年12月，人力资源和社会保障部发布《关于推进技工院校学生创业创新工作的通知》，在全国技工院校大力推进学生创业创新工作，促进实现更高质量就业。该通知明确，到2025年，要实现技工院校创业师资轮训一遍，在校学生接受创业教育或创业培训基本做到全覆盖，投身创业创新的学生有明显增加，技工院校毕业生创业成功率有明显提升。

二、创业训练馆建设目标

为提升学生自主创业能力，学院从构建完善的服务扶助体系、搭建设施齐备的创业平台入手，计划创建学院创业园，为学生搭建起“平台支撑—项目扶持—基地实战—成功创业”的实践平台，让学生在实践中增强自主创业信心，提升自主创业能力。

三、创业训练馆建设内容

1. 校园营销领域：网店、旅游、快餐业、校园小型超市、数码速印站、广告艺术设计、连锁加盟店等。

2. 智力服务领域：家教、家教中介、电脑维修、电脑软件安装、数码产品屏幕贴膜、设计工作室等。

3. 高科技领域：网页制作、动漫设计、网络服务、装潢设计等。

四、创业训练馆建设步骤

（一）成立工作机构

成立创业训练馆工作小组，成员由分管校领导、学校就业创业指导中心专任教师、各系部就业创业服务人员组成。

（二）场馆建设前期的论证工作

创业训练馆计划面积600平方米。设计要简洁、大方、实用，与学院环境相协调。计划第一批入驻的创业项目10个。

（三）建设实施阶段

1. 创业学生入驻条件

（1）国家计划内在校学生及择业期内的毕业生。

（2）申请入驻的学生主要在上述创业领域中创业。

（3）创业者要具有一定的业务素质，拥有一定的开发、创意和经营管理能力。

（4）遵守自筹资金、自主经营、自负盈亏、自我约束、自我发展的原则，创业负责人独立承担相关经济责任和法律责任。

（5）入驻创业者需严格遵守国家有关法律法规政策及学院创业训练馆的各项管理规定。

（6）创业孵化期满，按照规定时间出馆，出馆后不再享受创业训练馆的各项优惠政策及服务。

2. 申请入驻程序

（1）入驻申请书。

（2）创业项目市场可行性分析报告。

（3）创业企业负责人身份证原件、复印件及院部推荐证明。

（4）将申请资料的电子版和书面版报送至创业馆办公室。

（5）审批合格后，签订《学生创业入馆保证书》（另附页），并签订房屋使用协议（另附页），在规定时间内入驻。

3. 创业培训（GYB、SYB）的对象及教学计划

（1）创业培训对象

创业培训对象为未就业的具有创业意向的在籍学生。其中GYB（产生你的企业想法）每班人数为30人，SYB（创办你的企业）每班人数为30人。

（2）创业培训教学计划

1）创业培训主要为GYB（产生你的企业想法）、SYB（创办你的企业）两种创业知识和技能的教授和实践，实行长期培训、短期培训以及个人辅导相结合的形式，其中GYB/SYB每月举办一期，每学期4期。

GYB（产生你的企业想法）培训课时为20课时，教材为《产生你的企业想法》，由国际劳工组织（ILO）编制、中国劳动社会保障出版社出版发行。

SYB（创办你的企业）培训课时为64课时，教材为《创业意识培训册》《创业计划培训册》《创业计划书》三册，均由国际劳动组织（ILO）编制、中国劳动社会保障出版社出版发行。

2）组织形式：统一教材、统一师资。

3）考试方式：创业培训结束后，统一组织考试，成绩合格者发给结业证。

（四）运行阶段

形成集创业培训、项目交流、开业指导、创业咨询、跟踪服务于一体的“一条龙”创业服务体系，实现对学生创业扶助的“无缝对接”。

1. 先期服务

（1）政策咨询：为创业者搭建起与政府职能部门沟通的平台，通过落实有关政策，帮助他们申请项目补助、创业成果奖励，降低创业成本。

（2）协助创业学生办理入驻手续。

（3）对创业项目负责人提供进行免费创业培训，包括创业项目选择、成本核算、经营管理、市场营销、法律法规、融资理财等方面的基本知识。

（4）开业指导：对启动创业的学生提供相关开业指导。

2. 后续服务

（1）为创业学生成果发布、信息沟通、企业洽谈提供必要的服务。

（2）帮助指导入驻企业举办各种媒体宣传推广活动和市场营销活动等。

（3）组织创业联谊会，开展“创业示范店”“创业大赛”等创业后续服务活动。

（4）跟踪辅导：由创业指导专家对创业学生提供跟踪指导服务，帮助学生规避创业风险，降低经营损失，提高创业成功率。

（5）创业者出现经营困难时委派创业咨询专家会诊，对于创业成功者优先进行免费项目推介，帮助扩大经营规模。

案例篇

一、河源技师学院校园文化建设典型案例

二、山东交通技师学院校园文化建设典型案例

一、河源技师学院校园文化建设典型案例

案例一

“融汇古今文化·打造书香校园”的文化之旅

古人云：“言之无文，行而不远。”“文”是对知识的上下求索，是文化浸润人们内心而形成的良好气质素养，是以文化人和以德育人的有机融合。良好的文化素养是支撑技工学子持续学习、不断向前的动力，也是重新调整自我发展目标继续奔跑的强大后劲。

一、建设背景

河源历史悠久，古迹众多，风光绚丽，是南越王赵佗统一岭南的发祥地。境内立有全国第一座抗战纪念碑，是东江纵队的革命根据地，是广东最早的解放区；有新石器时代文化遗址、赵佗故地佗城、唐代正相塔、宋代龟峰塔；有水中有山、山中有水、四季皆绿的华南最大水库万绿湖，有华南第二大水库枫树坝水库；还有白垩纪时期的恐龙蛋、骨骼化石。在这片被传统文化浸润的土地上，有一所有着浓厚文化氛围和人文积淀的技工院校——河源技师学院，“立德允能”是它的校训。

二、理念思路

教育兴则国家兴，教育强则国家强。习近平总书记在中共中央政治局第五次集体学习时指出，要把服务高质量发展作为建设教育强国的重要任务。建设教育强国、科技强国、人才强国具有内在一致性和相互支撑性，要把三者有机结合起来、一体统筹推进，形成推动高质量发展的倍增效应。河源技师学院以内涵建设为新机遇，集全院之智、全院之力，凝练学院精神、校训、办学理念等，明确了学院内涵建设的新方向，为学院发展建设设计了清晰科学的路线图，即“十个一”建设思路。

坚持一个理念：制度束身，文化束心。

守住一条底线：不让学生学坏。

建立一套体系：培育学生成为“八有”之人。

完善一套制度：如德育量化百分制、学生评教、督导反馈。

培育一种精神：立德、允能。

打造一支队伍：班主任、生活老师和学生干部。

开展一系列活动：阅读、诵读经典等。

探索一种新载体：新兴媒介、手机报、微博说客、视频等。

实现一个目标：培育学生成为高素质技术技能型人才。

营造一个文化场：创设融客家传统文化与现代职业精神为一体的书香校园文化场。

三、构建模式

学院秉承“十个一”的建设理念和思路，设定“丰富校园活动，打造书香校园”（以下简称“书香校园”）为校园文化建设主题。在这里，社会主义核心价值观与传统客家文化碰撞交织，为学院育人目标指明了新方向，培育学生成为“德、礼、规、文、信、格、为、志”八有之人，引导学生践行“立德·允能”校训，关注学生专业技能与职业素养综合发展和职业生涯可持续发展，以文育人，构建“三有两参一气场”的校园文化建设模式。

“三有”：有文化品位的校园，有文化修养的学生，有文化底蕴的教师。

“两参”：参与科学文化的传播，参与文明社会的建设。

“一气场”：创设融客家传统文化与现代职业精神为一体的书香校园精神文化气场。

四、"书香校园"活动体系建设

"书香校园"活动体系建设项目表

序号	项目	主题	子项目	时间	活动方式	承办方
1	"开学总动员"阅读活动	阅读，让世界更精彩	前期宣传活动	开学月初	制作宣传彩页，利用微信公众号、宣传栏和走班宣讲的方式进行全方位宣传	图书馆、班主任
			"王者归来，请你来阅读"抽奖活动	开学月中旬	读者在图书馆任意楼层阅读学习即可参与抽奖	图书馆
			免费赠送杂志活动	开学月初	精选当年学生喜爱的杂志，免费赠送给到场学生，每人限1本	图书馆
			阅读问卷调查	开学月初	制作问卷调查表，邀请学生到馆填写，收集学生对图书馆服务内容和阅读活动建议；分析整理学生对"4·23"世界读书日活动方案的意见	图书馆、读书协会、班主任
			阅读积分兑奖活动	开学月初	统计上学期学生参与图书馆的各项活动、坚持进馆学习、书写读书笔记等获得的相应积分，兑换学习用品或书籍	图书馆
			"十佳读者"评选活动	开学月初	统计上学期在图书馆阅读次数最多的前10名学生，颁发"十佳读者"荣誉证书	图书馆
			"阅读之星"评选活动	开学月初	统计上学期在图书馆借阅次数最多的前16名学生，颁发"阅读之星"荣誉证书并奖励图书	图书馆

续表

序号	项目	主题	子项目	时间	活动方式	承办方
2	“4·23”世界读书日系列活动	腹有诗书气自华，最是书香能致远	“畅游文化海洋”图书展览活动	4月19—20日	邀请某文化公司到校开展图书展览活动，展出散文类、励志类、文学类等图书约3 000本	图书馆
			“让阅读成为习惯，让书香飘满校园”签名活动	4月19—23日	激励广大学生走进图书馆，感受世界读书日的阅读氛围，养成“爱读书、读好书、善读书”的阅读习惯	图书馆
			“光影之美”阅读摄影比赛活动	4月19—23日	透过镜头捕捉与阅读有关的人、物、事，真实反映校园阅读文化	图书馆
			“阅读之美”读后感评比活动	4月19—23日	读者在图书馆的阅读经历，或对图书馆某本（部）书或某一篇文章阅读的心得和感悟	图书馆
			图书馆借书抽奖活动	4月10—27日	进馆阅读1次或借1本图书，即可参与抽奖活动	图书馆
			开展阅读分享座谈会	4月22日	邀请“阅读之星”和部分读书会成员交流阅读感受，分享近期阅读书籍的精彩内容、读书心得，加深对推荐阅读书籍的理解	图书馆、读书协会
			电子图书下载抽奖活动	4月22日	每位学生免费下载电子图书，确认成功下载后即可参与抽奖	图书馆
			“好书齐分享”图书漂流活动	整个学期	学生将自己推荐的书籍放置漂流区，供他人自主借阅和归还。推荐的书籍每被借阅一次就能获得相应积分	图书馆、读书协会

续表

序号	项目	主题	子项目	时间	活动方式	承办方
2	“4·23”世界读书日系列活动	腹有诗书气自华，最是书香能致远	“阅读与我”专题讲座	4月23日	学院优秀教师进行“阅读与我”专题讲座，鼓励学生与书为友，拓宽知识面，提高个人素养和人文底蕴	图书馆、读书协会、优秀教师
3	传文化·赠春联	师生挥毫展风采·翰墨飘香迎新年	“带着祝福回家”送春联活动	寒假前一周	邀请书法专业教师和学校书法协会成员为学生免费撰写春联。春联书写内容可自行选择，鼓励自主原创春联	图书馆、书法协会
			“祝福百姓乐安康，义写春联送下乡”活动	农历腊月	书法专业教师和学校书法协会成员下乡为村民免费撰写春联	办公室、图书馆、书法协会
4	读书协会系列活动	倡导全校共读·传播优秀文化	“阅读经典”征文比赛	5月	通过撰写读后感，丰富学生精神文化生活，营造阅读的氛围	办公室、图书馆
			读书协会换届表彰大会	5月	开展协会理事成员竞选工作，表彰年度优秀工作者和优秀宣传员	图书馆、读书协会
			读书协会欢送会	6月	通过分享阅读心得、赠送图书、说心里话、小游戏等活动，让成员们在图书馆有家的感受	图书馆、读书协会
			寒假、暑假阅读抽奖活动	6月、12月	鼓励学生走进图书馆，把书借回家，养成多读书、读好书、好读书的良好习惯	图书馆

续表

序号	项目	主题	子项目	时间	活动方式	承办方
4	读书协会系列活动	倡导全校共读·传播优秀文化	图书馆资源的利用和读书方法讲座	9月	学院优秀教师进行入学阅读主题讲座，让新生走进图书馆，利用图书馆提升知识水平	图书馆、读书协会
			书签、海报等设计比赛	10月	通过设计、画画和摄影等方式，让学生走进图书馆，养成良好的阅读习惯	办公室、图书馆
			“携手并肩，勇往超前”阅读破冰活动	11月	促进读书协会新成员融洽相处，养成良好的阅读习惯，开展阅读分享、诗歌朗诵、集体阅读、合作游戏等活动	图书馆、读书协会
			“你选书，我买单”活动	每月	以书展或征订杂志的方式，读者在书展或网上挑选自己喜爱的图书和杂志，填写推荐表，由图书馆负责购买	图书馆
			读书沙龙活动	每月	轮值会长召集读书会，集中开展读书分享、交流活动。每月推荐1本图书，让成员们品读	图书馆、读书协会
5	客家传统文化与现代职业精神系列活动	弘扬客家传统文化·践行时代工匠精神	客家传统文化展	9月	客家精神、客家名人、客家建筑、客家民俗等传统文化海报展览	图书馆、读书协会
			客家文化讲座	10—11月	邀请权威教授到校开展关于客家传统文化与现代职业精神的讲座	办公室、图书馆
			客家文化艺术展	12月	展出客家文化和现代职业精神相关的海报、摄影、绘画等艺术作品	办公室、图书馆、艺术设计系

五、典型案例

【典型案例一】

主题：“4·23”世界读书日系列活动

时间：每年4月

内容：

1.“畅游文化海洋”图书展览活动。

2.“让阅读成为习惯，让书香飘满校园”签名活动。

3.“光影之美”阅读摄影比赛活动。

4.“阅读之美”读后感评比活动。

5. 图书馆借书抽奖活动。

6. 表彰活动。

7. 开展阅读分享座谈会。

8. 电子图书下载抽奖活动。

9.“好书齐分享”图书漂流活动。

10.“阅读与我”专题讲座。

【项目1】

腹有诗书气自华，最是书香能致远

——河源技师学院“4·23”世界读书日系列活动启动暨读书会揭牌仪式

饭可以一日不吃，觉可以一日不睡，书不可一日不读。——毛泽东

我爱好挺多，最大的爱好是读书，读书已成为我的一种生活方式。

——习近平

读书破万卷，下笔如有神。——杜甫

粗缯大布裹生涯，腹有诗书气自华。——苏轼

2023年4月23日，是第28个世界读书日。学院一直非常重视学生文化素养的提高，通过举办各类活动激发学生阅读兴趣，营造书香校园氛围。以世界读书日为契机，学院成立了读书会。以读书会会员的示范引领，辐射带动广大师生养成“爱读书、读好书、善读书”的良好习惯，进一步提升师生精神气，从阅读中汲取智慧和力量。

“4·23”世界读书日启动仪式

活动现场，学院领导为“河源技师学院读书会”揭牌，并为荣获“阅读之星”的 8 名学生颁奖。获奖学生代表说，很荣幸被评为“阅读之星”，非常感谢学校提供的阅读资源，丰富了我们的课余生活，帮助我们树立正确的人生观、价值观和世界观，我会一直阅读，享受阅读。

【项目 2】

“4·23”世界读书日系列活动

“畅游文化海洋”图书展览活动现场

“让阅读成为习惯，让书香飘满校园”签名活动现场

“光影之美”阅读摄影比赛颁奖仪式现场

“阅读之美”读后感评比活动获奖选手合影

图书馆借书抽奖活动获奖者

“阅读之星”分享座谈会现场

电子图书下载抽奖活动现场

“好书齐分享”图书漂流活动现场

“阅读与我”专题讲座

【典型案例二】

主题：传文化　赠春联

时间：每年农历腊月

内容：

1. 活动地点：图书馆大厅 / 乡村。

2. 活动对象：学院书法专业教师和书法协会成员。

3. 活动形式：学生 / 村民免费到场领取 2 副春联；春联书写内容可自行选择，鼓励自主原创。

【项目 1】

师生挥毫展风采　翰墨飘香迎新年

——学院图书馆开展免费赠送春联活动

为弘扬和传承中华优秀传统文化，打造书香校园，发挥图书馆文化窗口的作用，学院图书馆开展了现场写春联送春联活动。学院书法专业教师和书法协会成员现场泼墨挥毫，为师生书写春联。

送春联活动现场

图书馆大厅熠熠生辉，洋溢着喜庆、吉祥的气氛，饱含了浓浓的春节韵味。

学院领导在送春联活动现场挥毫瞬间

图书馆二楼大厅人头攒动，热闹非凡，为求“墨宝”的师生络绎不绝。一副副工整的对联，一句句吉祥的祝福，一行行俊逸的书法，为读者送上浓浓的新春祝福，拉近了图书馆与读者之间的距离。选春联、写春联、送春联，师生们忙得不亦乐乎。

老师为学生书写春联的情景

学生领到自己喜欢的春联的情景

义写春联活动是学院打造书香校园的举措之一，不仅让师生感受到学院浓浓的节日关怀，更是以传统文化培育学生综合素养的良机。

【项目2】

义务挥春连十载　泼墨留香飘乡里

——河源技师学院义写春联活动

有人说，对联是我们母语的精华；
也有人说，对联是中国书法艺术的结晶。
对联，于中国人而言，
是一道千年佳肴，是一语安康吉祥。
对联，于河源技师学院而言，
是一种文化传承，是一份助力乡村振兴的情怀。

师生为村民义写春联（一）

在这里，有一群热爱书法的师生，

他们，孜孜不倦，奔赴边远山区；

他们，自己筹措经费购买纸、墨，自己驾车，自费食宿，走乡进村，为边远山区村民义务挥春十载。

紫金南岭庄田村，义容南洋村，东源黄村、宁山村、政昌村，蓝口礤头村，连平田源桐梓园村，龙川车田樟州村等偏远乡村都留下了他们的身影。

推开正丹纸，压下镇尺，提起毛笔，泼墨留香。

“新春新景新气象，多福多财多平安”

“和顺一门有百福，平安二字值千金”

“喜居宝地千年旺，福照家门万事兴 ”

……

师生为村民义写春联（二）

老人和妇孺，
一双双期待的眼睛，
一张张欢喜的笑脸，
一句句朴实的称赞，
都是河源技师学院师生行动的动力。
辛丑辞庚子，
新桃换旧符，
对联，凝聚着师生与乡民的情谊，
挥春，诠释着技师人的传承与使命。

【典型案例三】

主题：弘扬客家传统文化 践行时代工匠精神

时间：9 月至 12 月

内容：

1. 活动地点：学校展厅。

2. 活动对象：全校师生。

3. 活动形式：举办客家精神、客家名人、客家建筑、客家民俗等传统文化图片展，展出客家文化和工匠精神相关的海报、摄影、绘画等艺术作品，邀请权威教授到校开展客家传统文化与工匠精神讲座，激发学生自主传承客家传统文化，践行新时代工匠精神。

【项目 1】

“千年客韵——从大山走向海洋的客家山歌”主题讲座

为弘扬和传承中华优秀传统文化，加深全院师生及山歌爱好者们对客家山歌文化的了解，零距离感受客家山歌的独特魅力，广东技术师范大学音乐学院教授、副院长陈菊芬应邀来到河源技师学院进行了“学党史，育人心”大讲堂系列之“千年客韵——从大山走向海洋的客家山歌”主题讲座。

陈菊芬教授以自己演绎的客家山歌《流浪的月光》作为开场，悦耳的歌声赢得同学们的阵阵喝彩。随后，她从客家山歌的起源和流变、内涵和风情、传承与创新三个方面详细而生动地介绍了客家文化源远流长的历史与地域风情。

陈菊芬教授进行主题讲座

陈菊芬教授讲到，客家山歌远承《诗经·国风》、汉魏六朝乐府的余韵，上接唐朝以来南方民歌主要的江南吴音脉流，融入大量南方瑶、畲等少数民族的艺术风格和特点，兼收并蓄，不断发展和创造，逐渐形成了独具一格的民族民间音乐。她根据不同地方客家山歌的音乐特征分析了不同区域山歌传唱的区别，并现场进行了吐字、节奏、唱腔等方面示范，用通俗易懂的方式指导师生进行客家山歌即兴演唱。师生们学习热情高涨，整个讲座现场始终充满着热烈的气氛。最后，她以红色客家山歌《长歌》为例，讲述了赣南、闽西、粤东的红色山歌与红色革命的联系，用客家人民的家国情怀、勇于担当的族群精神对学生进行了一次党史和红色革命的教育。

讲座现场

客家山歌凝聚了千千万万客家人的智慧和才能，是客家人历史文化、劳动生活和民俗风情的缩影。陈菊芬教授的客家山歌文化分享，打开了学生走进客家山歌文化的大门，引领着师生共同参与到保护、传承与发展客家山歌的队伍中来，助推山歌文化健康发展。

【项目2】

《美丽乡村——画家眼中的河源古村落作品集》发行暨作品巡回展

《美丽乡村——画家眼中的河源古村落
作品集》发行暨作品巡回展(技师学院站)

主办：政协河源市委员会　河源市文联
河源技师学院
承办：河源市美协　河源市美术馆
叶绿野美术馆　学院艺术设计系
展期：2018年12月11日——12月18日

由政协河源市委员会、河源市文学艺术联合会、河源技师学院主办，河源市美术家协会、河源市美术馆、叶绿野美术馆、河源技师学院图书馆和艺术设计系共同承办的《美丽乡村——画家眼中的河源古村落作品集》发行暨作品巡回展在河源技师学院举行

河源市美术馆馆长介绍参展作品

作品展现场

《美丽乡村——画家眼中的河源古村落作品集》走进河源技师学院校园，为广大师生搭建了与本土艺术大师及其作品零距离接触的平台，让广大师生欣赏了画家眼中的河源乡村，学习和感受了画家的乡土情怀，体会了本土画家对客家历史、客家文化的浓浓热爱。

展出的部分作品

展出的作品之一

“美丽乡村——画家眼中的河源古村落”写生创作活动历时半个月，足迹涉及全市 14 个乡镇，完成写生作品近千幅。他们寻山踏水，用脚步丈量客家历史，用画笔展现客家文明，用独特的视觉、审美情趣和高超的艺术造诣，把古朴传奇的河源古村落点化成一幅幅美轮美奂的图画，并汇成一卷极具客家人文特色的水墨丹青。

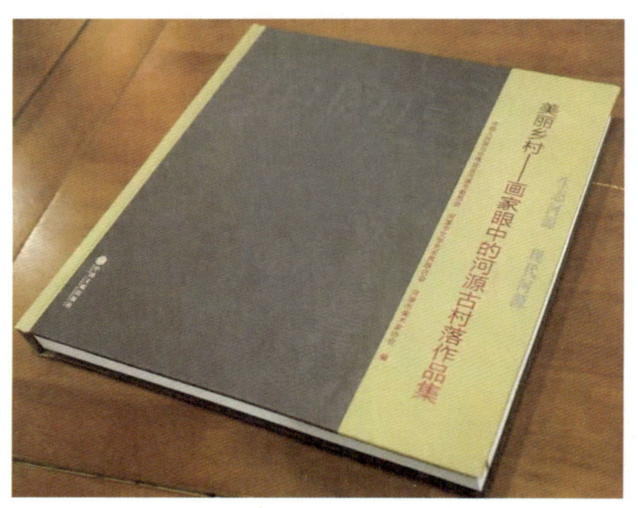

《美丽乡村——画家眼中的河源古村落作品集》

此次展出作品 52 件，均为精挑细选的佳作，展现了河源市古村落的风貌。不仅让广大师生领略到艺术家们高超的艺术水准，更感受到艺术家们对家乡的深深眷恋。通过观摩，将在广大师生心底播种下一颗热爱家乡、学习书画艺术的种子，推动客家文化在校园落地生根、开花结果，提高师生传承和发扬客家文化以及中华优秀文化的积极性，进一步营造书香校园的浓厚氛围，推进校园文化建设。

六、结语

河源技师学院勇于创新创造，通过建设有文化品位的校园，以文化的力量催生学生茁壮成长。建设者通过对文化的思考和实践探索，将薪火相传的文化智慧及由此养成的文化素养植入莘莘学子的生命之中。在文化建设的坚持与培育中，由客家传统文化和现代技工校园文化浸润的校园，濡染了一代代学子的心灵，成为他们青春岁月的生命体验和最温馨的文化记忆。

案例二

党建作笔绘画卷，乡村振兴展新颜

党的二十大报告强调，脱贫攻坚取得胜利后要全面推进乡村振兴，这是“三农”工作重心的历史性转移。全面推进乡村振兴，要紧密结合新形势新任务进行创造性转化和创新性发展，走好中国特色乡村振兴之路，“统筹乡村基础设施”，“建设宜居宜业和美乡村”。

一、河源技师学院乡村振兴活动简介

河源技师学院深入贯彻落实党的二十大精神，以实施乡村振兴战略作为出发点，以墙体绘画为切口，引领广大青年教师、学生志愿者在乡村振兴战略实施中贡献青春力量。他们在市内各乡村开展青年教师、学生“手绘乡村”志愿服务行动，助力农村人居环境整治，积极打造富有浓厚文化氛围的美丽乡村，增强人民群众的获得感、幸福感、安全感。

二、目标与意义

1. 准确把握学生社会实践的个性化需求，为学生个性化成才服务。在社会实践活动的设计上，充分听取学生意见，并根据艺术设计系学生的现实需求策划绘制美丽乡村活动。勇于突破已有的模式和框架，鼓励学生自主申报活动项目。在内容引导上，把握社会发展阶段的时代特征，契合当下振兴乡村的背景，积极开展知识运用类的社会实践活动，把学生引导到“学以致用”上来，把服务社会与学生长远发展统一起来。

2. 加强理论研究，推进技工院校学生社会实践的课程化建设。社会实践课程化是认识社会实践活动内在规律、合理部署实践教学资源、全面推进素质教育的现实需要。积极探究建立社会实践的内容体系，根据不同层次、不同专业、不同年级学生的特点科学安排社会实践活动的内容。制订科学的政

策和制度，把学生实践活动纳入整体教育计划，实现运行程序的规范化。

3. 把握时代特征，努力提升社会实践的科技含量。“手绘乡村”的社会实践过程就是一个运用知识、消化知识和获取新知识的过程，师生在实践过程中不断遇到新情况、解决新问题，发现理论知识与社会现实之间的差距，形成新的认识与思考，对原有的专业知识进行消化和升华，从而夯实所学知识。

三、思路与措施

推进技工院校学生社会实践活动要遵循技工院校学生成长规律和教育规律，从适应当前和未来经济社会发展形势，结合技工院校、地方、学生自身等实际和发展要求，从解决当前学生社会实践存在的问题入手，建立统筹协调的组织领导机制，不断丰富、创新模式，完善社会实践内容体系；进行科学设计，体现公平，优化考评机制；拓展基地，整合资源，健全保障机制，使技工院校学生社会实践更好地体现时代特色，更加广泛、深入、持久地开展。

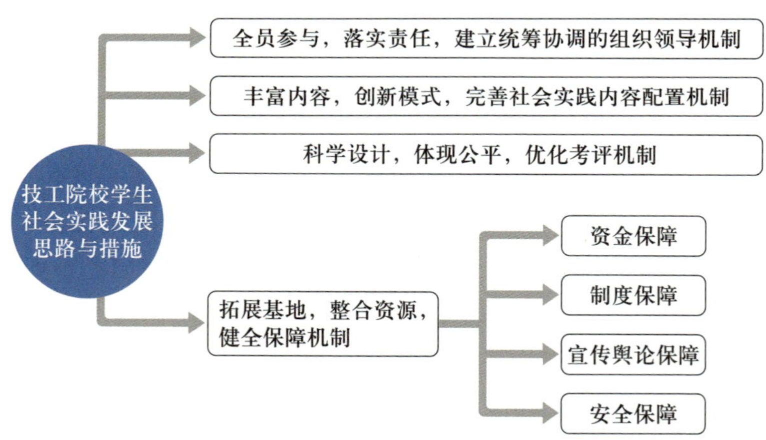

技工院校学生社会实践发展思路与措施示意图

四、工作经验与启示

1. 工作经验

（1）加强志愿队伍建设。强化组织领导，成立领导考察小组，对报名学生的专业能力、为人处世等方面严格把关。提前开展系统的服务技能培训，增强学生服务当地教育、卫生、农业、扶贫、助学、公益等方面的能力。

（2）优化队伍建设。建立“自我管理委员会”，促进志愿者自我管理。构建激励机制，积极探索学生参加乡村振兴计划的新途径。

（3）加强服务品牌创新。整合社会资源，建立媒体库、志愿者信息库，联合社会团体和爱心人士举办形式多样的乡村振兴志愿者活动。送教下乡，开展贫困助学，为当地孤儿和贫困儿童送温暖；助力春节回家路，为春节骑摩托车返乡的农民工免费提供服务；开展爱心助残行动，为残疾儿童提供假期生活照料、心理疏导、扶残助学、送教上门等服务，帮助残疾人参与社会生活；参与美丽乡村建设，为乡村环境改善整饰墙面。

（4）加强“互联网 +”模式拓展。建设爱心网站，整理并发布社会实践内容，结合社会公益资源，为有需要的乡村、山区孩子寻求外界资助，并与资助人、热心单位建立起长期联系。打造志愿者云共享平台，分享组织建设、开展活动的资源和经验，为志愿服务工作可持续发展打下坚实基础。建立微信公众号，打造沟通爱心群体、传递公益态度、释放爱心能量、简化捐助渠道的规范公益平台，探索在线公益新模式。

2. 工作启示

（1）技工院校对社会实践需求的变化把握要及时、准确，力求活动形式多样。新中国成立后一段时间，实习、军训、爱国民主运动、勤工俭学、参加社会生产与劳动是学生社会实践活动的主要形式。改革开放以来，技工院校根据社会发展的需要，广泛参与各种“三下乡”“乡村振兴”等活动。面对新形势、新变化，技工院校要及时准确把握社会实践新需求，开展形式多样、内容丰富的社会实践活动，努力提高学生参与活动的积极性。

（2）增加社会实践活动中的专业技术含量，重内涵轻形式。技工院校的社会实践活动应该着眼于体现学生的技能和知识，不能单纯追求社会实践的宣传效果和社会影响。个别学校的实践活动停留在到敬老院探望老人、山区支教扫盲、农村文艺演出、工厂体力劳动等不能体现学生专业背景的简单工作上，使学生自身的成长成才效果大打折扣。还有一些社会实践活动忽视了与社会热点问题的结合，致使内容陈旧，成果转化困难。例如目前农村经济发展迅速，农村面貌已发生了巨大变化，为农民捐衣服、文艺演出、走访慰问等实践活动形式已不符合时代要求。因此，过去的“重形式轻内涵”的做法应该改为“重内涵轻形式”，活动落脚点放在满足受众的需求上，而不能天马行空、主观臆想，更不能形式主义，纯粹为了办活动而办活动。

五、典型案例

【典型案例一】

主题：践行初心办实事　帮扶建设亮新颜

时间：9 月

内容：

1. 活动地点：上书村。

2. 活动对象：艺术设计专业师生。

3. 活动形式：艺术设计专业师生免费为美丽乡村改建工作设计方案及效果图。

【项目】

践行初心办实事　帮扶建设亮新颜

——河源技师学院积极参与美丽乡村建设

在“不忘初心、牢记使命”主题教育中，河源技师学院不仅动员党员教师认真落实“为群众办实事”工作要求，还不断拓展学生社会实践途径及方式，结合学生专业特点提升学生专业技能，让学生也参与到助力乡村振兴的社会实践活动中，帮助他们实现技能报国的理想。

河源市上书村村内有一条省道，道路两旁杂草丛生，无标识性指引，严重影响了上书村的村容村貌，但苦于资金和技术短缺，与美丽乡村相差甚远。河源技师学院领导得知情况后，紧急选派了优秀党员教师和学生，翌日便驱车前往实地考察。在学院驻上书村党建指导员带领下，河源技师学院师生到省道附近进行勘测。面对烈日炎炎及马路上尘土飞扬，师生们毫无怨言，他们充分利用专业优势认真勘测、记录数据，一起拟定了初步的设计方案。

河源技师学院师生到上书村勘测道路时合影

设计方案得到了上书村村委班子成员的高度赞扬，认为设计接地气、有创意，体现了上书村的地域特点，解决了上书村在乡村振兴路上的燃眉之急。

上书村村委班子听取师生设计方案汇报

师生提出的上书村道路整治建议

河源技师学院不仅在上书村美丽乡村建设项目上发挥了党员为群众办实事的先锋模范作用，还在东源县新民村、博罗县石岗村等地方的美丽乡村建设上用自己的专业技能做出了很大的努力。他们不计报酬、不讲条件，在建设美丽乡村、助力乡村振兴的道路上妙笔生花，绘制出一张张有灵气的平面图、3D 效果图，帮助建设乡村，赢得了村民的赞誉。

【典型案例二】

主题：“手绘乡村　青匠营造”行动

时间：全年

内容：

1. 活动地点：各乡村。

2. 活动对象：艺术设计专业师生。

3. 活动形式：艺术设计专业师生免费为美丽乡村改建工作绘制墙绘图。

为坚定学生技能报国的理想信念，共同推动美丽乡村建设，近年来，河源技师学院先后组织师生到河源市源城区埔前镇中田村、东源县蓝口镇礤头村、东源县上莞镇新民村、连平县油溪镇富乐村开展了“手绘乡村　亲匠营造”活动。

【项目 1】

一笔绘就乡村景　一图展露报国志

为支持中田村乡村文化建设，展示艺术设计系师生专业技能，学院艺术设计系师生与金海广告公司员工一起，前往河源市埔前镇中田村进行为期两天的手绘墙文化活动，在让手绘墙成为美丽乡村一道靓丽风景线的同时，也进一步宣传了学院工学一体的办学理念。

河源技师学院师生与金海广告公司员工到中田村开展手绘墙活动

学生们在精心开展手绘墙活动

完成的手绘墙作品

通过此次活动，学生不仅提升了自己的绘画技能，同时也体会到了满满的成就感。

【项目 2】

学院受邀前赴建设 师生同心共担使命

在“不忘初心、牢记使命”主题教育的影响下，河源技师学院进一步发挥党员先锋模范作用，谋实事、出实招、做实功，助力河源市东源县上莞镇新民村进行美丽乡村建设。

河源技师学院师生赴新民村参加美丽乡村建设

师生开展手绘墙活动

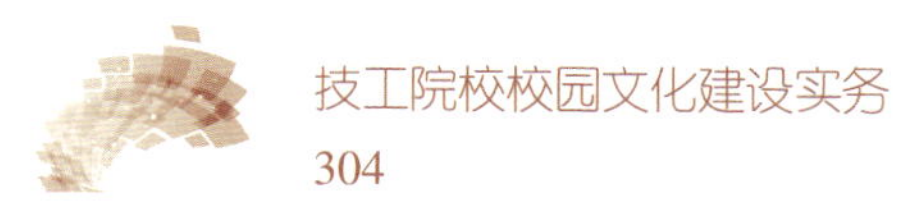

学院艺术设计系党支部接到任务后，专业教师和学生二话不说，放弃休息，直奔新民村现场，测量尺寸，了解乡情，很快设计出了红色新民系列手绘墙画草稿，并投入创作。虽然腰酸背痛，但听到村民的点赞非常快乐。

完成的手绘墙作品及师生合影

在两天时间里，参与此次手绘墙活动的 11 名师生分工合作，完成了 100 米墙面的绘制任务。

【项目 3】

不负使命共建设　乡村画卷展新颜

2020 年 7 月 24 日，河源技师学院“三下乡”社会实践服务队来到河源市连平县油溪镇富乐村进行社会实践活动。这是一支师生各半的队伍，5 位指导老师均为年轻的女老师，5 位青年学生均是美术功底扎实的优秀学子。

河源技师学院师生参加暑期“三下乡”社会实践服务活动

服务队来到需要绘制的白墙前，围绕“中华复兴”“美丽乡村”“幸福家园”等主题开展手绘墙实践活动。队员们分工明确，有的负责构图，有的负责调色，有的负责绘墙，一笔一画、一勾一勒，各式画笔在墙上留下的印记慢慢汇成一幅幅生动、鲜活的主题墙画。队员们用扎实的美术功底用心挖掘生活之美、乡村之美，在手绘墙上淋漓尽致地展现了热爱祖国、关心社区的赤诚之心。

经过师生们的精雕细琢，手绘墙终于完成。队员们的脸上、衣服上沾染了一些颜料，也有些疲惫，但看着自己的辛勤成果，都欣慰地笑了。“白墙换新衣”，色彩斑斓的图画受到村民的广泛好评。

师生在暑期“三下乡”活动中进行手绘墙的场景

【项目 4】

以青春之笔　筑品牌彩绘

2020 年 12 月 26 日，河源技师学院 12 名师生前往河源市东源县蓝口镇磜头村开展主题志愿墙绘服务活动。三天两夜的时间里，师生共同完成了 6 面墙近 200 平方米的墙绘，赢得了村民一致好评。

河源技师学院师生赴磜头村开展主题手绘墙活动

在绘制现场，师生们结合当地产业特色、磜头村村容村貌、当地生态环境等展开主题墙绘设计，并确定设计草图。

学生正在进行手绘墙作业

草图完成后，描线、绘画、调色、试色、上色，师生们很快开启了“疯狂墙绘”模式。他们全神贯注投入主题墙绘的创作中，一会儿扶梯作画，一会儿讨论难题，一会儿修改瑕疵。虽然墙绘的过程很辛苦，但村民们的点赞让他们感到非常自豪和快乐。

校领导指导学生进行手绘墙活动

此次活动共绘制了“不忘初心、牢记使命”“建设美丽乡村”“中国梦”“青山绿水”等主题墙，既体现了对实现中华民族伟大复兴中国梦的美好愿景，又表达了人民对建设美丽乡村、追求幸福生活的憧憬，更体现了学院师生为助力美丽乡村建设出新招、做实事，用技能回馈社会的志愿奉献精神。

师生与手绘墙作品合影留念

河源技师学院的校园文化活动不仅结合技工教育的专业特色，契合当下时政热点，在致力于提升学生专业技能的同时，也助力美丽乡村建设，打造了学院助力乡村振兴的品牌。

【典型案例三】

主题："手绘乡村　青创培育"行动

时间：全年

内容：

1. 活动地点：河源技师学院校园。

2. 活动对象：艺术设计专业师生。

3. 活动形式：艺术设计专业师生为校园空白墙壁绘制美丽图案。

【项目 1】

共建文明校园　美化校园环境

在校园文化建设上，河源技师学院始终坚持以习近平新时代中国特色社会主义思想为指导，全面贯彻党的教育方针，坚持立德树人，注重教育实效，实现知行合一、工学一体，促进学生形成正确的人生观、世界观和价值观，坚定劳动创造美好生活的信念，树立技能成才、技能报国的理想。

河源技师学院举办"绘初心、记使命"主题手绘墙绘制活动

为进一步优化校园育人环境，加强学生专业技能的培养，丰富校园文化及学生课余生活，激发学生的想象力和创造力，他们组织师生利用课余时间对校园墙面进行彩绘。

学院主题手绘墙现场

学生正在进行主题手绘墙作业

打底稿，勾线描边，为图案配色上色，一幅幅精美的图案就这样形成了。在墙面绘制过程中，成员们分工明确，既丰富了自己的课余生活，也锻炼了绘画能力，更为校园精神文明建设出了一份力。学生们设计的一幅幅风格别致的图案，连指导老师都不由得夸赞：“有趣又充满想象力！”

学生们在手绘墙前留影

富有技工教育特色的学院手绘墙一隅

这样的墙绘活动结合了技工教育特点，将劳动教育与专业技能结合起来，在技能学习和劳动实践中磨炼学生艰苦奋斗、精益求精的意志品质，引导其成长为热爱劳动、诚实劳动、创造性劳动的高技能人才。

【项目 2】

忆峥嵘岁月　绘百年征程

为丰富校园文化生活，让红色故事深入人心，河源技师学院艺术设计系组织学生在学院西门围墙处进行了“党史手绘墙”活动，学院领导班子成员一起参加了活动。

河源技师学院“党史手绘墙”活动启动仪式

师生们围绕百年党史内容进行“党史手绘墙”创作，通过画笔写下对党和祖国最真挚的祝福。

河源技师学院师生开展“党史手绘墙”活动现场

此次活动充分利用校内资源，让学生们了解了党的光辉历程，感悟了党的初心使命，传承了党的红色基因，更加坚定了理想信念。

校领导亲笔手绘情景

案例三

强化育人阵地建设，打造特色校园文化

近年来，河源技师学院在学院党委的正确领导下，以一流技师学院为发展目标，秉承“立德·允能”校训，遵循学生品德的形成规律，注重知行结合，围绕“德、礼、规、文、信、格、志、为”八有育人目标，通过强化育人阵地建设，打造有技工院校特色的和谐校园文化，创建校园文化精品，着力培育时代新人，促进学生全面发展。

一、背景思路

党的二十大报告中提出，全面贯彻党的教育方针，落实立德树人根本任务，培养德智体美劳全面发展的社会主义建设者和接班人。习近平总书记在全国教育大会上强调，要把立德树人融入思想道德教育、文化知识教育、社会实践教育各环节，贯穿基础教育、职业教育、高等教育各领域。技工院校作为培养技能人才的主体，要把立德树人作为教育的根本任务，为党和国家事业发展培养合格的社会主义建设者和接班人。

学院坚持以习近平新时代中国特色社会主义思想为指导，全面贯彻党的教育方针，遵循学生身心发展的特点和规律，坚持以人为本，以学生为主体，结合社会发展对技能人才的新要求，围绕“有德、有礼、有规、有文、有信、有格、有志、有为”的育人目标，建立八面文化墙，精心打造五个德育主题馆，抓好“五景”建设，共建校外实践基地，强化育人阵地建设。在学院党委的统一领导下，学生科、团委、各党支部、各系（中心）等部门通力合作，在全院范围内系统化地开展特色校园文化活动，营造良好的校园文化氛围，打造校园文化活动品牌。通过文化塑心、活动育人，着力培养品行良好、技艺精湛的高素质技术技能人才，为当地经济高质量发展提供技能人才支撑。

二、过程方法

（一）依托八面文化墙，彰显学院育人目标

学院全面贯彻落实党的教育方针，结合广东省和河源市的经济发展状况，在对行业企业高技能人才需求论证的前提下，构建了“八有”育人目标体系。

一是加强学生爱祖国爱家乡爱学校爱集体、孝顺父母、尊敬师长、团结互助等美德教育，教育学生做有德之人。

二是加强学生文明礼仪教育，学会问好，学会礼貌待人，学会基本的生活礼仪和职场礼仪，有良好的社会公德，做有礼之人。

三是加强学生法纪法规教育，让学生学会遵纪守法，学会按规矩办事，培养学生强烈的规矩意识，做有规之人。

四是加强学生人文素养培养，让学生学会辩证思考，有丰富内涵，知识面广，兴趣爱好健康广泛，做有文之人。

五是加强学生诚实守信教育，教育学生为人处事要重承诺守信用，不能朝三暮四，做有信之人。

六是加强学生健康心理教育，尊重学生的个性人格，培养学生良好的心理品质和健全的人格，教育引导学生做有格之人。

七是加强学生职业生涯规划能力培养，帮助学生树立长远的奋斗目标，

做有志之人。

八是加强学生就业指导，帮助学生树立正确的就业观，提高就业创业能力，做有为之人。

学院围绕“八有之人”目标，筑造“德、礼、规、文、信、格、志、为”八面文化墙。八面文化墙有序地坐落在校园里，成为学院一道靓丽的风景线。这八面文化墙体现了学院教育理念和育人构想，通过寓育人之道于环境建设之中，创设“会说话”的文化环境，感染学生思想，陶冶学生情操，实现以文化人，以美育人。同时，这八面文化墙成为开展校园文化活动的重要载体，通过在文化墙开展活动，净化学生心灵、帮助他们增长知识、成人成才。

八面文化墙

（二）打造德育主题场馆，夯实文化活动阵地

学院围绕“八有之人”目标，精心打造“心灵港湾主题馆、形象训练馆、拓展训练馆、模拟招聘馆、电子商务创业中心”五个主题馆，作为学生德育实践活动的场所，分层次分阶段开展系列活动，以活动育人，促德育发展。

学院德育主题场馆汇总

序号	场馆名称	功　　能
1	心灵港湾主题馆	负责心理健康特色教育工作，配备专职心理咨询师，是集心理咨询、心理测评、心理宣泄、心理放松为一体的主体场馆。建立全体学生心理档案，定期开展各种心理健康教育活动，提高学生心理调适能力
2	形象训练馆	从塑造职业人的要求出发设立形象训练馆，大力开发形象设计训练的情境化教学环境，着重训练学生的职业形象、职业仪态、职业礼仪，塑造良好的职业人形象
3	拓展训练馆	建设具有固定场所、设施完善的拓展训练场馆，组织开展各种形式的拓展训练，积极举办素质拓展活动，培养学生团队协作精神、沟通交流能力，提高学生专业素养
4	模拟招聘馆	建设可以容纳 100 ~ 200 人的模拟招聘馆，为学生营造一个真实的微型人才市场，对学生进行模拟投放个人简历、提交项目策划书、面试等求职技能训练，提高学生求职应聘的能力
5	电子商务创业中心	安排专职教师开展创业训练教育，为学校各专业学生搭建创业训练平台，培养创业意识，提高创业能力，积累创业经验

心灵港湾主题馆

形象训练馆

模拟招聘馆

（三）抓好“五景”建设，深挖育人元素

学院以“五景”建设为抓手，不断精心打造校园文化。2022 年以来，学院共打造了初心园、工匠精神文化绿道、匠心园、幸福种植园、客家非遗文化工作坊等景观，提供了开展文化活动的新阵地，赋予了学院新活力，浸润了师生心田。

学院“五景”建设汇总

序号	名称	布　　局	功　　能
1	初心园	习近平总书记青年寄语、党建长廊、共产党宣言、永远跟党走、“两个一百年”奋斗目标、入党誓词小广场等微景	彰显学院“红色教育”特色，营造浓厚的红色文化氛围，让红色知识潜移默化渗透师生心田
2	工匠精神文化绿道	匠之魂、匠之心、匠之语、匠之范、匠之师、匠之誓、匠心亭	弘扬传承工匠精神，营造执着专注、精益求精的敬业风气，激励广大青年走技能成才、技能报国之路
3	匠心园	黄道婆、墨子、毕昇雕塑	盘点古代典型名匠，营造良好的工匠精神氛围，鼓励学生探寻工匠精神的深刻内涵，让工匠精神薪火相传
4	幸福种植园	按照系部、班级划分种植区域	师生合力深耕“责任田”，参与从播种到收获全过程的新劳动方式，锻炼劳动技能，提升学生劳动素养
5	客家非遗文化工作坊	非遗大师工作室、文创产品展览区、非遗项目体验区、非遗文化教学区	开发非遗文化课程，传承客家优秀传统文化，营造浓厚的非遗文化氛围，增强学生文化自信

初心园部分景观

工匠精神文化绿道部分景观

（四）共建校外实践基地，拓宽育人空间

为整合社会资源，拓宽育人空间，学院先后建了6个校外实践基地。坚持把教育实践基地打造成为传承红色基因、爱国主义教育、客家文化教育的重要载体和思政课的延伸课堂，有效发挥企业、社会育人的联动作用，培养担当民族复兴大任的时代新人，构建全员全方位全过程的思政大格局。

学院校外实践基地汇总

序号	基地名称	共建单位	功　　能
1	思政教育实践基地	河源市博物馆	发挥馆校各自优势，加强人才联合培养，形成育人合力，建立常态化馆校合作机制，开创思政实践育人工作新局面
2	思政教育实践基地	东源县博物馆	通过现场教学、志愿活动、主题巡展、联合科研等活动实现资源整合，把主题巡展、讲座带进校园，组织师生到博物馆开展主题教育、文创产品设计、科研等活动，构建馆校全方位育人共同体
3	思政教育实践基地	河源市直属机关幼儿园	深入开展“大手拉小手”系列思政活动，发挥基地良好的教育功能，推进大中小幼儿园思政教育一体化
4	非遗墩头蓝传承教育实践基地	和平县彭寨镇儒林民俗村	弘扬中国传统文化，推进优秀客家文化进校园，厚植学生爱国情怀，增强文化自信
5	劳动教育基地	河源市惠到万家事业有限公司	借助基地分批次开展综合实践活动，培养学生正确的劳动态度和价值观
6	乡村振兴实践基地	河源市惠到万家事业有限公司	通过特色采摘、开心农场、农耕体验等项目，把劳动教育和乡村振兴有机结合，赋能乡村振兴，丰富劳动教育内容

与河源市博物馆共建思政教育实践基地

与东源县博物馆共建思政教育实践基地

与河源市直属机关幼儿园共建思政教育实践基地

与和平县彭寨镇儒林民俗村共建非遗墩头蓝传承教育实践基地

非遗墩头蓝技艺展示

与企业共建劳动教育实践基地

三、典型案例

【典型案例一】

主题：依托心灵港湾主题馆开展心理活动月系列活动

时间：每学期

内容：为加强学生心理调适能力，以积极乐观的心态应对生活，帮助学生科学纾解和调节负面情绪，让他们学会珍爱自己、珍惜生命、关爱他人、关心社会，学院依托心灵港湾主题馆，运用认知疗法、运动心理疗法、音乐疗法等方法系统开展心理教育活动。为了保证活动效果，学院成立了心理健康活动月领导小组，负责活动的组织协调、策划、统筹安排等工作。心理健康专任教师负责理论指导、活动设计，团队负责具体执行、落实，大家通力合作。

河源技师学院 2022—2023 学年第二学期心理活动月系列活动

序号	项 目 名 称	活动时间	活动地点
1	“生如夏花，绚烂绽放”心理健康教育月活动开幕式	2 月 27 日	各班教室
2	“驾驭多彩情绪”心理健康走班宣讲	3 月 1 日—5 月 30 日	各班教室
3	“你笑起来真好看”微笑定格摄影比赛	3 月 13 日—4 月 13 日	不限

续表

序号	项 目 名 称	活动时间	活动地点
4	《青春变形记》心理电影赏析	3 月 16 日	各班教室
5	“假如生命中有一个黑点”心理绘画体验活动	4 月 10—13 日	培训楼广场
6	“心向阳光，同心同行”心理委员工作培训活动	4 月 17 日	培训楼讲学厅
7	“你笑起来真好看”微笑传递活动	5 月 8—11 日	培训楼广场
8	“生如夏花，绚烂绽放”心理健康教育月活动闭幕式	6 月 5 日	图书馆报告厅

“假如生命有一个黑心”心理绘画活动现场

【典型案例二】

主题：拓展训练活动

时间：每年

内容：为了做好新生的入学教育，提高班级的凝聚力、执行力，让学生以饱满的精神状态适应学校的新生活，学院成立了新生拓展训练组织机构，依托拓展训练馆开展新生入学拓展训练活动。为保证活动的顺利开展，每个系部安排总指挥和副总指挥各一名，每班安排指导员和助理指导员各一名，分工负责学生拓展训练。

河源技师学院入学拓展训练活动安排表

<table>
<tr><th>时间</th><th colspan="2">内　　容</th><th>地点</th><th>负责人</th></tr>
<tr><td>8：30—9：00</td><td colspan="2">拓展训练开营仪式</td><td rowspan="4">运动场</td><td rowspan="4">教官 / 班主任</td></tr>
<tr><td>9：30—12：00</td><td>拓展训练</td><td>1. 团队建设
2. 潮起潮落
3. 驿站传书</td></tr>
<tr><td>15：30—17：00</td><td>拓展训练</td><td>4. 挑战赛
5. 达 · 芬奇密码
6. 同心圆</td></tr>
<tr><td>17：00—17：30</td><td colspan="2">拓展训练闭营仪式</td></tr>
</table>

入学拓展训练活动掠影

【典型案例三】

主题：利用校内“五景”扎实开展研学教育实践活动

时间：每学期

内容：为做好学生的思政教育工作，增强教育的实践性、主动性，培养全面发展的时代新人，学院以“五景”建设为抓手，扎实开展研学教育实践活动，不断精心打造校园文化。为了更好开展教育实践活动，学院建立健全组织机制，明确各级领导职责，加强对活动的监督和指导。充分挖掘初心园、工匠精神文化绿道、匠心园、幸福种植园、客家非遗文化工作坊的育人元素，分专业分年级地开展实践活动，增强实践活动的针对性和有效性，让红色文化、工匠精神、优秀传统文化在校园生根发芽。

**【项目 1】**

红色资源融入思政课教学进行时——学院思政研学线上线下齐头并进

为贯彻落实习近平总书记把红色资源利用好、把红色传统发扬好、把红色基因传承好的重要指示精神，学院全体思政课教师集思广益，研讨设计了一堂“行走的思政课”。该课摒弃了传统的课堂授课模式，将思政课堂“搬到”初心园，进行任务式学习；“搬到”互联网云端，进行打卡式学习；“搬到”运动场，进行拓展式学习；延伸到课后，进行书信式学习。

“追寻家乡红色足迹，传承伟大革命精神”思政研学活动安排

序号	环节	内　　容
1	线上打卡，重温红色记忆	（1）利用“打卡广东红”“河源市红色革命遗址数据库”小程序，在线打卡河源红色遗址，了解家乡红色文化 （2）利用“送你一张船票”小程序，闯关领取红色船票
2	实地研学，汲取奋进力量	（1）到党建长廊寻找家乡的遗迹、遗址和红色人物，带上队旗拍照打卡 （2）扫码“学院云端重走长征路”小程序，云端重走长征路，汲取奋进力量

续表

序号	环节	内　　容
3	红色拓展，弘扬革命精神	（1）党史急速60秒：每组队员从起跑线开始，在60秒内准确无误地将30张卡片按照事件发生先后顺序交给裁判确认。每队有3次机会，且每次时间为60秒。同一时间只允许有一名队员进入绳圈接触卡片。如有违规，本轮裁判将拒绝接受卡片，60秒时间到后全队立即离场 （2）飞夺泸定桥：学生两两相对双手交叉当做桥墩，肩并肩蹲下组成一座模拟的泸定桥，团队其余人员要依次踩着他们的手按照活动项目规则通过。所有人都不能用口语交谈，双手只能扶着队友（桥墩）的肩膀，起点到终点桥墩必须一一相连。不管哪个环节出现失误，全队都要从头再来
4	分享感受，与烈士隔时空对话	（1）全班学生围圈而坐，小组派代表分享活动感受 （2）每个学生领取信纸和信封，向革命先烈写一段话

此次“行走的思政课”持续开展了近一个月，近2 000名学生分批参加了活动，是一堂引领青少年穿越时空、触摸历史、追寻本地红色足迹的成功思政课。

“追寻家乡红色足迹，传承伟大革命精神”思政研学活动情景

【项目 2】

劳动教育谱新篇　幸福种植育匠才

为贯彻落实《中共中央　国务院关于全面加强新时代大中小学劳动教育的意见》，加快构建学院“德智体美劳”全面培养的教育体系，充分发挥劳动的育人功能，学院因地制宜，开辟“技师幸福种植园”，开展“悦劳动　享成长”劳动教育实践活动。“悦劳动，享成长”劳动教育实践活动具体实施步骤：

一、划分种植园地

将学院允能路“技师幸福种植园”划分为 7 个片区，采用“包片到系，责任到班”的形式，由各系进一步分配至班级，自行开展蔬果作物种植实践活动。每学期初由各系制订劳动教育安排表，并督促班主任组织学生进行园地规划，有计划、有组织地完成浇水、翻地、种植、施肥和管理等任务。

二、召开种植主题班会

各系各班明确蔬果种类后，在种植前，由班主任召开种植主题班会，讨论本班种植园名称，了解种植蔬果作物的注意事项，掌握基本的劳动知识和技能，熟悉劳动工具的使用，为种植工作的顺利开展做好充分准备。

三、成立“护绿小组”

各系自行成立“护绿小组”，每日巡查种植园蔬果作物生长情况，及时提醒各班完成浇水、施肥、锄草等日常养护工作，每周在本系的种植园地拍照留影、记录和存档。

开展种植体验活动，做到人人参与，在学生心中种下爱劳动、爱生命的种子，帮助他们掌握基本的劳动知识和技能，树立正确的劳动观念，培育积极的劳动精神，增强学生的获得感、成就感、荣誉感，为建设美丽校园贡献青春力量。

“悦劳动　享成长”劳动教育实践活动精彩瞬间

【典型案例四】

主题：善用社会大课堂加强新时代思政教育

时间：每年

内容：为了拓宽育人阵地，充分利用各类社会力量和资源建立实践基地。学院与基地建立长效合作机制，充分发挥双方优势，加强研究和资源开发，把基地打造成为传承红色基因和开展爱国主义教育、客家文化教育的重要载体，引导学生树立奉献祖国、服务人民、勇担使命的思想。

为了挖掘和利用好当地思政资源，学院与河源市博物馆共建思政教育实践基地，形成育人合力，把河源古邑文化、客家文化、红色文化融入思政教育中。基地建设以来，双方加强沟通交流，深入探讨合作模式，优势互补，开展了主题活动、志愿服务、实习培训、研学旅行等思政教育实践活动，让思政课活起来、实起来。

学生参观河源历史文化展和河源客家民俗展

星火学社优秀宣讲员在河源市博物馆道德讲堂开展宣讲

学院与基地合作开展“弘扬五四精神，勇担时代重任”教育实践主题活动

四、结语

学院坚持“以人为本、以德为先、以能为重、以文化人”的办学理念，围绕“德、礼、规、文、信、格、志、为”八有育人目标，以“八墙、五馆、五景、六基地”建设为抓手，强化育人阵地建设，通过建立健全机制、完善制度保障、持续开展系列特色活动和总结提升，打造特色校园文化活动，营造了良好的校园文化氛围。

二、山东交通技师学院校园文化建设典型案例

案例一

建设特色校园文化，推动万人大校高质量发展

山东交通技师学院地处人文圣地、革命老区临沂，琅琊文明与沂蒙精神为其奠定了丰厚的文化底蕴，锻造了“厚德、笃行、精技、有为”的校训精神，铺开了“立足交通，特色办学，适应市场，服务就业”的广阔道路。学院确定了以“一训三风”为灵魂，以“物质文化”和“制度文化”为基础，以“行为文化”为目的，以“中华传统文化、沂蒙红色文化和现代汽车文化”为特色的校园文化建设思路。

走进这所万人大校，首先感受到的便是这里浓厚的文化气息：150 块文化展板、70 个专题宣传栏、50 条条幅、50 个绿化带、600 幅文明牌宣传画，校园广播站，文化长廊，“一训三风”展示栏……该院正是用特色文化建设管好了这所万人大校。该院连续五年高分通过山东省“省级文明单位”的复评，被评为山东省交通运输系统先进集体、全国交通运输行业文明单位，并被中央精神文明建设指导委员会授予第五届“全国文明单位”称号，成为全国技工院校中唯一一家获此殊荣的单位。

一、特色校园文化建设并非“软指标”

开展特色校园文化建设、精神文明建设，该院是大张旗鼓、全院动员、全员参与的。学院党委“一班人”深刻认识到，文化是一个国家、一个民族的灵魂，作为技工院校更要承担起历史使命。学院召开教职员工大会，以争创“全国文明单位”为总抓手，统一思想，明确“特色文化建设并非‘软指标’”，确定了以“一训三风”（校训、校风、教风、学风）为灵魂，以“物质文化”和“制度文化”为基础，以“行为文化”为目的，以“中华传统文化、沂蒙红色文化、现代汽车文化”为特色的校园文化建设思路。

为保障校园文化建设工作顺利开展，成立了校园文化建设领导小组，选好配强校园文化人才队伍，全面负责校园文化建设的设计、部署和推进工作。

中华传统文化进课堂的情景

开展沂蒙红色文化展板教学的情景

开展“弘扬沂蒙精神　传承红色基因”革命传统教育合影

同时，加大经费投入力度，保证校园文化建设顺利进行。定期开展外出培训，着力提高教职工对学院文化建设的理解水平，掌握科学方法和策略，弘扬主旋律，突出高品位，充分展示学院个性魅力和办学特色。

二、特色校园文化建设垒起“硬阵地”

挖掘学院文化资源，设计学院文化形象，提炼学院文化精髓，构建健康向上、充满活力的校园文化，既有助于促进学生个性发展，充实生命内涵，又有助于打造学院品牌，塑造学院良好社会形象，提高学院核心竞争力、知

名度和美誉度。为此，学院倾力打造特色文化的“硬阵地”。

1. 清晰定位文化体系

从主题鲜明、内涵丰富的校训、校风、校徽等文化标识入手，将办学理念与学院标识有机结合，用标识凝聚人心，形成 VI 视觉识别系统，使学院的办学理念、文化特质、行为规范等抽象概念转换为具体符号，塑造学院良好的视觉形象。

2. 运用多种文化载体

学院利用各类媒体积极开展宣传工作，制作了文化展板、专题宣传栏、条幅、宣传画以及绿化带文明牌等，加强门户网站、微信公众号、校园广播站、文化长廊、宣传栏等平台建设。同时，加强大型活动、特色亮点、先进人物、教学名师、优秀毕业生等策划宣传，树立学院文明形象，提升学院的知名度和影响力。

3. 多方开辟宣传渠道

通过报纸、网络直播、电视台、微信等多种宣传渠道，全方位对学院活动进行生动及时的报道。同时，重点加强在人民网、中国商报、齐鲁网、临沂日报等中央、省、市级媒体的宣传力度。

学院大型活动——“阳光晨读”千人诵读国学经典场景

山东广播电视台主播探校直播学院第九届技能文化节

三、特色校园文化建设深入各个角落

为加强校园文化建设，努力营造积极进取、健康向上、温馨和谐的校园文化氛围，力争“使每面墙都会说话，让每处环境都能育人”，给学生创造一个理想的成长和学习环境，学院将特色校园文化建设深入各个角落。

1. 完善文化育人硬件设施

“让每面墙都说话！”学院从完善教学硬件设施开始，在大部分教学场所都张贴了切合实际的提示和励志口号，包括办公楼、图书楼、教学楼、实验室、实训基地、餐厅、宿舍。建设了校园广播站、阅览室等，楼梯、卫生间、草地等处均布置有提示性标语，使学生每时每刻都能受到校园文化的熏陶。

2. 打造校园自然景观

学院成立了“爱卫会”，每周进行一次卫生检查，保证了学院内外环境整洁美观。严格按照《校园绿化规划方案》有序实施，校园绿地率达到40%，四季常青。设有“爱莲池”“文化长廊”“景观广场”“观赏鱼池”，营造了修身、养性、怡情和学习的良好氛围。

3. 打造特色班级文化

每个教室、宿舍悬挂有专业特色海报、标语，每个班级有班级口号、班歌、早操口号。定期开展主题班会，让学生担任班会主持，鼓励他们多发言、交流，全面锻炼能力。

某二级学院楼宇文化牌示例

<table>
<tr><th>楼宇文化牌</th><th>示　例</th></tr>
<tr><td>班级名牌</td><td>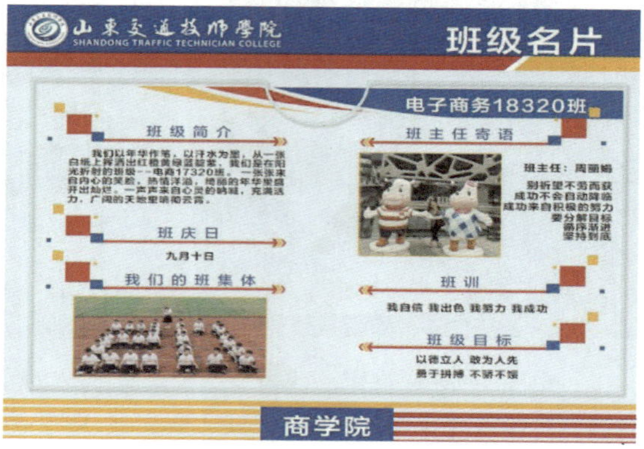
山東交通技師學院
SHANDONG TRAFFIC TECHNICIAN COLLEGE
班级名片
电子商务18320班
班级简介
班主任寄语
班主任：周丽娟
别祈望不劳而获
成功不会自动降临
成功来自积极的努力
要分解目标
循序渐进
坚持到底
班庆日
九月十日
我们的班集体
班训
我自信 我出色 我努力 我成功
班级目标
以德立人 敢为人先
勇于拼搏 不骄不馁
商学院</td></tr>
<tr><td>实训室名牌</td><td>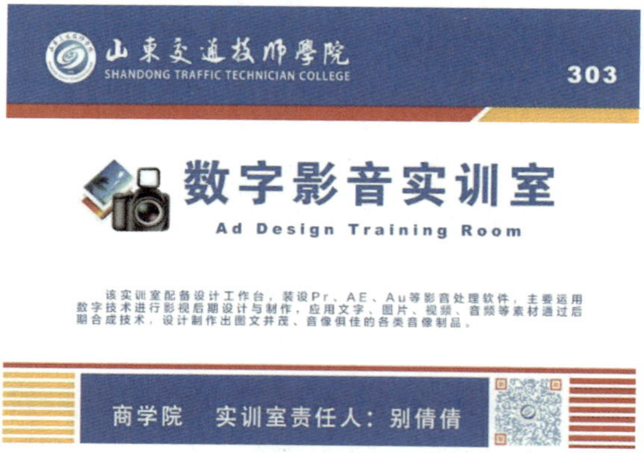
山東交通技師學院
SHANDONG TRAFFIC TECHNICIAN COLLEGE
303
数字影音实训室
Ad Design Training Room
该实训室配备设计工作台，装设Pr、AE、Au等影音处理软件，主要运用数字技术进行影视后期设计与制作，应用文字、图片、视频、音频等素材通过后期合成技术，设计制作出图文并茂、音像俱佳的各类音像制品。
商学院　实训室责任人：别倩倩</td></tr>
<tr><td>楼道警示语</td><td>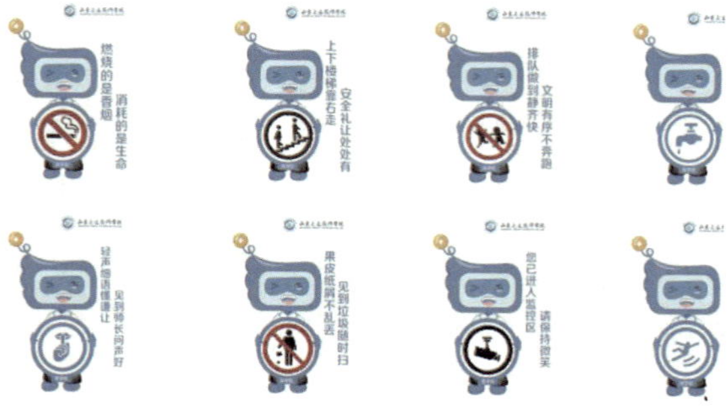
燃烧的是香烟
消耗的是生命
上下楼梯靠右走
安全礼让处处有
排队做到静齐快
文明有序不奔跑
轻声细语懂谦让
见到师长问声好
果皮纸屑不乱丢
见到垃圾随时扫
您已进入监控区
请保持微笑</td></tr>
</table>

续表

楼宇文化牌	示　　例
专业规划宣传栏	

四、特色校园文化建设实现常态化

“校园文化建设最怕‘一阵风’，要靠制度保证常态化！”为此，学院进行了一系列的制度建设。

1. 坚持学校制度文化建设

深化校园制度改革，全面推进文化内容形式、载体渠道、体制机制等创新。近年来，学院制定了《教职工职业道德规范》《教职工岗位考核奖惩条例》《教职工绩效考核方案》《教职工请假制度》等一系列行之有效的规章制度，规范教职工行为。

2. 健全班级制度建设

一是落实“三同”管理和班主任值班制度。校园实行封闭式管理，学生在校期间不得外出，教官统一在学生宿舍住宿，班主任与学生同吃、同住、同活动。周末、假期离校，学院按照学生居住路线统一安排，提供人车分离车站式服务离校。二是抓好每年新生军训工作。每年制订《军训方案及实施办法》《军训日程表》《军训作息时间表》等，组织2周左右的入学军训。组织队列动作、军体拳、内务整理、早操、紧急集合、会操表演、国防法制教育、规章制度学习等训练和教育，锤炼意志，强健体魄。三是严格落实一日常规。发给每位学生《学生行为规范》，将一日常规纳入班级管理考核。严格执行作息制度，班主任和学生教官全程带操，以班为单位严格考勤，每天对宿舍内务量化打分，及时对违反课堂纪律行为通报批评。四是持之以恒抓检查落实。实行“日检查、周汇报、月例会”制度，班主任进行晚自习点名，将结果反馈到工作交流群，值班教师和教官再次深入宿舍检查并及时反馈。每周召开班主任例会，总结交流上周学管工作，返校第一节课晚自习开展主题班会。每月召开学管例会，解决问题、总结经验、改进工作。

3. 构建安全管理网络

学院坚持做到周周有主题，天天讲安全，事事要安全，定期开办“牛老师讲安全”讲堂，印发《安全警讯》近百期，发放《致家长的一封信——筑牢安全防护网》，将安全工作做实做细。开展“珍爱生命，文明出行”“我的安全我做主”等安全主题班会，制作手抄报，提高安全防范意识。定期开展宿舍安全大检查、逃生演练及安全消防演练，组织各班级观看《国家安全》《防溺水》《防火灾》等安全教育视频。

4. 规范学生管理，注重养成教育

学院贯彻“教育有方向，活动成系列”的理念，做到“每月有主题，主题成系列，每周有活动，活动有规模，每天有目标，目标有意义”，开展了“安全愉快走过青春时代”“人人有颗公德心，爱护公物人人赞”等宣誓签名教育活动。以母亲节、父亲节为载体，开展“为父母做一件事”“母亲节感恩”等感恩教育活动。学院还将班会作为学生管理工作的重要抓手，开展以“珍爱生命，珍惜时光”“做课堂的主人”“我为文明单位做什么”为主题的班会，提升学生综合素质。组织心理、安全知识竞赛，开展“品国学经典，启智慧人生”“中华经典诵读”等活动。还开展收心教育和队列展示、内务展示活动，在学生中推行“两人成列，三人成行”、“7S”管理、“行、貌、声‘三端’”等，让学生养成良好习惯。

山东交通技师学院“三同”管理规定

为加强学院学生管理，提高管理质量，积极推进和完善学院半军事化管理制度，保障学院教学、生活及各项活动的顺利进行，特制定“三同”管理规定。

一、“三同”

系（二级学院）负责人、班主任等管理人员与学生在一起，同吃、同住、同活动。

二、开展“三同”活动时间

每年暑假、寒假开学后前二周；小假期（节假日）开学后第一周；每周周日 14：00—16：00。

三、参加“三同”人员

各系（二级学院）正副主任（正副院长）；全体班主任。

四、“三同”工作要求

1. 同吃就是指参与“三同”管理的所有人员同学生在一起就餐，了解掌握学生对就餐的要求，维持就餐秩序，保证有一个良好的就餐环境。

2. 同住就是指全体班主任必须入住学生公寓，深入学生中间，掌握学生作息现状，了解学生在宿舍的表现。教育引导学生提高安全意识，杜绝大小责任事故的发生。系（二级学院）负责人“三同”期间每周不少于三天带班入住学生公寓。

3. 同活动就是指全体班主任深入学生中间去，与学生一道活动。特别是业余时间一定要靠上去，了解掌握学生动态，做好学生思想政治工作，确保学生安全稳定。周日下午正副系主任（二级学院正副院长）至少有一名带班，全体班主任必须到岗。

4. 在“三同”工作开展前，各系（二级学院）要排好值班表，将全体班主任名单、系（二级学院）负责人值班表报学生工作处与考核办公室。

5. 学院办公室、纪检监察室、考核办公室、学生工作处、团委组成联合检查小组，根据上报名单不定期检查出勤到位情况，检查结果与绩效工资挂钩。

6. 重点时段要安排专人负责值班，加强防范，杜绝任何大小事件的发生。重点时段：6：40—8：00，12：00—14：00，16：00—19：00，20：40—21：30。

五、请假制度

参加“三同”管理的人员在“三同”管理时段内有事不能出勤到岗

的必须请假，中层干部要向学院党委书记请假，并报分管领导；班主任要向系主任（二级学院院长）请假，并报副主任（二级学院副院长）和学生工作处与考核办公室。

学院用制度实现特色校园文化建设常态化，全体教职工做到严格管理、耐心说服、以身作则、教养一致、赏罚分明、令行禁止，不断发现和解决学生学习生活中的困难和问题。同时，采取家校微信互联、健康档案、心理辅导等举措，使学生感受到家庭般的温暖，增强学生对老师、学校的感情，有利于各项工作的开展。提倡有温度的教育，争做有温度的教师，培育有温度的学生，传播爱和温暖，更好发挥制度育人作用。

五、五大行为文化构建和谐校园

行为文化是校园文化落地的着陆点，学院用“五大行为文化”规范师生言行，构建和谐育人环境。

1．构建崇德向善的教师文化

学院加强教师职业道德建设，要求教师上好每一堂课，关爱每一名学生，积极建立基于爱、责任、希望的师生关系和相互尊重、合作共进的家校关系。组织一线教师、班主任到同济大学、孔子研究院、孟良崮接受培训近500人次，邀请专家讲座42次，开展专题讨论40余次，在各类重大节日的时间点开展宣传教育。学院建立善行义举“四德”榜，评选“四德”模范；开展诚德楷模、师德标兵、十佳班主任、十佳学生、身边好人等各类评先树优活动，发现并及时宣传师生中的先进典型。另外，建立“交通行业精神”“移风易俗”等宣传栏，“教师守则”“教师文明用语”上墙，举办职工礼仪培训。开展“阳光跟帖”网络文明传播和“文明窗口”创建活动，为社会提供优质驾校服务，激发广大教职工崇德向善的热情。通过这些活动，涌现出爱岗敬业的先进典型邢凤娟，见义勇为的先进典型张平、刘永强等。其中，邢凤娟被选为2016年“山东好人”、2017年“全国好人”，被临沂市确定为道德宣讲人物。

2. 构建阳光活力的学生文化

学院积极举办各类晚会、运动会，挖掘学生的青春活力；积极开展课外活动，进行技能拓展训练；推进各类传统社团活动，成功创刊学报《筑梦》。抓好学生仪容仪表、言行举止、讲究卫生、爱护公物、遵规守纪、公德意识等习惯养成，坚持从发型、仪表、着装等方面规范学生，杜绝了学生戴首饰、留长发、染头发、打架斗殴等不良行为，逐渐形成基本的文明习惯，包括课堂规范、作息规范、校园活动规范、仪表形象规范，帮助学生养成整洁端庄的形象气质。

3. 构建创新互动的文体文化

运用展板、宣传栏、文化长廊、校园网、校园广播等文化载体，营造浓厚的校园文化氛围。开展书画展、文艺晚会、体育竞赛、摄影比赛、演讲比赛、“我们的节日”主题活动等丰富多彩的文体活动，丰富学生课余生活。每年还开展师生朗诵比赛、读书活动、征文评选、团队游戏、各类晚会等文体活动，确定每年 4 月为学院读书月。2017 年举办了 4 000 余人的国学诵读，被山东广播电视台、临沂电视台等多家媒体报道。还成立了以职工为主体的“健步走社团”“太极拳社团”。

4. 构建知行合一的德育文化

学院充分运用各类媒体、文艺作品和文化活动等开展主题宣传，推动诚信、法治教育，增强学生爱国主义精神和社会责任感。结合“学党章党规、学系列讲话，做合格党员”学习教育常态化制度化，办好“交通技师学院大讲堂”“道德讲堂”等品牌活动，深化理论学习。组建道德宣讲团，开展道德宣讲系列活动，增强学生传颂道德的使命感。开展“守规矩、知礼仪、做文明学院人”“老师您辛苦了”等主题教育征文活动和学雷锋志愿活动，参加临沂市“文明出行·守护斑马线”“助力创城我有责，美化环境我先行”“志愿创城·文明出行”主题义务植树等志愿活动 45 次。与临沂市文明办、临沂市网信办、共青团临沂市委、临沂市交通局、山东广播电视台临沂站等 7 家单位联合主办并独家冠名临沂市第二届文明出行之“最美司机”评选活动。与临沂市文明办联合制作文明餐桌立牌 10 万个，发送至全市餐厅，为临沂市文明城市创建活动作出积极贡献。通过这些活动，进一步扩大了学院社会影响，树立了良好形象。

学院小百合艺术团文化下乡文艺演出

5. 构建合作共育的家长文化

每年 5 月，学院举办家长开放周活动，包括各院系荣誉展示、优质课展示、实训课展示、学院文化长廊展示、社团活动展示、学生专业技能展示、班级家长会等八大类。活动结束后，对所有到会家长进行问卷调查，收集家长对学院发展的意见和建议。在新生军训会操表演、文艺晚会等重大活动中，也会邀请家长观看。还建立家长微信群，促进家校联系，形成共建共育的格局。

学院组织师生赴沂南县蒲汪镇开展农机义诊志愿服务活动

六、特色校园文化铸就硬实力

1. 弘扬优秀传统文化，打造特色亮点

学院坚持每日组织学生晨读，还举行“千人诵读”活动，让同学们在诵读中领悟到经典美文的魅力，锻炼语言表达能力。编制《晨读读本》，推动《三字经》《少年中国说》《千字文》进课堂，通过日常集体诵读、主持人领读、诵读比赛等形式，提高经典诵读效果。学院还利用传统节日、重大历史事件纪念日以及各类革命历史遗址、烈士陵园等组织开展活动。如春节开展“晒我家春节”手机拍、“晒家风，亮家训”主题征文活动，清明节开展“网上祭奠英烈”活动，端午节开展“弘扬传统文化、传播现代文明”主题活动。

2. 倾力建设“第二课堂”，提升学生综合素养

学院积极营造健康文明的校园文化氛围，成立了书画、舞蹈、跆拳道、篮球、乒乓球、羽毛球、足球协会以及课外兴趣小组。定期举办学院文化艺术节、学生运动会、演讲比赛、歌咏比赛、社团风采展示等活动，为学生提供了展示自我的舞台。

3. 半军事化管理成特色，让文明寓于管理

学院不断完善“三同（同吃、同住、同活动）”服务，注重养成教育、赏识教育，积极开展心理健康教育活动。推行自我教育、自我管理、自我服务的“三自教育”，使学生会、社团、志愿服务队等学生组织发挥更大作用。加强法制教育，让学生从遵守校规校纪入手，培养法制观念。加强安全教育，从源头上杜绝校园安全问题。在组织学生离校工作中，创新“车站式服务”，确保了学生离返校期间的交通安全。经过努力，半军事化管理成为学院学生管理特色品牌。

特色校园文化素养这个“软指标”成为学生硬实力。近年来，通过文化建设和精神文明创建，学院毕业生受到了用人单位的高度赞赏，毕业生就业率一直在 98% 以上。

“车站式离校服务”为学生回家“保驾护航”

为让学生每周都能够安全离校、温馨回家，一直以来，学院坚持实施“车站式离校服务”。

该项服务是山东交通技师学院联合公交公司、客运公司提供，主要解决学生乘车难问题。这些进校园的公交车、客车按照定车、定线、定员的原则，设定专门线路供学生乘坐，确保学生安全回家。

每周五的 14 点 30 分，学生下课后各院系统一集合，学管教师强调离校注意事项，并集中清点人数。根据学生自行离校、家长接送、乘坐公交车、乘坐县镇客车的不同需求，将学生分成四个方队，由各院系教师和教官带队分流。

“车站式离校服务”充分体现了学院“德、爱、文明、安全”学生管理六字方针，既免除了学生乘车回家时需要换乘的麻烦，又使学生们的人身及财产安全得到了有效保障，让他们感受到了“回家”的温暖。

七、结语

山东交通技师学院正是依靠“以‘一训三风’为灵魂，以‘物质文化’和‘制度文化’为基础，以‘行为文化’为目的，以‘中华传统文化、沂蒙红色文化和现代汽车文化’为特色”的校园文化建设，将这所万人大校管理得井井有条，推动了学院高质量发展。

案例二

推进安全文化建设，构建平安和谐校园

山东交通技师学院创办于1975年，隶属山东省交通运输厅，办学条件优良，培养质量过硬，被评为全国文明单位，是国家高技能人才培训基地、世界技能大赛重型车辆技术和原型制作项目国家集训基地。学院始终坚持“平安校园”的建设方针和“安全第一、预防为主”的安全管理理念，把学生安全放在重中之重，通过实施全方位、全时段安全管理，确保安全稳定的发展态势。

学院安全管理的方法和路径

方法和路径	安全管理模式方法	安全管理落实体系
方法和路径一	构建“网格化”安全管理模式	一级网格负责制订学院安全工作意见和实施方案
		二级网格负责制订推行网格化管理的具体方案
		三级网格负责本部门网格化管理工作的具体落实
		四级网格负责人负责区域内日常安全工作
方法和路径二	制订特色有效的学生安全管理制度	半军事化学生管理制度
		学管人员“三同”管理
		班级专职安全班干部制度
		车站式离校服务
		学生离校签到与到家回复
方法和路径三	开展形式多样安全教育活动	定期开展安全主题教育讲座
		周周安全主题班会
		每月一主题安全防护技能演练
		开设安全课
		建立安全工作微信公众号

一、构建“网格化”安全管理模式

学院建立以“网格化”管理为保障的安全管理模式，形成了“互联网＋安全网格化＋重点部门管控”的安全工作新格局。按照层级管理责任制的要求，科学划分管理区域，层层明确管理责任，将学院、安全办公室、各部门、区域划分为若干网格式管理责任区，构建“学院成网，网中有格，格中有责，责任到人，管理到位”的工作体系，实现对安保日常管理有效控制。

根据区域管理责任制的要求，按照就近连片、“谁主管、谁负责”原则，将学院划分为四级网格，学院为一级网格，安全办公室为二级网格，各部门为三级网格，部门责任区域为四级网格，建立“学院统筹协调、安全部门督导考核、部门全面落实、区域专人负责”的安全管理机制。形成“一级督察一级、一级考核一级、谁主管谁负责、谁分管谁负责、谁丢分谁负责”的安全工作责任制。

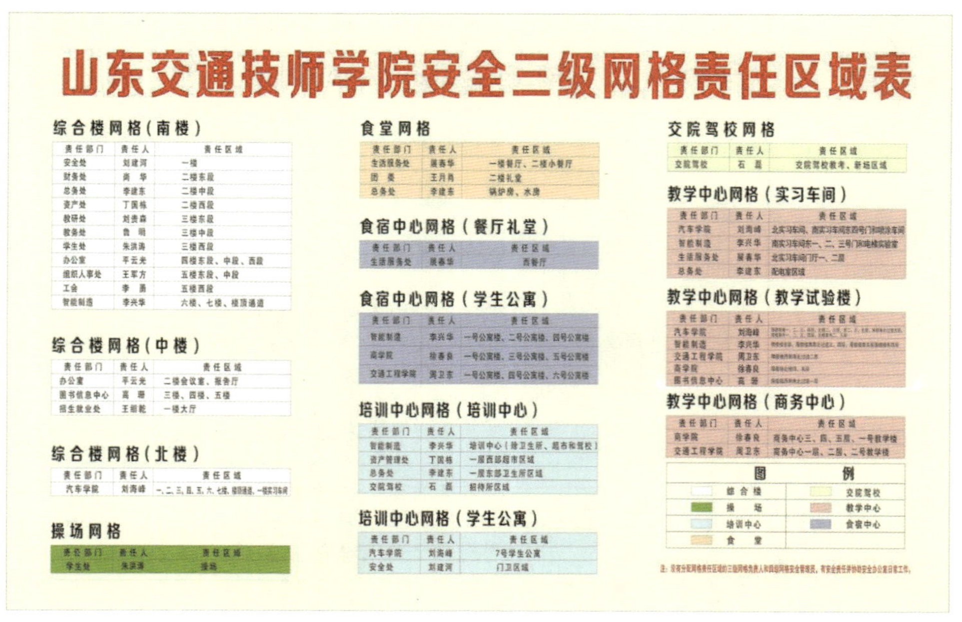

山东交通技师学院安全三级网格责任区域表

综合楼网格（南楼）

责任部门	责任人	责任区域
安全处	刘建河	一楼
财务处	尚 华	二楼东段
总务处	李建东	二楼中段
资产处	丁国栋	二楼西段
教研处	刘贵森	三楼东段
教务处	鲁 明	三楼中段
学生处	朱洪涛	三楼西段
办公室	平云光	四楼东段、中段、西段
组织人事处	王军方	五楼东段、中段
工会	李 勇	五楼西段
智能制造	李兴华	六楼、七楼、楼顶通道

综合楼网格（中楼）

责任部门	责任人	责任区域
办公室	平云光	二楼会议室、报告厅
图书信息中心	高 珊	三楼、四楼、五楼
招生就业处	王朝乾	一楼大厅

综合楼网格（北楼）

责任部门	责任人	责任区域
汽车学院	刘海峰	一、二、三、四、五、六、七楼，楼顶通道，一楼实习车间

操场网格

责任部门	责任人	责任区域
学生处	朱洪涛	操场

食堂网格

责任部门	责任人	责任区域
生活服务处	展春华	一楼餐厅、二楼小餐厅
团 委	王月冉	二楼礼堂
总务处	李建东	锅炉房、水房

食宿中心网格（餐厅礼堂）

责任部门	责任人	责任区域
生活服务处	展春华	西餐厅

食宿中心网格（学生公寓）

责任部门	责任人	责任区域
智能制造	李兴华	一号公寓楼、二号公寓楼、四号公寓楼
商学院	徐春良	一号公寓楼、三号公寓楼、五号公寓楼
交通工程学院	周卫东	一号公寓楼、四号公寓楼、六号公寓楼

培训中心网格（培训中心）

责任部门	责任人	责任区域
智能制造	李兴华	培训中心（除卫生所、超市和驾校）
资产管理处	丁国栋	一层西部超市区域
总务处	李建东	一层东部卫生所区域
交院驾校	石 磊	招待所区域

培训中心网格（学生公寓）

责任部门	责任人	责任区域
汽车学院	刘海峰	7号学生公寓
安全处	刘建河	门卫区域

交院驾校网格

责任部门	责任人	责任区域
交院驾校	石 磊	交院驾校教考、驾培区域

教学中心网格（实习车间）

责任部门	责任人	责任区域
汽车学院	刘海峰	北实习车间、南实习车间东四号门和喷涂车间
智能制造	李兴华	南实习车间东一、二、三号门和电梯实验室
生活服务处	展春华	北实习车间门厅一、二层
总务处	李建东	配电室区域

教学中心网格（教学试验楼）

责任部门	责任人	责任区域
汽车学院	刘海峰	[illegible]
智能制造	李兴华	[illegible]
交通工程学院	周卫东	[illegible]
商学院	徐春良	[illegible]
图书信息中心	高 珊	[illegible]

教学中心网格（商务中心）

责任部门	责任人	责任区域
商学院	徐春良	商务中心三、四、五层，一号教学楼
交通工程学院	周卫东	商务中心一层、二层，二号教学楼

图	例
综合楼	交院驾校
操 场	教学中心
培训中心	食宿中心
食 堂	

学院安全三级网格责任区域表

学院四级网格工作责任表

网格层级	工作责任
一级网格	制订学院安全工作意见和实施方案，确定全年网格化管理重点，统筹协调全院安全工作
二级网格	安全办公室是学院安全工作的主管部门，负责制订推行网格化管理的具体方案，确定阶段性工作重点，组织进行检查，对各部门工作落实情况进行督导考核
三级网格	各部门是网格化管理的主管单位，负责本部门网格化管理工作的具体落实，按照“区域界限划分明确、管理力量配备相宜”的原则，科学合理划分区域管理网格，配备管理人员
四级网格	区域网格负责人负责区域内安全工作日常检查，采集上报区域内安全情况，及时发现和报告各种隐患，完成上级交给的其他安全工作

各部门各安全网格均配备安全员，负责网格内日常安全隐患的检查、上报、协调整改和安全设备设施的检查维护工作，并指导落实网格内的安全教育和安全监督工作，保证了安全有专人负责、落实高效有力的安全工作局面。教学楼、学生公寓、实训车间等重点部位由所在网格安全员执行每日巡查，重点检查有无各类安全隐患、消防设施是否完好、应急指示标志是否齐全等，发现问题及时协调解决，确保安全隐患及时发现、及时整改，安全设备设施始终处于最佳状态。

二、实施特色有效的学生安全管理制度

1. 实施半军事化学生管理制度

学院在学生管理工作中实行半军事化管理制度，要求学生日常上下课、就餐、出操、集会等活动均要以班级为基本单元集合、列队行进，由班级体育委员带队。各年级教官统一指挥，学管老师跟队监督，每次集合列队均核查应到人数，在培养学生纪律意识和团队意识的同时，降低学生个体活动带来的安全不确定性。另外，半军事化管理制度要求学校实行封闭式管理，非周末和假期学生不允许随意进出校园，周末学管人员值班并组织留校学生进行晚点名，学生日常请销假严格履行审批程序和家长知情并同意的要求，保证学生去向和行为可掌握。

航空系学生按半军事化管理要求队列整齐去上课

2. 实施学管人员“三同”管理制度

根据学院“三同”管理要求，系（二级学院）负责人、班主任等管理人员在每年寒暑假开学后前两周、小假期（节假日）开学后第一周、每周日下午都要与学生在一起同吃、同住、同活动（即“三同”），日常实行学管人员隔天住校值班制度，全程参与、指导学生各项活动，保证能够第一时间发现问题、第一时间解决问题，通过跟进指导督促，加大安全管理力度，降低安全风险。

“三同”管理，竭心尽智、真爱无声

1. 早操

早上6：10，班主任们陪伴学生们集合、早操、升旗，就这样拉开一天的生活大幕。

续表

“三同”管理，竭心尽智、真爱无声
2. 晨读  伴着晨曦，班主任们一起和学生们“阳光晨读”。
3. 执勤、打扫卫生  学生干部、学生例行巡校和打扫卫生，确保校园整洁、安全。
4. 午休检查 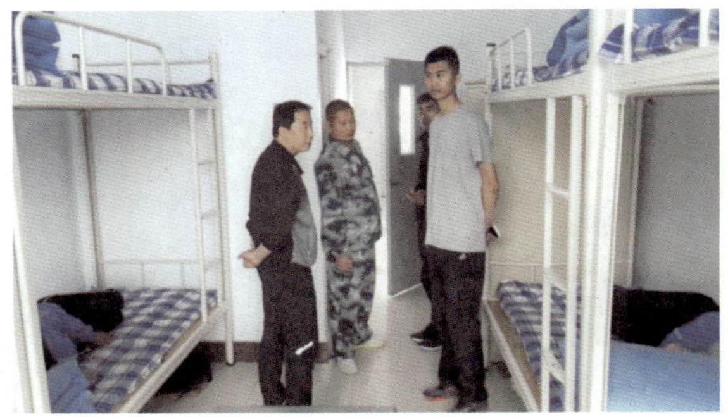 午饭过后，班主任们到学生宿舍检查午休，督促学生及时休息。

续表

“三同”管理，竭心尽智、真爱无声
5. 站队集合  下午上课集合，班主任、学管人员组织学生列队行进至教学楼上课。
6. 第二课堂活动  在班主任的带领下，学生们参与到第二课堂活动中，丰富了学生课余文化生活。
7. 晚自习  各班级通过播放视频、主题班会形式对学生进行思想政治教育。 同时，班主任们利用晚自习与学生亲切谈心谈话。

续表

"三同"管理，竭心尽智、真爱无声
8. 晚自习巡查  各院系领导和班主任一起巡查晚自习，检查学生晚自习学习情况。
9. 晚上查寝 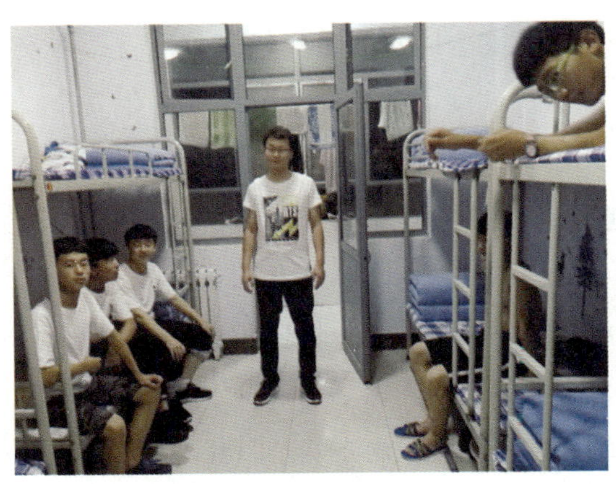 晚自习结束了，班主任们走进寝室和学生们唠几句家常，嘱咐"早睡"。

3. 实施班级专职安全班干部制度

在各班级班委成员中增加一名班级安全员，由班级中责任心强、做事认真的同学担任，职责是发现班级内的各类安全隐患和不稳定因素，及时报告班主任，提醒、制止班内同学不安全行为，发挥好班级安全"侦探"作用，确保学生日常不安全行为和隐患能及时发现、及时制止，同时提高学生的安全意识和互帮互助意识。

4. 提供车站式离校服务

该项服务由学院联合公交公司、客运公司提供，主要解决学生乘车难问题。进校园的公交车、客车按照定车、定线、定员的原则，设定专门线路供学生乘坐。校园车站式离校服务既免除了学生乘车回家时需要换乘的麻烦，又使学生的人身及财产安全得到了有效保障，更让他们感受到了“回家”的温暖，深受学生和家长欢迎。

“人车分流”效果凸显——车站式离校服务再提升

为进一步提升学院精细化管理水平，推进“平安校园”建设，做好车站式离校服务，学院推行周五放学及节假日学生离校“人车分流”办法，以筑牢师生人身安全“防护墙”。

学院开展“人车分流”方案调研，通过征求客运司机、学生家长和师生意见，合理划分区域，制订行人分流路线图、车辆分流路线图和人车分流示意图，防止人员车辆聚集混行，并安排专人在学院大门口及各区域指挥调度，确保交通顺畅和师生安全。根据学院的实际情况，学生离校方式分为乘公交车、长途客运车、家长接送、自行离校四部分进行，各二级学院根据学生的离校方式分区域组织集合列队。

（1）自行离校的学生由二级学院教师护送至学院东门集体离校。

（2）乘坐公交车、长途客运车的学生分别集合后带往指定候车区域候车，接送学生公共车辆统一由学院东门驶入，沿北外环路到达指定停车区域。

（3）家长来校接学生的小型车辆经南外环到达指定停车区域。

校园内行车限速，禁止鸣笛，有序停放，待学生上车后统一由学院西门驶出，人流与车流分向不交叉，最大限度地减少了人车混行存在的安全隐患。

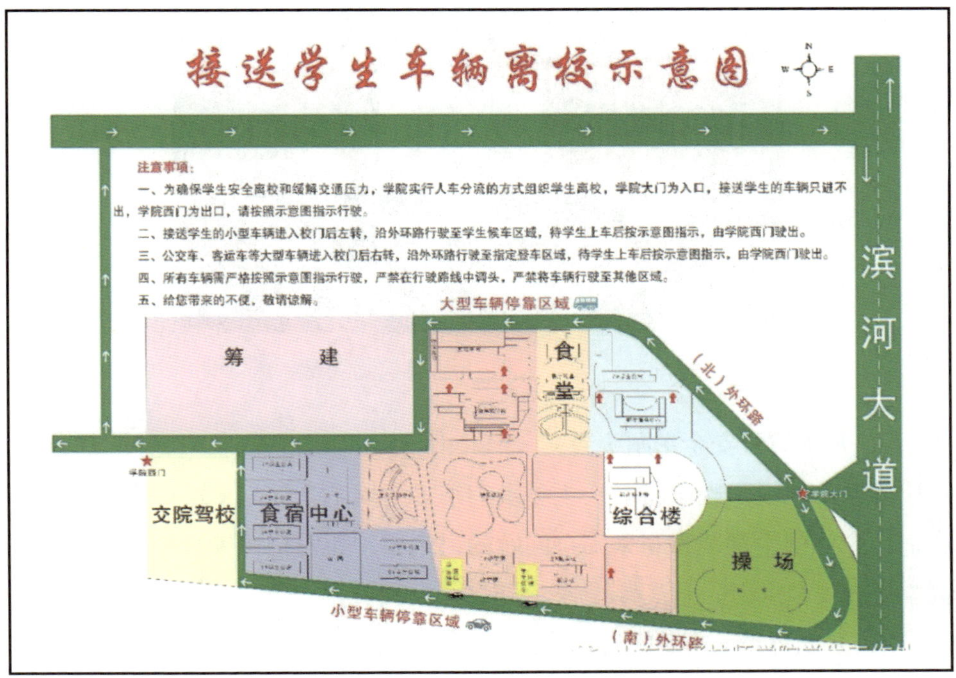

5. 实行学生离校签到与到家回复

根据学生群体特点，要求离校学生在离校登记表上填写具体去向、目的地并签名，学生到家后要通过钉钉签到方式向班主任报告安全到家，班主任核对离校目的地和签到地址是否一致。不能通过钉钉签到的，由家长在班级家长群确认学生已到家信息，班主任记录。此项措施实现了对学生校内校外安全和行程的全掌握，密切了家校信息互通，保障了学生在校外的人身安全。

三、开展形式多样安全教育活动

1. 定期开展安全主题教育讲座

为提高学生安全意识和安全防护技能，培养事事、时时讲安全的良好习惯，坚持以安全大讲堂的形式定期开展安全教育讲座。各二级学院选派在安全工作方面经验丰富的安全员担任各二级学院安全大讲堂的主讲人员，根据校园安全形势、重要时间节点、重大天气变化、重大活动、安全月等不同主题，进行安全知识、安全防范技能、安全事故案例分析等方面的教育。组织各年级学生通过轮流参加讲座，实现集中安全教育对所有学生全覆盖。

学生安全教育品牌栏目《牛老师讲安全》

2. 周周召开安全主题班会

各系（二级学院）将安全主题班会纳入每周工作计划，通过安全主题班会，让全体学生都能参与到安全问题的讨论中，让安全警钟长鸣，进一步提高学生的安全意识。

3. 开展每月一主题的安全防护技能演练

开展每月一主题的安全防护技能演练。集中开展灭火演练和宿舍楼、教学楼应急逃生演练，通过营造逼真的环境和气氛，在演练中教授学生灭火设备的正确使用、火灾扑救、应急逃生、自救自护等方法和技巧，进一步提高学生的安全意识、应急处置和安全防护技能水平，做到未雨绸缪，授之以渔。

学生应急逃生演练

4. 开设安全课

把安全课列入每学期教学计划，编写并出版了《中职学生安全防范与危险处理》教材。通过系统的安全课程教育，让学生了解各类安全问题，熟悉处置方法，提高防护技能。

5. 建立安全工作微信公众号

根据当今社会信息传播手段和方式的变化，结合学生实际情况，各系（二级学院）建立了安全工作微信公众号。通过这一平台将各类安全知识、安全提醒、安全注意事项及时推送到学生手机端，提高了信息传播的效率。新颖有趣、喜闻乐见的各类安全知识切合学生兴趣，是“互联网＋安全”的有效落实，是安全教育的有效延伸。

校园安全文化建设以文化表现形式为载体，易于接受。这种强大的软力量，对于构建平安、和谐的校园有着重要的潜移默化的作用。山东交通技师学院通过以上全方位、全覆盖、全时段的安全管理和安全教育，实现了安全工作人人重视、人人参与的良好局面，有力促进了学生安全意识、安全防范能力、危险处置能力的进一步提高，为学生的生活、学习提供了坚实的安全保障，更为将来更好地工作打下了坚实的安全基础。

案例三

“让党旗永远飘扬——2021 年宿舍文化节”主题活动

山东交通技师学院历来重视宿舍文化建设。学生宿舍文化建设是学校常规管理工作的重要阵地，学校精神文明建设的重要窗口，同时也是校园文化建设的重要组成部分。每年春秋两届的宿舍文化节已成为校园文化建设的特色品牌，对营造良好育人环境，落实学院立德树人根本任务起到了积极的推动作用。

2021 年是中国共产党建党 100 周年，为传承红色基因，进一步锤炼宿舍文化育人功能，建设内务整洁、秩序井然的宿舍育人环境，学院以“让党旗永远飘扬”为主题开展了 2021 年宿舍文化节活动。

一、拟定通知，成立宿舍文化节领导小组

关于开展 2021 年宿舍文化节的通知

各二级学院：

为丰富学院文明创建活动内容，巩固“和谐、文明”宿舍文化成果，进一步推进宿舍安全、卫生、文明、和谐建设，经学院研究，特开展 2021 年宿舍文化节系列活动。现将有关事宜通知如下：

一、活动时间

2021 年 5 月至 2021 年 6 月。

二、活动主题

“让党旗永远飘扬——2021 年宿舍文化节”主题活动。

三、活动安排

（一）宿舍文化展示

在建党 100 周年来临之际，为更好地让青年学子铭记中国共产党百年征程波澜壮阔的历史，感受在这一百年的非凡历程中一代又一代中国共产党人坚定信仰、视死如归、英勇斗争、忘我奉献的壮丽诗篇，特组织进行宿舍文化展示。

要求：各二级学院以公寓楼为单位，举办“献礼建党百年，传承红色文化”宿舍教育活动。紧扣主题，充分发挥专业优势，用展板、手抄报等方式美化公寓，将党史学习教育送到每个学生身边，入脑入心，沁润学生心灵，助力学生成长。

1. 发挥公寓育人功能，开展党史学习教育活动。汽车学院突出党史教育，智能制造学院突出新中国史教育，商学院突出改革开放史教育，交通工程学院突出社会主义发展史教育。

2. 提倡手工创作类装饰。以“献礼建党百年，传承红色文化”为主题更新走廊展板，并于 6 月 6 日前将尺寸、数量、内容报宣传处审核，学院统一采购印制。

3. 评审。6月中旬，学院宿舍文化节评审小组对各二级学院公寓进行现场评审。

（二）星级“文明宿舍”评比

各二级学院进行星级“文明宿舍”评比。按标准宿舍总数10%的比例评出星级“文明宿舍”，推荐至学院，填写学院星级“文明宿舍”评选申报表。按照“文明宿舍”总数20%、30%、50%分别评出五星级、四星级、三星级宿舍，优秀宿舍长、内务卫生先进标兵从院系“五星级文明宿舍”中的50%选出，并填写申报表。各星级文明宿舍、优秀宿舍长及内务卫生先进标兵数量分配如下：

院系	星级宿舍数	五星级宿舍	四星级宿舍	三星级宿舍	优秀宿舍长	先进标兵
汽车学院	17	3	5	8	2	2
智能制造学院	26	5	8	13	3	3
商学院	31	6	9	16	3	3
交通工程学院	22	4	7	11	2	2
合计	96	18	29	48	10	10

6月17日前，请将星级“文明宿舍”、优秀宿舍长、内务卫生先进标兵名单报送学生工作处邮箱。

（三）开展“你××我××，学院更××”系列活动

1.“你优秀我优秀，学院更优秀”叠被子比赛活动

为进一步活跃校园文化，加强宿舍文化建设，提高学生自我管理能力和动手能力，促进各宿舍间交流与学习，让学生在充分交流中展现自我风采，特举办叠被子大赛。

（1）活动时间：2021年6月10日。

（2）活动对象：全院学生。

（3）活动内容：各二级学院提前进行内部选拔，推荐4名优秀选

手参加6月17日学院决赛。凡参加活动者，被子必须是本人自己所用，带着本人凉席。比赛限时3分钟，本人独立完成。由评委打分，得分以10分计。去掉最高、最低分，取平均分，汇总排名。分数相同情况下，用时短者胜。按成绩排名分别获一、二、三等奖。

（4）承办学院：汽车学院。

2.“你教育我感恩，学院更温馨”难忘的宿舍谈心征文评选活动

课堂上，他启发诱导，为我们答疑解惑；宿舍里，他关怀备至，与我们促膝谈心。他是班主任，更是我们人生的领路人。亲爱的同学们，请写出你心中难忘的一次宿舍谈心，用纸笔记录师恩。

（1）活动时间：2021年6月7—11日。

（2）活动对象：全院学生。

（3）活动内容：为更好地传承学院半军事化管理模式，进一步营造尊师重教的良好氛围，培养学生的感恩意识，激发广大学管人员处处育人的责任心，各二级学院开展“你教育我感恩，学院更温馨”难忘的宿舍谈心征文评选活动。根据评选情况，设一等奖1名，二等奖4名，三等奖5名，各二级学院在院系表彰，同时在院系宣传栏张贴优秀作品照片。表彰名单（含作品照片）报送学生工作处邮箱。

3.“你添彩我添彩，学院更精彩”雅居设计比赛

（1）活动时间：2021年5月31日至2021年6月4日。

（2）活动对象：全院学生。

（3）活动内容：为发掘个人的艺术潜能和展现学生的风采，丰富宿舍文化生活，营造文明健康的宿舍环境氛围，留下一个美好校园回忆，请各二级学院开展以“你添彩我添彩，学院更精彩”为主题的雅居设计比赛。

（4）活动原则：雅居设计提倡手工作品、学习成果作品展示，摆放位置推荐桌面、窗台，杜绝张贴在墙面、柜面，便于移动。

根据评选情况，设一等奖1名，二等奖4名，三等奖5名，各二级学院在院系表彰，同时在院系宣传栏张贴优秀作品照片。表彰名单（含宿舍布置照片）报送学社工作处邮箱。

（四）总结、表彰、经验交流会

1. 召开表彰会。对评出的星级“文明宿舍”、优秀宿舍长、内务卫生先进标兵进行表彰。

2. 经验交流。各二级学院对本届宿舍文化节进行经验交流。

3. 时间：6月下旬。

四、活动要求

1. 统一思想，高度重视。各二级学院要高度重视，安排专人负责。制订详细的分工方案，跟踪落实。广泛宣传，动员学生积极参与本次活动。

2. 协调配合，总结经验。各部门要认真配合，安排专人参加活动的检查。加强对学生的指导，重视培育和树立先进典型，善于发现、及时总结好做法和好经验，并做好材料的收集和存档工作。

附件1：　学院优秀宿舍长申报表

<table>
<tr><td>姓名</td><td></td><td>性别</td><td></td><td>出生年月</td><td></td><td rowspan="3">照片</td></tr>
<tr><td>政治面貌</td><td colspan="2"></td><td>职务</td><td colspan="2"></td></tr>
<tr><td>院系</td><td colspan="2"></td><td>班级</td><td colspan="2"></td></tr>
<tr><td>宿舍工作
主要事迹</td><td colspan="6"></td></tr>
<tr><td>班主任意见</td><td colspan="6">班主任签字　年　月　日</td></tr>
<tr><td>二级学院
意见</td><td colspan="6">（盖章）　年　月　日</td></tr>
<tr><td>学生工作处
意见</td><td colspan="6">（盖章）　年　月　日</td></tr>
</table>

附件 2：　　山东交通技师学院星级“文明宿舍”推荐表

二级学院：

五　星　级				
楼号	宿舍号	班级	班主任	学生姓名（8人）
四　星　级				
楼号	宿舍号	班级	班主任	学生姓名（8人）
三　星　级				
楼号	宿舍号	班级	班主任	学生姓名（8人）

附件 3：　　学院内务卫生先进标兵申报表

姓名		性别		出生年月		照片
政治面貌			职务			
院系			班级			
内务工作主要事迹						
班主任意见	班主任签字　　年　　月　　日					
二级学院意见	（盖章）　　年　　月　　日					
学生工作处意见	（盖章）　　年　　月　　日					

二、跟踪过程，加强报道，营造文化育人氛围

1. 2021年宿舍文化节“你优秀我优秀，学院更优秀”叠被子比赛

学院宿舍文化节叠被子比赛现场

6月10日下午，山东交通技师学院在招生办大厅广场举办了2021年宿舍文化节“你优秀我优秀，学院更优秀”叠被子比赛。本次比赛提高了同学们整理内务的积极性，大大提升了内务整理水平，增强了学生遵守学院半军事化管理制度的自觉性。

2. 2021年宿舍文化节“你教育我感恩，学院更温馨”难忘的宿舍谈心征文评选活动

为巩固半军事化管理成果，进一步落实“德、爱、文明、安全”学生管理理念，更好地了解学生所思所想，掌握学生思想动态，学院常态化开展班主任与学生谈心谈话活动。

6月7—11日，各二级学院开展了2021年宿舍文化节“你教育我感恩，学院更温馨”难忘的宿舍谈心征文评选活动，进一步营造尊师重教的良好氛围，培养了学生的感恩意识，激发了广大学管人员处处育人的责任心。

3. 2021年宿舍文化节“你添彩我添彩，学院更精彩”雅居设计比赛

5月31日至6月4日，各二级学院开展了2021年宿舍文化节“你添彩我添彩，学院更添彩”之雅居设计比赛。本次比赛中充分发掘了学生个人的艺术潜能，丰富了宿舍文化生活，对营造和谐、多彩、文明、健康的宿舍环境起到积极推动作用。

宿舍谈心征文评选活动现场

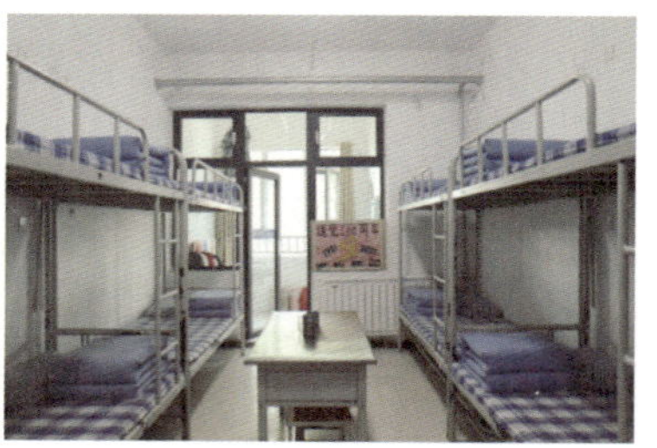
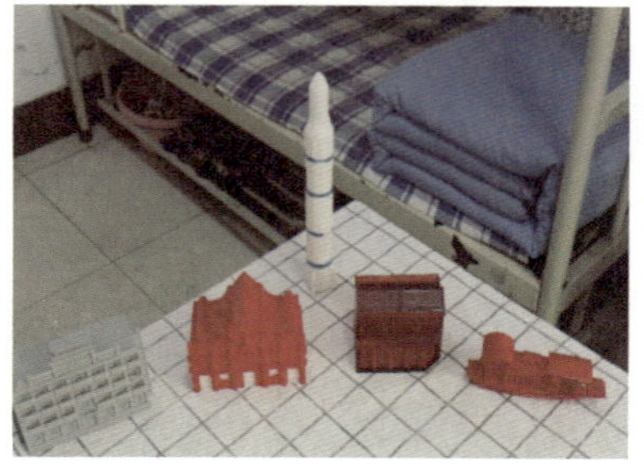

学生在宿舍文化节中的雅居设计比赛部分作品

4. 2021 年宿舍文化建设观摩活动

6 月 28 日下午，山东交通技师学院举办了“让党旗永远飘扬—2021 年宿舍文化节”宿舍文化建设观摩活动。

二级学院	宿舍文化建设主题	图片展示
汽车学院	追寻红色足迹汲取奋进力量  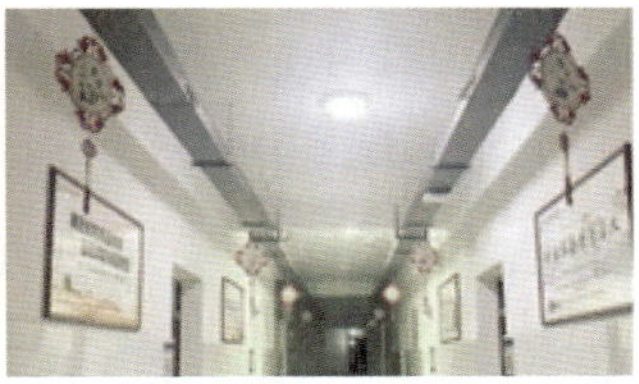	
智能制造学院	传承红色文化提升技能水平  	
商学院	红润家园青春向党  	
交通工程学院	红色基因代代传宿舍文化践初心  	

结合中国共产党建党 100 周年，各二级学院把党史学习教育、思想政治教育和宿舍文化建设结合起来，对宿舍宣传栏、文化大厅、楼道走廊、学生宿舍进行装饰。装饰的元素主要有习近平总书记寄语、红色诗词、中国共产

党百年历史中的伟人故事等。在提升宿舍红色文化品位的同时，潜移默化地引导学生知史爱党、知史爱国，坚定理想信念，践行初心使命。整齐有序的卫生工具，规范摆放的生活用品，被子叠成方块的床铺，温馨美观的装饰，也进一步提升了学生宿舍的品位。

三、分析总结促提升，表彰优秀鼓干劲

在 2021 年宿舍文化节交流表彰大会上，学院为“星级文明宿舍”“优秀宿舍长”“内务卫生先进标兵”进行了颁奖，各二级学院代表分别进行了交流发言，学院分管领导对活动进行了总结。

宿舍文化节交流表彰大会现场

四、结语

自宿舍文化节开展以来，山东交通技师学院各二级学院在往年和谐文明宿舍创建基础上，不断探索创新工作办法，努力锤炼公寓楼育人功能，着力

搭建了公寓楼育人平台，涌现出了一大批优秀宿舍，营造了积极健康的宿舍文化氛围，规范了学生行为，帮助他们养成了良好的生活习惯，增强了团队精神和集体观念，强化了宿舍文化的育人效果，成为山东交通技师学院校园文化活动育人的经典案例之一。

参考文献

图书：

［1］孙鹤娟．学校文化管理［M］．北京：人民出版社，2012.

［2］张东娇．学校文化管理［M］．北京：教育科学出版社，2013.

［3］马健生，等．学校赢在文化［M］．北京：教育科学出版社，2013.

［4］高益民．学校文化凝练［M］．北京：教育科学出版社，2013.

［5］王志强，王一波．文化的力量［M］．北京：中国文史出版社，2015.

［6］宋晓文，杨云山．文化的力量［M］．北京：光明日报出版社，2018.

［7］冯刚，孙雷．新时代高校校园文化建设概论［M］．北京：光明日报出版社，2019.

［8］王利琳．品牌领航——高校校园文化品牌建设理论与实践［M］．北京：中国书籍出版社，2017.

［9］叶向红．绿色教育理念下学校文化建设的思与行［M］．北京：知识产权出版社，2019.

［10］代祖良．创新校园文化的途径与方法［M］．北京：光明日报出版社，2018.

［11］赵志军．“三创”精神融入办学育人全过程［M］．北京：光明日报出版社，2018.

［12］岳春峰．名校校园文化构建力［M］．重庆：西南师范大学出版社，2013.

［13］王丹平．文化·力量——大学校园文化建设［M］．广州：华南理工大学出版社，2016.

［14］李海红．校园文化建设理论探索与实践案例［M］．北京：光明日报出版社，2016.

论文：

［1］程凌燕．新时代高校校园文化建设的实证研究——以山西省五所高校为例［D］．太原：山西财经大学，2019.

［2］井文．中等职业学校校园文化建设研究［D］．上海：华东师范大学，2020.

［3］李梦诗．改革开放以来高校校园文化活动发展的研究［D］．武汉：华中师范大学，2019.

［4］张旭．高校思想政治教育中学生实践活动的反思和改进研究［D］．石家庄：河北师范大学，2020.

［5］张姚．基于地域文脉的高校校园文化景观设计研究［D］．岳阳：湖南理工学院，2020.

［6］周小青．我国大学校园特色景观营造方法研究［D］．福州：福建农林大学，2005.

期刊：

［1］王宇涵．新媒体背景下高校网络舆论引导的现状、模式与路径——基于广州市高校的调研［J］．重庆邮电大学学报（社会科学版），2020（5）.

［2］于悦洋．关于高校二级学院新媒体平台建设运营的探索［J］．现代交际，2020（14）.

［3］张剑．高校二级学院新媒体平台建设探究［J］．新西部（下半月），2017（8）.

［4］周思颖．基于影响力分析的高校二级学院微信公众号管理探究［J］．重庆电子工程职业学院学报，2017（4）.

［5］陈建华．“互联网 +”视角下的校企文化对接互动与协作创新［J］．科学咨询，2016（4）.

［6］唐帅．高校二级学院新媒体建设工作路径探析［J］．成才之路，2017（22）.

［7］陈富立．高校二级学院新媒体平台问题与策略研究——教育信息技术应用的视角［J］．传播力研究，2017（23）.

［8］杨生文．山东交通技师学院：用特色文化建设管好万人大校［J］．职业，

2019（9）.

［9］唐思敏．浅谈高校新媒体平台管理与建设［J］．商业故事，2015（30）．

［10］肖刚．“互联网+”背景下的校企共育创新创业人才探讨［J］．绥化学院院报，2018（8）.

［11］张伟达．校际资源互通共享存在的问题、原因及对策［J］．教育理论与实践，2019（39）.

［12］金周英．转变发展模式与长远发展战略管理［J］．中国科学院院刊，2011，26（3）．